河北方言研究丛书

桑宇红 主编　张振兴 审定

沧州献县方言研究

傅　林◎著

中华书局

图书在版编目（CIP）数据

沧州献县方言研究/傅林著. —北京：中华书局，2020.1
（河北方言研究丛书/桑宇红主编）
ISBN 978-7-101-14335-5

Ⅰ.沧⋯　Ⅱ.傅⋯　Ⅲ.北方方言-方言研究-献县
Ⅳ.H172.1

中国版本图书馆 CIP 数据核字（2019）第 293462 号

书　　名	沧州献县方言研究
著　　者	傅　林
主　　编	桑宇红
顾　　问	钱曾怡　张振兴
丛 书 名	河北方言研究丛书
责任编辑	刘岁晗
出版发行	中华书局
	（北京市丰台区太平桥西里 38 号　100073）
	http://www.zhbc.com.cn
	E-mail:zhbc@zhbc.com.cn
印　　刷	北京瑞古冠中印刷厂
版　　次	2020 年 1 月北京第 1 版
	2020 年 1 月北京第 1 次印刷
规　　格	开本/850×1168 毫米　1/32
	印张 7¼　插页 2　字数 200 千字
印　　数	1-1500 册
国际书号	ISBN 978-7-101-14335-5
定　　价	29.00 元

目　录

《河北方言研究丛书》序

　　河北师范大学桑宇红教授于 2015 年 11 月 28 日至 29 日在石家庄主持召开了"首届河北方言学术研讨会",首次提出了在河北省境内进行系列方言调查,并出版方言研究丛书的规划。在这之后,桑教授以河北师范大学文学院为基地,紧抓规划的落实工作。例如:

　　2016 年 7 月举办了为期 10 天的"河北方言调查高级研修班",邀请相关专家对省内外一批汉语方言调查人员进行系统的专业培训;

　　2017 年 5 月举行了"《河北方言研究丛书》启动仪式暨河北方言研讨会",正式落实河北方言系列调查及出版研究丛书的规划;

　　2017 年 6 月召开了"《河北方言研究丛书》编写研讨会",讨论并确定河北方言研究丛书的编写大纲,由有关专家对大纲的一些细节问题做了说明;

　　2018 年 10 月召开了"《河北方言研究丛书》审稿研讨会",对一批已有丛书初稿进行审读,并请有关专家对相关问题进行分析讲解和评议。

　　承桑宇红教授和河北其他师友的照顾和爱护,我有机会陆续参加了以上所说的一些活动,跟同行们一起学习研讨,多有受益。经过几年努力,《河北方言研究丛书》一批书稿相继完成,我又再承关照,得以先一步研读。称谢之余,也倍感欣慰。

河北省境内的汉语方言以冀鲁官话为主,分布于唐山、石家庄等大部分地区。除此之外还有分布于承德一带的北京官话,分布于东南部一些县市的中原官话,以及分布于张家口、邯郸一带的晋方言。本次河北汉语方言调查的布点以及研究丛书的书稿,也反映了河北方言这种多样性和复杂性的语言事实。语言事实是最重要的,做到了这一点,本次调查和丛书书稿就是值得充分肯定的。例如我仔细拜读过《唐山曹妃甸方言研究》,曹妃甸方言属于一种三声调的冀鲁官话,声调异读的现象很显著,口语里"日"字声调有三读:

　　　　平声 $z\eta^{42}$ ～头:太阳

　　　　上声 $z\eta^{213}$ 立秋十八～,寸草都结籽儿

　　　　去声 $z\eta^{453}$ ～子

"双"字声调有两读:

　　　　平声 $\varsigma ua\eta^{42}$ 一～

　　　　去声 $\varsigma ua\eta^{453}$ ～胞儿

在音节结构上,也有一些特殊的现象, [mu] 音节通常读成自成音节的 [m]:

　　　　木匠 $m^{453-24}t\varepsilon i\eta^0$ 　　　　木头 $m^{453-24}t^hou^0$

　　　　母鸡 $m^{213-21}t\varepsilon i^{13}$ 　　　　柏木 $pai^{213-21}m^{13}$

文白异读也很有意思,古见组字白读声母颚化,文读不颚化:

　　　　港白 $t\varepsilon ia\eta^{213}$ 扒齿～:地名 / 港文 $ka\eta^{213}$ ～口

　　　　隔白 $t\varepsilon ie^{453}$ ～壁儿 / 隔文 $k\gamma^{42}$ ～离

　　　　客白 $t\varepsilon^hie^{213}$ 男～ / 客文 $k^h\gamma^{453}$ ～人

口语常用的词汇里,唐山曹妃甸方言也有一些特殊的说法。例如:灌溉系统中东西向的主水渠叫"挡 $ta\eta^{213}$"或"大直干 $ta^{453-42}t\varsigma\eta^{42-44}kan^{453}$";田地里的进水口叫"用毛 $iu\eta^{453-44}mau^{42}$"或"毛渠 $mau^{42-44}t\varsigma^hy^{42}$";果实散落下来叫"掉脚儿 $tiau^{453-42}$

tɕiɑur²¹³"；一人深、三四米宽的大水坑叫"大坞 ta⁴⁵³⁻⁴²u⁴⁵³"；给马、牛、羊配种叫"群儿上唰 tɕʰyər⁴²ʂ（ɑŋ-əŋ）²¹³⁻²¹liɛ⁰"，给猪配种叫"打圈 ta²¹³⁻²¹tɕyan⁴⁵³"；都是本地人，比较封闭的村庄叫"死庄音⁼儿 ʂʅ²¹³⁻²⁴tʂuaŋ⁴²iər⁰"。

我们还可以举出唐山曹妃甸方言以及其他书稿里很多类似的特殊现象。这些特殊现象在冀鲁官话或其他官话里也许不算太特别，但跟其他非官话方言比较起来，就显得突出了。当然，也可以举出相反的例子。曹妃甸简易的农村厕所叫"茅司 mɑu⁴²sʅ¹³"，也常见于东南地区的非官话方言。这使我想起好些年以前读李行健主编的《河北方言词汇编》，看到河北有的地方也把包括式的咱、咱们说成上声的 [nǎn]，第二人称单数也可以说"侬、汝"，第三人称单数也有说成"伊"或"渠"的，"吃、喝、抽"不分，都说成"吃饭、吃烟、吃酒"，甚至还有的地方也把房子叫"处宅"，跟浙南闽方言的说法相同，就是福建闽方言有些地方的"厝宅"。刚看到的时候难免有些诧异，怎么河北方言这些说法跟东南地区的非官话方言一样了？其实调查深入了，语言事实看多了，就不觉得奇怪了。这就是汉语方言的分歧性和统一性的本质特征。

河北方言有其特殊的重要性。河北地区方言的调查研究，对于深入了解今普通话的基础方言北京官话的形成具有重要的现实意义和理论价值。因此，说到《河北方言研究丛书》的时候，很自然就会联想到在此之前河北地区汉语方言的调查研究及其重要论著。从林语堂、赵元任早期对河北地区方言的关注说起，一直到后来贺登崧、王辅世的宣化地区地理语言学调查，再到上个世纪五六十年代以后的河北方言调查，以及再往后的陈淑静、刘淑学、吴继章等先生的很多调查研究，都给现在的河北方言调查研究奠定了良好的基础。这些调查研究产生了一批极其重要的学术论著,上文说到的李行健主编的《河北方言词汇编》就是其中之一。但最重要的应该首推由河北省昌黎县县志编纂委员会和中国科学院语言研究所合编的《昌黎方言志》。

《昌黎方言志》是现代汉语方言调查研究最著名的经典作品之一,是现代汉语地点方言调查研究的范本,当然更是《河北方言研究丛书》的范本。《昌黎方言志》全面、详细地记录了河北昌黎方言的语言事实,对语言事实的描写和分析细致而精到,尤其值得我们后来者认真学习。以下举昌黎方言的声调分析为例。

昌黎城关声调连轻声在内有 7 个:

阴平 32　　　　　上声 213　　　　阴去 55 不用于轻声前

阳平甲 13+ 非轻声　　　　　　　阳去 24 多用于轻声前

阳平乙 11+ 轻声

轻声 (轻声正式入调)

如果不考虑轻声,昌黎话只有阴平、阳平、上声、去声四个声调。但昌黎话有很重要的轻声调,它跟阳平、去声关联密切。所以首先要把轻声入调,然后再把阳平分为甲、乙两类,把去声分为阴去和阳去。这样昌黎话就是 7 个声调,这是根据昌黎话的语言事实分析出来的。关于阳平乙和阳去,《昌黎方言志》有两段非常深刻的分析:

我们现在把 13 调˩˧、11 调˩˩、24 调˨˦都作为独立的调类(阳平甲 13˩˧,阳平乙 11˩˩,阳去 24˨˦),调号记在比较线的左边,不认为变调,调号不记在比较线的右边。这只是处理昌黎城关声调的一种方式,并不排斥其他处理法。按现在的说法,阳平甲不在轻声前出现,阳平乙只在轻声前出现,两个声调并不对立(不在同一语音环境里出现),是否能并为一类呢?如果把这两类合并为一个阳平调,可以把单用的 13 调认为本调,在轻声前的 11 调认为变调。不过这样处理是有困难的。因为单读 ⁄调的字(如"黄")在轻声前可以读 11 调 ﹂(如"黄·瓜"),也可以读 24 调 ⁄(如"黄·病")。什么时候读 11 调 ﹂,什么时候读 24 调 ⁄,还不能说出语音的条件,要一个一个列举。既然要一一列举,不如索性把 11 调和 24 调都认为独立的调类,比较妥当一些。

　　24 调 ⁄是不能不自成一类的。第一,"柜、被"等字可以单用,都是 24 调 ⁄,跟"贵、背腹~"(都是 55 调 ˥)不同音。第二,"饭"读 24 调 ⁄,跟读 13 调 ⁄的"矾"不同音。"天寒"的"寒"是 13 调 ⁄,"天旱"的"旱"是 24 调 ⁄。24 调 ⁄不能跟 13 调 ⁄合并。

以上这段话,音位的理论说得多么深入浅出!不固囿于理论,从语言实际出发,尊重语言事实,进行分析和解释,这是联系实际的真正理论。

我在这里重提《昌黎方言志》,就是希望从事方言调查研究的朋友们,在进行田野调查的同时,也要注意读书,尤其读经典性的书。对于前辈学者大家,要虚心学习,要有敬畏感,要有崇敬心!

　　遵照桑宇红教授嘱咐,拜读《河北方言研究丛书》书稿之后,写下以上几段话,愿与作者和读者诸君共勉之。

张振兴
2019 年 8 月于北京康城花园

第一章 导 言

第一节 献县概况

一、地理与人口

献县位于河北省东南部的平原地带,属沧州市。县境在东经 $115°50'\sim116°30'$,北纬 $38°3'\sim38°22'$,正北距北京二百余公里,向西偏南距石家庄约一百六十公里,正东距沧州市区约七十公里,与河间、沧县、泊头、武强、饶阳、肃宁接壤。面积一千一百七十四平方公里。

河北省中南部的主要河流滹沱河、滏阳河在献县汇合成子牙河,再由东北出县境,至天津入海河。因地处多条大河下梢,献县历来多水患。1949 年之后,献县境内开挖子牙新河、北排河等多条人工河流,并建设相应堤坝,水患为之大减。自然和人工的双重刻画,使得献县在地貌上形成了河渠纵横,多长堤、大堤的特点。历史上,因滹沱河、子牙河有通航能力,献县人民与上游直至山西、下游直至天津的沿河各地人民来往方便。

献县下辖乐寿镇(城关)、河城街镇、十五级乡、本斋回族乡等十九个乡镇和国营农场,五百个行政村。总人口约六十六万,绝大部分为汉族。少数民族主要是回族,约五千人,集中分布在本斋回族乡和淮镇。回族说汉语,口音与邻近的汉族人一致。

十五级乡在县境中部偏东北位置,辖十九个行政村,人口两万六千余。十五级乡全境为平原,子牙河、子牙新河分别从乡境北部和南部穿过①。

本书的调查点小营村属十五级乡,在乡境南部,向西南距县城约十五公里,人口约四千人,均为汉族。小营村居民住宅区南部紧邻子牙新河北大堤。村西南子牙新河南岸的农田中,有全国重点保护文物"献县汉墓群"中的串连冢,当地俗称"大冢子"。

二、历史沿革与行政区划

献县有较明确记载的历史可以北魏太和十一年(487)为界分为前后两个时期。前一个时期用名"河间、乐成(城)"等,为秦以后河间郡或河间国的治所。后一个时期名称多变,用名"乐寿、献州、献县"等,多为其他州、府的下属县。明清以来,献县名称固定下来,主要是河间府(治所在原称瀛州的今河间市)的下属县。献县名称来源于西汉河间献王刘德(汉武帝异母兄,谥号"献")。

1949 年后,献县除短暂隶属天津市外,大部分时间隶属于沧州地区、沧州市。献县与相邻县市沧县、泊头(主要是合并于其中的原交河县)的界线历史上多有变动,边界附近的很多村庄因此多次出入县域。

十五级乡在献县腹地,辖十五级、八章、小营、边马、大马、尹店、杨村、东韦庄、西韦庄等自然村。所辖各村历史上一直属献县。

本书的调查点小营村传说为明朝初年建村,有不同时期迁入的傅、李、王、燕、高、陈、孔等多姓居民。小营村为传统的农业村,1978 年以来建有一些小规模乡镇企业。小营村有自发的集市,时间为农历每月逢五、十的日子,与乡政府所在地十五级村(逢四、九)、原乡政府所在地八章村(逢三、八)的集市在时间上

---

① 　以上内容中的地理信息数据部分,引自《献县志(1979 ～ 2005)》。行政区划和人口数据,引自献县人民政府网 www.xianxian.gov.cn。

形成接续关系。集市是村庄之间人民交往的主要场所。

第二节　献县方言的归属与内部差异

一、方言归属

方言的归属或分类一般有共时分类和谱系分类两种。

1. 献县话的共时分类。贺巍、钱曾怡、陈淑静对献县话的归类是"冀鲁官话-沧惠片-黄乐小片"。《中国语言地图集》和刘淑学（2006）等都延续这一分类。《河北省志·方言志》对献县话的分类是"冀鲁官话-石衡片"。"石衡片"约相当于贺巍等所说的"冀鲁官话-石济片"在河北省的部分，因此《河北省志·方言志》对献县话的分类与贺巍等在方言片这一层级上是不同的。

2. 献县话的谱系分类。谱系分类体现的是方言之间在亲缘发生关系上的远近。张树铮、刘淑学从谱系分类角度对包括献县话在内的冀鲁官话方言进行了讨论，但仍以共时分类所用入声字声调归派作为归类标准。我们（傅林 2017b）曾结合语音层次的来源讨论过京津冀一带汉语方言的亲缘关系，认为从入声韵的角度来观察，包括献县话在内的河北省中北部方言、天津话、北京官话、东北官话，亲缘关系较近，可用传统上所说的"北方官话"来统称。

二、地域差异

献县各地的方言有明显的差异，一般表现在以下方面：

（1）中古知庄章声母今音为 [tʂ] 还是分为 [tʂ][ts] 两种；

（2）是否分尖团；

（3）中古蟹合一端组字韵母今音开合；

（4）阴平调值是中平还是低降升调；

（5）两字组中，去声在轻声前是否变同阳平。

本地人判断口音的差异时，一般会注意到（1）（4）两个较为凸显的特征。如果只按特征（4）分类，除了靠近沧县、泊头的高官、万村等村庄外，其他村镇较为一致，这是构成"献县话"心理认同的最主要的语音特征。

如果以特征（1）分类，献县话可分为东、西两支。东支主要是今河城街镇、陈庄镇、淮镇、韩村镇，西支为包括乐寿镇、十五级乡等在内的其他乡镇。东支在这一特征上与沧州市东部诸县市（沧县、青县、盐山等）的方言一致，西支与沧州市西部诸县市（河间、任丘、肃宁等）的方言一致。东支大部分地方的其他特征与西支一致，因而兼有沧州市西部方言与东部方言之间的特征，是上述两地的过渡地带。

根据（2）（3）两个特征，献县方言西支可再分为西片和中片。西片主要是陌南、临河、张村等乡镇，中片主要是乐寿镇、南河头乡及以北各乡镇。西片在这两个特征上与邻近的饶阳、肃宁等县方言一致。中片则与河间市方言一致。

根据特征（5），上述献县方言西支中片可再分为两小片：城关小片和城北小片。城关片主要是乐寿镇、南河头、段村、商林等乡镇，城北小片主要是十五级、西城、本斋等乡。

综上可得到献县话的一个大致的内部分类：

表1-1：献县话内部分类

			西片
献县话	西支	中片	城关小片
			城北小片
	东支		

献县各地人民相互交谈时一般都使用各自的方言，并都能认同对方方言为"献县话"，这表现为献县不同乡镇的人在外地相见时，仍采用各自方言对谈。献县话的城关小片可作为整个献县话的代表，但不具有权威方言的地位，外乡镇人一般不会特

意学习城关口音作为与其他乡镇人交流的工具。

本书的调查点小营村属于上述分类中的"西支－中片－城北小片"。小营村方言在上述特征(5)上与城关小片不一致，而与河间市方言一致，因此，小营村方言具有献县话向河间话过渡的特征。

三、新老差异

这里主要讨论本书调查点小营村的新老差异。新老派的差异主要表现在字音的归类上。老派字音与普通话不同的，在新派口中往往改为与普通话归类一致的说法，如"爱"，老派声母为 [n]，新派声母为零声母；"墨"，老派韵母为 [ei]，同"昧"，新派为 [uə]，同"磨"；"福"，老派声调为阴平，新派声调为阳平。

有时，新派的语音并不是受普通话的直接影响而产生的，这主要是在连读变调中连调式的选取上，见下表：

表 1-2：献县话连读变调的新老派差异

字组举例	老派	新派
皮鞋（53+53，阳平＋阳平）	31-53（去声－阳平）	53-53
九点（213+213，上声＋上声）	53-213（阳平－上声）	23-213

老派采用的连调式中，前字变调后与其他调类合并，新派与之相反。新派的连调式为单字调的相加或前字变调调值与单字调差别微小，且不与其他调类合并。新派的连调式的值或类，并不和普通话接近，因此并非受到普通话的直接影响。可以说新派的这一类情况与教育程度有关，即教育程度越高的，越会采用新派说法。教育程度越高，对字组中单字的音义的认知就会越明确（即对词的构成成分认知得就越明确），这可能是新派会选择更接近单字调调值的连调式的原因。

第三节　前人调查和研究情况

献县方言有较丰富的调查研究历史。

从 1892 年开始,法国耶稣会赴华传教士戴遂良(Léon Wieger, 1856 ～ 1933)在清末的直隶献县(今河北省献县)陆续出版了供欧洲人(主要是法语背景的人)学习汉语用的系列法文教材。教材的名称因版本的不同而有《汉语入门》《汉语口语手册》等几种(参见 Streit、魏若望),内容包括语音、语法、汉字、例文等。戴遂良明确指出教材所描写的汉语是"北方官话"或"河间府方言",而非北京话。而"河间府方言"实际上具体描写的是当时河间府治下的献县方言,从语言特征本身来看,戴遂良所描写的方言与今献县话的城关口音更一致。

戴遂良系列教材卷帙浩繁,对清末献县话声母和韵母的发音、词法和句法等做了精细的描写,并给出了注音的长篇语料。戴遂良著作的问题是因缺乏现代记音手段,对一些语音的描写流于听感印象,对声调和共时音变的描写也不足。在其对汉字做的字典式注音中,多直接移用权威方言的音类,不能反映方言语音实际。

戴遂良之后,薛凤鸣、张鼎彝集前代方志资料精华的《献县志》出版,并新增了关于方言的内容。他们用传统的音韵术语描述了当时的献县方言的部分字音分合关系,并做了初步的内部分区,这可以补充戴遂良著作未能明确的一些方言语音信息。

陈淑静为新《献县志》(秦焕泽主编)调查并撰写了方言部分,用现代方言学的方法描写了献县城关话的音系(包括单字音、连读变调、儿化),记录了部分词汇和语法例句,并对献县话做了较详细的内部分片。受方志篇幅限制,新《献县志》方言部分未给出同音字汇和详细的词汇表。

傅林(2017a)结合戴遂良系列教材和方志材料,对献县话一百二十余年的语音演变史做了描述。

除了综合性的描述之外,一些研究者在研究不同论题时,也记录了献县话的部分特征。刘淑学(2000)记录了中古入声字在献县话中的语音归派情况。傅林(2012)描述了献县(小营)方言中较特殊的"阿-"前缀。

第四节　调查情况说明

献县(小营)方言是本书作者的母方言。2004年2月,作者以本人为对象,对单字音系和共时音变做了初步调查。2006年1月,作者从小营村各年龄段发音人中采样,对连读变调的人际变异做了专项调查。2016年4月11～25日,作者作为课题组长,带队完成了"中国语言资源保护工程·河北汉语方言调查"中的献县课题,调查点为代表城关口音的乐寿镇大张庄村。2017年7月至2018年4月,作者利用与本书主发音人生活在一起的便利,陆续完成了小营村的语音、词汇和语法的系统调查,期间随时核对增补有疑问的条目。下面介绍发音人情况:

一、主发音人

主发音人为老年男性,提供全部调查项目。个人信息是:

傅子义,男,小营村人,1955年生,高中学历,农民,当过中学民办教师。

二、其他发音人

其他发音人分布于各年龄层,参与音系和词汇的核对,提示部分词汇条目的本地说法,提供新老派的差异。个人信息是:

傅耀珠,男,小营村人,1935年生,不识字,农民。

燕凤华,女,小营村人,1950年生,小学学历,农民,当过村幼儿园教师。

高福增,男,小营村人,1952年生,中学学历,农民。

傅广昌,男,小营村人,1951年生,小学学历,农民。

陈培启,男,小营村人,1953年生,小学学历,农民,当过兵。

傅林,男,小营村人,本书作者,1981年生,研究生学历,大学教师。1998年前在小营村居住。

高美丽,女,小营村人,1979年生,大学学历,公司职员,1998年前在小营村居住。

三、城关小片及其他乡镇发音人

本书提到的献县话城关小片的语言信息,引用自"中国语言资源保护工程·河北汉语方言调查·献县"的调查成果,调查人为本书作者。发音人为李永华,男,1952年生,乐寿镇大张庄村人。

城关小片和小营村以外的发音人,主要提供县域内方言特征的差异,他们是:

王培友(十五级乡边马村)、刘青松(淮镇马兰村)、吕永森(陈庄镇双岭村)、孙西会(河城街镇大孙庄村)、杜书恒(乐寿镇北八里庄村)、曹书通(郭庄镇宋尧京村)、于万复(西城乡徐召村)、郭海涛(小平王乡贾庄桥村)、李春奇(韩村镇前张祥村)、吉广霞(乐寿镇北马庄村)、徐永胜(垒头乡横上村)、张广涛(陌南镇新北峰村)、胡迎太(段村乡西段村)、张伟(陌南乡孝举村)、刘巨文(陈庄镇虎赵庄村)。

第二章　献县方言音系

第一节　献县方言声韵调

一、声母

献县话有 22 个声母,包括零声母。

p 包摆病别	pʰ 爬跑片拍	m 门米梦麦	f 飞纺副法
t 多东道毒	tʰ 团讨烫托	n 脑熬安年女	l 蓝老李绿
ts 资早字贼	tsʰ 刺草寸仓	s 丝三酸岁	
tʂ 张柱争纸	tʂʰ 抽茶抄床车	ʂ 事山顺手十	ʐ 人软荣日
tɕ 酒聚九忌	tɕʰ 清全轻权	ɕ 想谢响县	
k 高鬼共跪	kʰ 开颗哭葵	x 灰红好户	
∅ 儿药味云			

说明:

1.声母 [n] 在与齐齿呼、撮口呼韵母相拼时,实际音值是 [ɲ]。

2.声母 [tʂ tʂʰ ʂ ʐ] 发音时,舌前部(舌尖和舌叶)抬起与硬腭前部接触或接近,在与儿化韵母 [ɣɚr] 相拼时,为舌尖抬起与硬腭中部接触。

3.零声母开口呼音节开头有喉头闭塞成分,齐齿呼、撮口呼音节开头有唇舌同部位摩擦,合口呼除 [u] 韵母外,音节开头的 [u] 的实际音值是 [ʋ]。

二、韵母

献县话有 38 个韵母,不包括儿化韵母。

ꭥ	资此丝	i	米戏急一锡	u	苦猪骨谷	y	雨橘绿局
ʅ	支尺湿日						
a	茶塔法辣	ia	家牙鸭瞎	ua	瓜瓦刷刮		
ɛ	开排色白			uɛ	外怀歪快		
ɔ	刀包超托	iɔ	笑桥药学				
ꭥə	蜇车射惹	iə	写鞋接惹	uə	左热郭国	yə	靴雪月缺
ɯə	哥盒色乐						
ɚ	儿耳二						
ei	赔贝美北			uei	腿跪柜鬼		
ou	豆周粥叔	iou	酒油六				
æ̃	南占山半	iæ̃	咸盐眼建	uæ̃	官幻惯串	yæ̃	软拳原玄
ɑ̃	糖张胖方	iɑ̃	良响相讲	uɑ̃	光网筐王		
ən	深根陈人	in	心品新斤	uən	寸滚春俊	yən	匀军训
əŋ	朋争孟奉	iŋ	冰硬耕星	uəŋ	翁瓮		
oŋ	东宋中从					yoŋ	兄永熊用

说明:

1. 韵母 [ɯə uə iə yə ꭥə] 的实际音值是 [ɯɤ uo ie yø ꭥɤ]。发音过程总体上可以看作是从高元音向相邻较低元音的滑动。前后两元音的音长比例大致相当。在有意延长整个韵母时,一般是前一个元音被延长得更多。[ꭥə] 只出现在 [tʂ] 组声母后,[ɯə] 只出现在其他声母后,二者可合并成一个韵母,但本地人听感上二者差别较大,且新派发音中,[tʂ] 组声母后的 [ꭥə] 也可以读为 [ɯə],形成新老派色彩的差别,因此本书将二者分为两个韵母。

2. 韵母 [a ia ua] 中的 [a] 实际音值是 [ʌ]。

三、声调

献县话有 4 个单字调。

阴平　33　东披八节　　　　阳平　53　铜门毒白

上声 213 懂始买雨　　　　去声 31 动冻洞六

说明：

1. 阳平的实际调值是 553，高平和下降部分时长相当，但在听感上，下降部分是主要的。高平部分有时略升，即总体调值有时是 453。

2. 上声的下降部分幅度较小，有时接近 113。

第二节　献县方言单字音表

表 2-1：献县话声韵调配合表

	ɿ				ʅ				i				u			
	阴	阳	上	去	阴	阳	上	去	阴	阳	上	去	阴	阳	上	去
p									逼	鼻	秕	必	不	醭	补	布
pʰ									匹	皮	比	僻	扑	蒲	普	铺
m									眯	迷	米	蜜		模	母	木
f													夫	服	府	付
t									低	敌	底	弟	督	毒	赌	杜
tʰ									踢	题	体	替	秃	图	土	兔
n									衣	泥	你	腻		奴	努	怒
l										离	李	力	撸	卢	鲁	露
ts	资	自	子	字									租	卒	祖	
tsʰ	呲	辞	此	次									粗			醋
s	丝		死	四									苏	俗		素
tʂ					知	直	纸	志					猪	烛	主	住
tʂʰ					吃	迟	齿	赤					初	除	杵	处
ʂ					诗	十	史	事					书	属	数	树
ɻ								日					如		擩	入

续表

	ɿ				ʅ				i				u			
	阴	阳	上	去	阴	阳	上	去	阴	阳	上	去	阴	阳	上	去
tɕ									机	急	挤	忌				
tɕʰ									七	其	起	气				
ɕ									西	席	洗	戏				
k													姑		古	故
kʰ													哭		苦	库
x													呼	胡	虎	户
∅									一	姨	椅	义	屋	无	五	雾

比 pʰi²¹³:介词。如:你～他高。**衣** ni³³:胎盘。

表2-1（续1）

	y				a				ia				ua			
	阴	阳	上	去	阴	阳	上	去	阴	阳	上	去	阴	阳	上	去
p					八	拔	把	爸								
pʰ					趴	爬		怕								
m					妈	麻	马	骂								
f					发	罚	法	发								
t					搭	达	打	大								
tʰ					塌		他	榻								
n			女			拿	哪	那								
l		驴	吕	绿	拉	刺	喇	蜡		俩						
ts					扎		砸	咋								
tsʰ					擦											
s					仨	①	撒	萨								
tʂ					渣	炸	榨	乍					抓			爪
tʂʰ					叉	查	蹅	差						②		
ʂ					沙	啥	洒	厦					**刷**	**刷**		耍

续表

	y				a				ia				ua			
	阴	阳	上	去	阴	阳	上	去	阴	阳	上	去	阴	阳	上	去
ʅ																
tɕ	居	局	举	句					家		假	架				
tɕʰ	区	渠	取	去					掐	**卡**	**卡**	恰				
ɕ	需	徐	许	续					虾	霞		下				
k							嘎						瓜	呱	寡	挂
kʰ					咖		**卡**							夸	侉	跨
x					哈								花	滑		化
∅						阿			鸭	牙	哑	压	挖	娃	瓦	袜

① sa^{53}:瞎~嘛(ɕia^{33}sa$^{53-55}$ma^{0},四处乱看)。②tʂʰua^{33}:用手抛接骨头子儿(猪的膝盖骨)或石子。刷ʂua^{33}:洗刷。如:~脸盆。刷ʂua^{53}:淘汰。如:第二轮儿考试他给~下去了。卡tɕʰia^{53}:被较大的物体卡住。如:粉笔~的墙缝里了。卡tɕʰia^{213}:被较小的物体卡住。如:发夹~头发。也用于构成名词。如:~子、发~。卡kʰa^{213}:卡片。如:银行~。

表2-1(续2)

	ʅə				iə				uə				yə			
	阴	阳	上	去	阴	阳	上	去	阴	阳	上	去	阴	阳	上	去
p					憋	**别**	瘪	**别**	播	博	**簸**	**簸**				
pʰ					撇		瞥		泼	婆	笸	破				
m					①			灭	摸	**磨**	抹	**磨**				
f										佛						
t					爹	叠			多	夺	躲	垛				
tʰ					贴				脱	驼	妥	唾				
n					捏	茶	聂			挪		诺				
l					**咧**	**咧**	列		啰	锣	捋	骆				
ts						嘬					左	坐				
tsʰ					撮	矬						错				

续表

	ʅə				iə				uə				yə			
	阴	阳	上	去	阴	阳	上	去	阴	阳	上	去	阴	阳	上	去
s									梭		锁	塑				
tʂ	蜇	折	者	这					桌	镯						
tʂʰ	车		扯	撤					戳							
ʂ	赊	蛇	舍	社					说		硕					
ɻ			惹													热
tɕ					接	截	姐	借					橛	绝		倔
tɕʰ					切	茄	且	切					缺	瘸		鹊
ɕ					蝎	鞋	写	谢					雪	学		血
k									锅		国	过				
kʰ												阔				
x									豁	活	火	货				
ø					噎	爷	野	夜	窝	鹅	我	饿	约			哕 月

① miə³³：最后的，末尾的。如：老~（排行中最小的）、~了儿（最后）。别：区分，区别。别：~扭。簸：动词。如：~豆子。簸：~箕。咧：瞎~~。咧：裂开，张开。如：~嘴。磨：动词。如：~刀。磨：名词。如：拉~。

表 2-1（续 3）

	ɯə				əɻ				ɛ				uɛ			
	阴	阳	上	去	阴	阳	上	去	阴	阳	上	去	阴	阳	上	去
p									掰	白	摆	拜				
pʰ									拍	牌		派				
m										埋	买	卖				
f																
t			德						呆		逮	带				
tʰ				特					胎	抬	呔	太				

	ɯə				əʅ				ɛ				ɑu			
	阴	阳	上	去	阴	阳	上	去	阴	阳	上	去	阴	阳	上	去
n	恶	讹							挨	捱	奶	耐				
l	<u>勒</u>			乐					来	①		赖				
ts		<u>择</u>							栽		宰	在				
tsʰ				测					猜	才	采	菜				
s				<u>色</u>					**塞**	**塞**	②	赛				
tʂ									窄	择		寨	③		跩	拽
tʂʰ									拆	柴			揣			踹
ʂ									筛		<u>色</u>	晒	摔		甩	帅
ɻ																
tɕ																
tɕʰ																
ɕ																
k	哥	格	葛	个					该		改	盖	掴		拐	怪
kʰ	颗	壳	可	课					开		凯		④		抠	快
x	喝	河		贺						孩	海	害		怀		坏
∅		<u>鹅</u>				儿	耳	二			矮	<u>爱</u>	歪		崴	外

①le²¹³:用力猛地拉过来。**塞** sɛ³³:将较大的物体填入。如:把馒头～的嘴里。**塞** sɛ⁵³:吃饱后勉强再多吃一些。如:我再～个馒头。② sɛ²¹³:推搡,也指言语攻击。③ tʂuɛ³³:将平面物体猛地贴近目标表面。如:把书～他脸上。④ kʰuɛ³³:拍手。如:～呱子(鼓掌)。

表2-1(续4)

	ɔ				ɔi				ei				uei			
	阴	阳	上	去	阴	阳	上	去	阴	阳	上	去	阴	阳	上	去
p	包	雹	宝	抱	膘		表	摽	杯		北	备				
pʰ	抛	刨	跑	泡	飘	瓢	漂	票	披	陪		配				

	ɔ				iɔ				ei				uei			
	阴	阳	上	去	阴	阳	上	去	阴	阳	上	去	阴	阳	上	去
m	摸	猫	毛	冒		苗	秒	庙	没	煤	每	妹				
f									飞	肥	匪	费				
t	刀	捯	岛	到	叼		屌	掉	德		得		搋			对
tʰ	掏	淘	讨	套	挑	条	挑	跳					忒			
n	孬	挠	袄	闹			鸟	尿			馁	内				
l	唠	劳	老	烙		辽	燎	料	勒	雷	垒	类				
ts	糟	凿	早	造						贼			堆		嘴	最
tsʰ	操	曹	草	肏									催			脆
s	骚	扫	嫂	臊					塞				虽	随		碎
tʂ	招	着	找	照									追			坠
tʂʰ	超	潮	炒	①									吹	锤		
ʂ	烧	勺	少	绍									尿		水	睡
ɻ		饶	扰	绕											蕊	瑞
tɕ					交	嚼	铰	叫								
tɕʰ					敲	桥	巧	撬								
ɕ					削	学	小	笑								
k	高		搞	告							给		归		鬼	柜
kʰ			考	靠					剋				亏	葵		愧
x	蒿	豪	好	号					黑	谁			灰	回	毁	会
∅				傲	腰	摇	咬	药					微	围	伟	未

搋 tuei³³:将条状物挤压刺入。如:他使的劲儿忒大,把粉笔～的墙缝儿里去了。**塞** sei³³:将较小的物体填入。如:这么一点儿,不够～牙缝儿的呢。①tʂʰɔ³¹:向后退。如:往后～,别碰着你。**尿** ʂuei³³:～脬(膀胱)。

表2-1（续5）

	ou				iou				æ̃				iæ̃			
	阴	阳	上	去	阴	阳	上	去	阴	阳	上	去	阴	阳	上	去
p									班		板	半	边		扁	变
pʰ									攀	盘		判	篇	便		片
m			谋	某						蛮	满	慢		棉	免	面
f			否						翻	烦	反	饭				
t	兜		抖	豆	丢				单		胆	蛋	掂		点	电
tʰ	偷	头		透					贪	谈	毯	探	天	田	舔	
n	瓯	①	藕	沤	妞	牛	扭	谬	安	难	俺	按	蔫	年	碾	念
l	搂	楼	篓	漏	溜	流	柳	六		蓝	懒	烂		连	脸	练
ts			走	揍					簪	咱	攒	赞				
tsʰ	**蹴**			凑					参	蚕	惨	灿				
s	搜		叟						三		伞	散				
tʂ	周	轴	肘	咒					沾		展	站				
tʂʰ	抽	愁	丑	臭					搀	缠	产	颤				
ʂ	收	**熟**	手	瘦					山		闪	善				
ɻ	**悠**	揉		肉						然		染				
tɕ					揪		九	旧					尖		剪	见
tɕʰ					秋	求	糗						千	钱	浅	欠
ɕ					修		朽	秀					先	咸	显	现
k	沟		狗	够					甘		感	干				
kʰ	抠		口	扣					刊		砍	看				
x		猴	吼	厚					憨	寒	喊	汉				
∅					优	油	有	又					烟	盐	眼	艳

① nou^{53}：～腰（向后仰弯腰）。**蹴** tsʰou^{33}：风吹使变凉或得病。**悠** ɻou^{33}：～哒（荡、摆）。

表 2-1（续 6）

	uæ̃				yæ̃				ã				iã			
	阴	阳	上	去	阴	阳	上	去	阴	阳	上	去	阴	阳	上	去
p									帮	**棒**	绑	傍				
pʰ									胖	旁	榜	胖				
m									忙	忙	莽					
f									方	房	纺	放				
t	端		短	断					当		挡	荡				
tʰ	湍	团	疃						汤	糖	躺	烫				
n									①	囊	攘	②		娘		酿
l		弯	卵	乱						狼	朗	浪		量	两	亮
ts	钻		纂	攥					脏			葬				
tsʰ	蹿	攒		窜					仓	藏						
s	酸			算					桑		嗓	丧				
tʂ	专		转	赚					张		掌	账				
tʂʰ	穿	船	喘	串					昌	常	敞	唱				
ʂ	栓			涮					伤		赏	上				
ɻ										扬	嚷	让				
tɕ					捐		卷	倦					江	将	讲	酱
tɕʰ					圈	全	犬	劝					枪	强	抢	呛
ɕ					宣	玄	选	**旋**					香	祥	想	向
k	官		管	惯					刚		岗	杠				
kʰ	宽		款						康	扛		炕				
x	欢	还	缓	换					夯	航		**和**				
∅	弯	玩	碗	万	冤	圆	远	怨					央	羊	养	样

棒 pã^{53}：葱～～（大葱的花蕾）。① nã^{33}：因久泡在水中而发皱或变形。② nã^{31}：形容草多而茂盛。**旋** ɕyæ̃^{31}：～×～×（做完×再做×）。如：～吃～拿。**和** xã^{31}：连词。如：你～她去。

表2-1（续7）

	uã				ən				in				uən			
	阴	阳	上	去	阴	阳	上	去	阴	阳	上	去	阴	阳	上	去
p					锛	甭	本	笨	宾			殡				
pʰ					喷	盆			拼	嫔	品	姘				
m					闷	门		闷		民	抿					
f					分	坟	粉	粪								
t								扽					蹲		趸	顿
tʰ							①						吞	屯		褪
n					恩			摁								
l								嫩	拎	林	檁	赁	抡	轮	埨	论
ts													尊			俊
tsʰ													村	存		寸
s							森						孙		②	损
tʂ	装		③	壮	真		诊	枕							准	
tʂʰ	窗	床	闯	撞	抻	陈	墋	趁					春	纯	蠢	
ʂ	双		爽		身	神	婶	肾							吮	顺
ɻ						人	忍	认							允	闰
tɕ									今		紧	近				
tɕʰ									亲	秦	寝	吣				
ɕ									新	寻		信				
k	光		广	逛	跟		艮								滚	棍
kʰ	筐	狂	框				肯						昆		捆	困
x	慌	黄	谎	晃		痕	很	恨					婚	浑	混	混
ø	汪	王	网	忘					音	银	引	印	温	文	稳	问

① tʰən³¹：～着（故意拖延等待）。埨 luən²¹³：～～的（形容数量多且一拨接着一拨）。② suən⁵³：～得慌（丢脸）。③ tʂuã²¹³：收拾到一起或放整齐。艮 kən²¹³：事物生硬酸涩，也比喻说话声音生硬。

表 2-1（续 8）

	yən				əŋ				iŋ				uəŋ			
	阴	阳	上	去	阴	阳	上	去	阴	阳	上	去	阴	阳	上	去
p					崩		绷	蹦	兵		饼	病				
pʰ					烹	彭	捧	碰	乒	平						
m					蒙	萌	猛	梦		明		命				
f					风	冯	讽	凤								
t					灯		等	瞪	丁		顶	定				
tʰ					熥	腾			厅	停	挺	听				
n						能		弄		宁	拧	拧				
l						棱	冷	愣		凌	领	令				
ts					增		怎	赠								
tsʰ						层		蹭								
s					僧											
tʂ					争		整	证								
tʂʰ					撑	成	逞	秤								
ʂ					生	绳	省	剩								
ɻ					扔											
tɕ	军		菌	骏					经		井	敬				
tɕʰ		群							青	情	请	庆				
ɕ	熏	寻		训					星	形	醒	性				
k					庚		耿	更								
kʰ					坑											
x					哼	恒		横								
∅	晕	云	允	运					英	赢	影	硬	翁			瓮

听 tʰiŋ³¹:落～。**拧** niŋ²¹³:动词。如:～麻花儿。**拧** niŋ³¹:形容词。如:这孩子忒～。

表2-1（续9）

	on				yon			
	阴	阳	上	去	阴	阳	上	去
p								
pʰ								
m								
f								
t	东		懂	动				
tʰ	通	同	统	痛				
n	①	农		泞				
l		龙	拢					
ts	宗		总	纵				
tsʰ	葱	从						
s	松	屃	怂	宋				
tʂ	钟		肿	众				
tʂʰ	充	虫	宠	冲				
ʂ								
ɻ		荣	冗					
tɕ								窘
tɕʰ						穷		
ɕ					兄	熊		
k	公		拱	共				
kʰ	空		孔	控				
x	轰	红	**哄**	**哄**				
∅					拥		永	用

①noŋ³³:～哒（劝说、怂恿）。如:他不敢去,老～哒着我去。哄xoŋ²¹³:～小孩儿。哄xoŋ³¹:起～。

第三节　献县方言的文白异读

献县方言有文白异读的字,大多是中古宕江曾梗通摄入声字,语音差异主要是由韵母的类来体现。见下表:

表 2-2:中古宕江曾梗通摄入声字在献县话中的文白异读

音韵地位 层次	宕摄	江摄	曾摄		梗摄	通摄
	开口	帮、见系	开一	开三庄组	开二	屋韵知系
白读	$t^h\mathfrak{d}^{33}$ 托~生=涛	$i\mathfrak{d}^{31}$ 岳(姓)=~耀	tei^{33} 德(用于人名)	$s\varepsilon^{213}$ 色颜~	$t\varepsilon^hi\mathfrak{d}^{33}$ 客来~了	sou^{33} 叔大~
文读	$t^hu\mathfrak{d}^{33}$ 托委~=拖	$y\mathfrak{d}^{31}$ 岳五~=月	$tu\mathfrak{d}^{53}$ 德道~	$su\mathfrak{d}^{31}$ 色~狼	$k^hu\mathfrak{d}^{31}$ 客顾~	su^{33} 叔~伯兄弟

入声字中的文白读如果声母也有差异,则一般是中古知系字,其声母文读同精组,白读不同精组。文白读如果声调也有差异,则一般白读为阴平调,文读一般为阳平或去声。

除入声字这一类外,日母字也有较成系统的文白读。例如:

如不~他　y^{31}　　如~果　$\lfloor u^{53}$

日母字的文白两种语音层次中,白读所辖字比文读少。入声字的文白读则是白读所辖字比文读多。

第四节　献县方言音系与中古音系的比较

一、声母演变的特点

中古全浊声母在献县话中按声调平仄分别归入清送气声母、清不送气声母,知庄章组声母与精组不混。这些特征和北京话相同。献县话在疑母、影母,知庄章组声母的部分字音上与北京话有一些不同,下面分别介绍。

（一）中古疑母、影母的演变

中古疑母、影母在今开口呼韵母前为 [n],在合口呼、撮口呼和齐齿呼前为零声母,但也有一些例外:

表 2-3:中古影母疑母在献县话中的演变

今音	韵母条件	例字	例外
n	开口呼（一等）	碍熬藕爱瓯	影母:ø阿
ø	齐齿呼（开口二、三、四等）	牙咬眼研烟央	疑母:n 倪拟牛孽言_{言语} 影母:n 衣_{胎盘}蔫
	合口呼（合口一、二等）撮口呼（合口三、四等）	瓦五鱼玩原腕弯冤温熨	

果摄一等字开合与今韵母的开合对应参差,如开口字"蛾鹅我饿"今为合口呼,合口字"讹"今为开口呼,"卧"为合口呼。这些字未列入上表,但今音为开口呼的,今声母为 [n],今音为合口呼的,今声母为零声母,与其他例字同。

影母开口呼的例外字"阿",其成因可以得到解释。"阿"在献县话中是一个出现于单音节人名前用来补足音节数量的"默认音节"（傅林 2012）,它和中古的"阿"虽然功能相同,但不存在历史音韵的直接演变关系。

（二）中古日母的演变

中古日母除在止开三韵母前整齐地变为零声母外,在其他韵母条件下出现分化,其中变为零声母的虽然所辖字较少,但均为白读音字或口语常用字、地名字,见下表:

表2-4：中古日母在献县话中的演变

	今音	开三	合三
中古日母	ɻ	惹饶绕扰柔揉染任入然燃热人仁忍礽日瓤壤嚷让弱扔	如乳儒孺蕊软绒肉茸辱褥
	∅	惹饶饶阳揉仁长果仁儿瓤儿二耳饵(止开三)	如润褥
	l		闰

（三）中古知庄章组声母的演变

中古知章庄组声母在献县话中为 [tʂ tʂʰ ʂ] 组声母。与北京话相比，献县话白读层的演变要更加整齐，即较少有因外方言影响而产生的读入精组的音，读入精组的一般都是受普通话影响产生的文读音。见下表：

表2-5：中古知庄章组声母在献县话和北京话中的演变差异

	献县（小营）	北京
tʂ 组	洒所森侧色择泽册	择
ts 组	所阻厕森策侧色择泽责册	洒所森厕色择泽责册

献县方言声母与中古音的对照情况，见表2-6。

二、韵母演变的特点

（一）入声韵的演变

中古入声韵在献县话中都不再是单独的韵母，而是派入阴声诸韵。大致的方向是：宕江摄入效摄，曾梗摄入蟹摄，通摄入流摄和遇摄。但在具体类别上，各韵都有一些小的分化。

宕江曾梗四摄的入声韵，其归派方向和元代《中原音韵》以及现代北京话的白读音一致，和济南、西安、郑州等地不同，见表2-7。

表2-6：献县(小营)方言声母与中古音声比较表

	清	全浊 平	全浊 仄	次浊	清	全浊 平	全浊 仄
帮组	帮 p 帮ₑpɔ̃	並 p 平ₑpʰiŋ	pʰ 病 piŋˀ	明 m 麻ₑma			
			滂 pʰ 坡ₑpʰuo				
非组	非 f 飞ₑfei	奉 f 房ₑfɑ̃	f 犯 fɑ̃ˀ	微 Ø 万 uɑ̃ˀ			
			敷 f 翻ₑfɑ̃				
端组	端 t 刀ₑtɔ	定 tʰ 条ₑtʰiɔ	t 道 tɔˀ	泥 n 泥ₑni 能 nəŋ 嫩 lən³	来 l 蓝ₑlæ̃		
			透 tʰ 天ₑtʰiæ̃				
精组	精 ts 糟ₑtsɔ	从 tsʰ 曹ₑtsʰɔ	ts 造 tsɔˀ		心 s 三ₑsæ̃	邪 s 随ₑsuei	s 穗 sueiˀ
	tɕ 焦ₑtɕiɔ	tɕʰ 憔ₑtɕʰiɔ	tɕ 噍 tɕiɔˀ		ɕ 西ₑɕi	ɕ 邪ₑɕiɔ	ɕ 袖 ɕiouˀ
	清 tsʰ 仓ₑtsʰɑ̃		tsʰ 枪ₑtsʰiɑ̃				
知组	知 tʂ 张ₑtʂɑ̃	澄 tʂʰ 潮ₑtʂʰɔ	tʂ 赵 tʂɔˀ			生 ʂ 酒ₑʂɑ	ʂ 树 ʂuˀ
			彻 tʂʰ 村ₑtʂʰən³			时ₑʂʅ	
庄组	庄 tʂ 装ₑtʂuɑ	崇 tʂʰ 岔ₑtʂʰɑˀ	tʂ 助 tʂuˀ		书 ʂ 书ₑʂu		
			初 tʂʰ 岔ₑtʂʰɑˀ				
章组	章 tʂ 专ₑtʂuæ̃	船 tʂʰ 神ₑʂən	tʂ 射 ʂʅˀ		书 ʂ 书ₑʂu	禅 tʂʰ 殊ₑtʂʰu	ʂ 市ₑʂʅ
		船ₑtʂʰiɔ	船 tʂʰ 实ₑtʂʅ			ʂ 时ₑʂʅ	
日母				日 ɻ 揉ₑɻu 惹ₑɻɔ 闰 lin³			
见晓组	见 k 高ₑkɔ	群 kʰ 狂 kʰuɑ	k 共 koŋˀ	疑 n 讹ₑnuo 牛ₑniou 卧 uoˀ 鱼ₑy	晓 x 海ₑxɛ	匣 x 怀ₑxuɛ	x 坏 xuɛˀ
	tɕ 交ₑtɕiɔ	tɕʰ 巧ₑtɕʰiɔ	tɕ 掘ₑtɕyæ̃	碍 nɛˀ	ɕ 显ₑɕiæ̃	ɕ 鞋ₑɕiɛ	ɕ 限 ɕiɛˀ
	tɕ 娇ₑtɕiɔ	tɕʰ 窍 tɕiɔˀ	tɕʰ 牙ₑia	语ₑy		ɕ 咸ₑɕiæ̃	ɕ 现 ɕiɛˀ
影组	影 n 安ₑnæ̃			云 Ø 右 iouˀ			
	Ø 衣ₑni 胎盐			位 uei³			
	音ₑin			ɻ 荣ₑioŋ			
	Ø 弯ₑuæ̃			ɕ 熊ₑɕyoŋ			
	冤ₑyæ̃						

表 2-7：献县话宕江曾梗摄入声韵演变与相关官话方言比较表

中古 ／ 今官话方言点	献县	济南	西安	郑州	洛阳	兰州	中原音韵	代表字
梗摄入声 三、四等	i	i	i	i	i	i	i齐微	吃石踢戚
曾摄入声 开三非庄								直力
曾摄入声 一等	ei	ei	ei	ε	æ	ɤ	ei齐微	黑北
曾摄入声 开三庄	ε						ai皆来	色侧
梗摄入声 二等								白窄
蟹摄开口 一、二等		ε	æ	ai		ε		来奶
蟹摄合口 一、二等帮组	ei	ei	ei	ei	ei	ei	ei齐微	背妹
江摄入声	ɔ	ɤ	o	o	ə	ɤ	ɑu萧豪	薄脚
宕摄入声								角学药
果摄	uə	ɤ	o	o	ə	ɤ	o歌戈	多火
效摄	ɔ	ɔ	au	ao	ɔ	ɔ	ɑu萧豪	小好笑草

（说明：表格底纹深浅相同的，表示该方言韵母一致）

通摄入声字的情况较复杂，主要是三等屋韵的精组、知系字有较多分化和变异。这种分化和河北省中北部（保定、石家庄、唐山）方言及北京话是一致的。与北京话相比，献县话白读层所辖字较多，见下表：

表 2-8：中古通摄入声字韵母在献县话中的演变

中古音	一等 屋韵、沃韵	三等	
		屋韵	烛韵
帮系	u 木	u 福	

续表

中古音			一等 屋韵、沃韵	三等	
				屋韵	烛韵
端系	端组、泥组		u 秃毒	iou 六	y 绿
	精组	白读	u 族速	y 肃宿	y 足
		文读		u 肃宿　ou 蹴	u 足
知系	知章日	白读		ou 祝叔熟肉	u 赎属　y 褥
		文读		u 祝叔熟	u 褥
	庄组			uə 缩	
见系			u 哭	y 菊	y 锔

（二）果摄、假摄三等韵母的演变

中古果摄、假摄三等韵母以及与之合流的主要来源于山、咸摄的入声字韵母,在今献县话中为以偏高的中元音为韵腹的韵母,这一演变和北京话是相同的。但是,献县话和北京话的此类韵母在语音结构上有差异。见下表:

表 2-9:果摄、假摄三等韵母在献县话和北京话中的演变差异

地点	类别		开口呼		齐齿呼	合口呼	撮口呼
			知系 声母	非知系 声母			
献县	老派音位记音		ʅə	ɯə	iə	uə	yə
	实际 音值	老派	ʅə	ɯ	ie	uo	yø
		新派	ɯ		ie	uo	yø
北京	实际音值		ɤ°		iɛ	uo	yɛ

从音位记音的角度看,献县话无论新老派,都可以记成与北京话完全相同的音值。但是,如果把齐齿呼、合口呼、撮口呼的韵母记为 V_1V_2,二者实际的区别是:北京话该类韵母的核心

是 V_2，音长为 $V_1 < V_2$；献县话该类韵母的核心是 V_1，音长为 $V_1 \geq V_2$，整个韵母可看作是从高元音向相邻半高元音的滑动。当有意延长整个韵母时，北京话被延长较多的是 V_2，献县话被延长较多的是 V_1。所以，此类韵母结构，献县话与北京话是不同的。献县话的这种结构在清末时就已经形成了，并且在当时就已经得到了比较细致的记录（傅林 2017a、b）。

（三）鼻尾韵的鼻化和复元音韵母的单化

中古鼻尾韵母在献县话中演变为鼻化韵和鼻尾韵两类，元音韵尾韵母演变为单韵母和元音韵尾韵母两类，各自相应的条件是：

表 2-10：献县话鼻尾韵的鼻化和复元音韵母的单化规律

中古音	献县话韵母种类	
	v 为低、半低元音	v 为高、半高、央元音
咸、山摄	ṽ	
深、臻、曾、梗、通摄		v-n/v-ŋ
蟹开一、二、蟹合二、效摄	v	
止合三、蟹合一、流摄		v-i/v-u

献县话的韵母与中古音的对照情况，见表 2-11。

三、声调演变的特点

献县方言声调演变的特点是：中古入声字中，全浊入声今归入阳平，次浊入声今归入去声。以上两类归派比较整齐。清入声字绝大多数今归入阴平，声调有文白异读的，一般白读归入阴平，部分归入其他调类的，与普通话的归派方向一致，显见为普通话的影响。

表2-11：献县(小营)方言韵母与中古音比较表

	一等							三、四等							
	帮系	端系	见系	帮系	泥组	知庄	见系	帮系	端组	泥组	精组	庄组	知章	日母	见系
果开		多 ₌tuɤ	可 ᶜkʰuɤ / 我 ᶜuɤ												
果合	破 pʰuɤˀ	妥 ᶜtʰuɤ	果 ᶜkuɤ / 棵 ₌kʰuɤ												
假开				爬 ₌pʰa	拿 ₌na	茶 ₌tʂʰa	家 ₌tɕia				姐 ᶜtɕia			惹 ᶜiɤ	也 ᶜiɤ
假合						花 ₌xua									
遇合	布 puˀ	土 ᶜtʰu	五 ᶜu					斧 ᶜfu		女 ᶜny	徐 ₌ɕy	锄 ₌tʂʰu	书 ₌ʂu	如 ₌ʐu / 如 ʐyˀ	举 ᶜtɕy
蟹开	拜 pɛˀ	胎 ₌tʰɛ	开 ₌kʰɛ		奶 ᶜnɛ	柴 ₌tʂʰɛ	街 ₌tɕiɛ / 挨 ₌nɛ	毙 piˀ		泥 ₌ni	西 ₌ɕi	筛 ₌ʂɛ / 师 ₌ʂʅ	世 ʂʅˀ		鸡 ₌tɕi
蟹合	杯 ₌pei	推 ₌tʰuei	盔 ₌kʰuei			揣 ᶜʂuɛ	快 kʰuɛˀ / 话 xuaˀ	废 feiˀ			脆 tsʰueiˀ		税 ʂueiˀ		围 ₌kuei
止开								碑 ₌pei / 皮 ₌pʰi	地 tiˀ	腻 niˀ	紫 ᶜtsʅ	师 ₌ʂʅ	支 ₌tʂʅ	儿 ₌əʅ	欺 ₌tɕʰi
止合								肥 ₌fei			嘴 ᶜtsuei	揣 ᶜʂuei	吹 ₌tʂʰuei / 谁 ₌ʂuei	瑞 ʐueiˀ	柜 kueiˀ / 季 teiˀ
效开	包 ₌pɔ	刀 ₌tɔ	高 ₌kɔ		挠 ᶜnɔ	抄 ₌tʂʰɔ	交 ₌tɕiɔ	描 ₌miɔ		燎 ᶜiɔ	焦 ₌tɕiɔ		招 ₌tʂɔ	绕 ʐɔˀ	轿 tɕiɔˀ
流开	母 ᶜmu	头 ₌tʰou	沟 ₌kou					富 fuˀ		流 ₌liou	酒 ᶜtɕiou	愁 ₌tʂʰou	收 ₌ʂou	揉 ₌ʐou / 揉 ʐouˀ	九 ᶜtɕiou

表 2-11（续 1）

	一等							三、四等							
	帮系	端系	见系	帮系	泥组	知庄组	见系	帮系	端组	泥组	精组	庄组	知章	日母	见系
咸舒开		贪 tʰã	敢 ʔkã				监 ʔtɕiã	砭 ʔpiã	忝 tʰiã	镰 liã	尖 ʔtɕiã		闪 ʔʂã	染 ʐã／染 ʐã	检 ʔtɕiã
咸入开		搭 ta	喝 xuə			眨 ʔtʂa	夹 tɕia		叠 tiə	镊 niə	接 tɕiə		褶 tʂɿə		结 tɕiə
咸舒合								凡 fã							
咸入合								法 fa							
深舒开								品 pʰin		林 lin	心 ɕin	渗 sən	针 tʂən	任 ʐən	金 tɕin
深入合										立 liʔ	集 tɕi	涩 sɿ／涩 suə	十 ʂɿ	入 ʐuʔ	急 tɕi
山舒开		摊 tʰã	干 kã	板 ʔpã		蘸 ʔtʂã	间 tɕiã	编 ʔpiã	天 tʰiã	连 liã	剪 ʔtɕiã		展 ʔtʂã	然 ʐã	现 ɕiã
山入开		达 ta	渴 kʰuə	八 pa		察 tʂʰa	瞎 ɕia	憋 ʔpiə	铁 tʰiə	裂 liə	节 tɕiə		舌 ʂɤ	热 ʐɤ	结 tɕiə
山舒合		短 tuã	管 kuã			拴 ʂuã	关 kua			恋 lyã	全 tɕʰyã		传 tʂʰuã	软 ʐuã	拳 tɕʰyã
山入合		脱 tʰue	活 xue			刷 ʂua	刮 kua			劣 lyə	雪 ɕyə		拙 tʂue		掘 tɕye
臻舒开	门 mən							宾 pin		鳞 lin	亲 tɕʰin	榛 tʂən	伸 ʂən	人 ʐən	因 in
臻入开								密 mei／蜜 mi		栗 li	七 tɕʰi	虱 ʂɿ	十 ʂɿ	日 ʐɿ	一 i
臻舒合	分 fən	墩 tuən	困 kʰuən							轮 luən	俊 tsuən		春 tʂʰuən	润 ʐuən	军 tɕyan
臻入合	没 mu		骨 ku					物 u		律 ly		蟀 su	出 tʂʰu		橘 tɕy

表2-11（续2）

	一等			二等				三、四等							
	帮系	端系	见系	帮系	泥组	知组	见系	帮系	端组	泥组	精组	庄组	知章	日母	见系
宕舒开	旁₋pʰɑ̃	汤₋tʰɑ̃	刚₋kɑ̃					方₋fɑ̃			枪₋tɕʰiɑ̃		张₋tʂɑ̃	瓤₋ʐɑ̃	僵₋tɕiɑ̃
宕入开	薄₋po	托₋tʰɔ	搁₋ko							略₋liɔ	嚼₋tɕiɔ	着₋tʂo		弱₋ʐɔ	脚₋tɕiɔ
宕舒合			光₋kuɑ̃												筐₋kʰuɑ̃
宕入合			郭₋kua												
江舒开				棒 pɑ̃ᵒ	攘 ⁿnɑ̃	撞 tʂuɑ̃ᵒ	江₋tɕiɑ̃								
江入开				剥₋po		桌₋tʂuɑ	觉₋tɕiɑ								
曾舒开	崩₋peŋ	灯₋taŋ		彭₋pʰəŋ	冷 ləŋᵒ	撑₋tʂʰəŋ	耕₋kəŋ 坑₋kʰəŋ	冰₋piŋ		凌₋liŋ			蒸₋tʂəŋ	扔₋ʐəŋ	应₋iŋ
曾入开	北₋pei	得₋tei	刻₋kʰei	白₋pe		拆₋tʂʰɛ ɛ	客₋tɕʰiɑ	僻 pʰiᵒ	踢₋tʰi	力 liᵒ 历 liᵒ	息₋ɕi 积₋tɕi	色₋ʂɛ	织₋tʂʅ 石₋ʂʅ		亿 iᵒ 役 iᵒ
曾舒合							横₋xəŋ								营₋iŋ
曾入合			国₋kua				获₋xuɛ 划₋xua								域 yᵒ
通舒合	蒙₋meŋ	东₋toŋ	空₋koŋ					风₋fəŋ		农₋noŋ	松₋soŋ		终₋tʂoŋ	绒₋ʐoŋ	宫₋koŋ
通入合	木 muᵒ	秃₋tʰu	哭₋kʰu					福₋fu		六 liouᵒ 绿 lyᵒ	宿₋ɕiou 续 ɕyᵒ	缩₋sue	粥₋tʂou	肉 iouᵒ 褥 yᵒ	菊₋tɕy

表 2-12：献县（小营）方言声调与中古音声调比较表

		阴平 33	阳平 53	上声 213	去声 31
平	清	高猪天三			
	次浊		鹅娘人龙		
	全浊		陈平穷寒		
上	清			古短口好	
	次浊			五老买有	
	全浊				近是坐厚
去	清				唱怕送放
	次浊				让漏帽用
	全浊				大病树饭
入	清	笔出黑铁（多数）	急（个别）	尺（个别）	
	次浊				月六麦药
	全浊		白舌服十		

第五节　献县方言的连读音变

一、连读变调

　　献县方言的单字调在语流中会发生有规律的变调。变调都可以用两字组的变调规律来预测。下面是非轻声的两字组连调表：

表 2-13：献县话非轻声两字组连调表

前字＼后字	阴平 33	阳平 53	上声 213	去声 31
阴平 33	53-33 轰车	33-53 窗台	33-213 锵草	33-31 耕地

续表

前字＼后字	阴平 33	阳平 53	上声 213	去声 31
阳平 53	53–33 红车	A:53–53 扬场　篮球 B:31–53 驴蹄　尝尝	53–213 拔草	53–31 白地
上声 213	**23**–33 买车	**21**–53 买盐	A:**23**–213 打草 B:**53**–213 九点	**23**–31 买地
去声 31	31–33 卸车	31–53 磨盘	31–213 下雨	31–31 上粪

在非轻声两字组的连调中,本方言最大的特点是"阳平＋阳平、上声＋上声"两种组合分别有 A、B 两类连调式,且存在变异。A 类实际上是前字不变调或更接近单字调值的连调式,B 类是前字变调并且调值与其他调类合并的连调式。除动词性叠字组对应 B 类外,A、B 两类连调式所辖字组没有语法、语义类别上的系统差异,只是语用色彩上相对书面化的词语及新词语倾向于归入 A 类,相对口语化的词语归入 B 类。同时,对同样的字组,文化程度较高的青年发音人更倾向于使用 A 类。

下面是后字为轻声的两字组连调表:

表 2–14:献县话轻声两字组连调表

前字＼后字本调	阴平 33	阳平 53	上声 213	去声 31	本调不明确 0
阴平 33	A:33–0 星星　脬猪 B:53–0 挑挑　吃吃	33–0 苍蝇　鲫鱼	33–0 霜雪　烧纸	33–0 黑下　窗户	33–0 哆嗦　疤瘌

后字本调 前字	阴平 33	阳平 53	上声 213	去声 31	本调不明确 0
阳平 53	55-0 王八	A:55-0 石榴 郎猫 B:21-0 围裙 长虫	55-0 云彩 十五	55-0 黄豆 螃蟹	55-0 荸荠 馄饨
上声 213	21-0 点心	21-0 女猫 鲤鱼	A:21-0 耳朵 奶奶 B:53-0 想想 躲躲	21-0 底下 脑袋	21-0 想着 俺们
去声 31	A:53-0 露湿 嫁妆 B:21-0 上边儿 下边儿	53-0 下来 套胺	53-0 跳蚤 戒指	A:53-0 月亮 爸爸 C:31-0 跳跳 弄弄	53-0 钥匙 病了 B:21-0 就哒

　　轻声音节的调值在各类前字调值后的差别不大,除"去声 -
轻声"的 C 类连调中后字调值为 1 外,其他位置的轻声音节的
调值一般都接近 3。需要说明的是:

　　1."阴平 + 轻声(本调为阴平)"的组合有 A、B 两类连调式。
B 类与"阴平 + 阴平"的连调对应。动词性的重叠字组一般采
用 B 类,其他性质字组采用 A 类。

　　2."阳平 + 轻声(本调为阳平)"的组合有 A、B 两类连调式,
正与"阳平 + 阳平"组合的 A、B 两类连调式成呼应关系。"55-0"
的实际调值是 55-3,是阳平单字调 53 调形从单字调向双音节
词调的一种扩展。"21-0"应是"31-53"连调式在后字成为轻
声后形成的,因与上声变调形成的"21-0"不对立,记为 21-0。
采用 B 类连调式的非常少,只有"围裙、长虫"等。

　　3."上声 + 轻声(本调为上声)"的组合也有 A、B 两类连调
式,与"上声 + 上声"的 A、B 两类连调式呼应。A 式连调的实

际调值是"21–3",是前字单字调值的扩展形式。B式连调显然是"上声＋上声"B式连调在后字轻声化之后形成的。采用B式连调的一般是动词性的重叠字组。

4."去声＋轻声"的组合有 A、B、C 三类连调式。非重叠字组一般采用 A 类。动词性的重叠字组一般采用 C 类连调。B 类连调式的调值与"上声–轻声"的 A 类连调式相同。采用 B 类的字组很少,只有"上边儿、下边儿、怵窝子、就哒"。

有一些字组的连调,不能用上述的连调规则直接推导,如:

$$傅庄儿\qquad fu^{31-53}tʂuʌr^{33}$$

这一类连调实际上是三字组脱落第二字后造成的。根据地方古代文献,"傅庄"原名"傅家庄","家"字在地名三字组中一般读为轻声,这样,我们可以推断其演变过程:

"傅家庄儿":$fu^{53}tɕia^{0}tʂuʌr^{33}$ →脱落"家($tɕia^{0}$)" → $fu^{53}tʂuʌr^{33}$

因此,这一类特殊连调仍可以从两字组规则得到解释。这一类词语主要是地名,类似名称还有:霍庄儿、祝庄儿。

下面,按顺序给出两字组各连调式的例词:

1. 前一字为阴平

（1）阴平 – 阴平　33+33 → **53–33**

刮风	kua fəŋ	阴天	in tʰiæ	初一	tʂʰu i
星期	ɕin tɕʰi	轰车	xoŋ tʂʅə	开甲	kʰɛ tɕia
花筐	xua kʰuã	花椒	xua tɕia	劁猪	tɕʰiɔ tʂu
蜂窝	fəŋ uə	鸡窝	tɕi uə	新客	ɕin tɕʰiə
当兵	tã piŋ	司机	sʅ tɕi	干爹	kæ tia
扎针	tʂa tʂən	发烧	fa ʂɔ	切糕	tɕʰiə kɔ
结婚	tɕiə xuən	接生	tɕiə ʂəŋ	通知	tʰoŋ tʂʅ
干杯	kæ pei	说书	ʂuə ʂu	摔跤	ʂuɛ tɕiɔ

（2）阴平 – 阳平　33+53 → 33–53

霹雷	pʰi lei	淄泥	tsʅ ni	翻场	fæ tʂʰã

高粱	kɔ liɑ̃	屋门	u mən	家猫儿	tɕia mɔr
窗台	tʂʰuɑ̃ tʰɛ	鸡笼	tɕi loŋ	灯油	təŋ iou
工人	koŋ ʐən	积食	tɕi ʂʐ̩	拖鞋	tʰuə ɕia

（3）阴平 – 上声　33+213 → 33–213

曲尺	tɕʰy tʂʰʐ̩	心口	ɕin kʰou	开水	kʰɛ ʂuei
忒少	tʰuei ʂɔ	没有	mei iou	拉倒	la tɔ
斟酒	tʂən tɕiou	挑理	tʰiɔ li	装傻	tʂuɑ̃ ʂa
挖井	ua tɕiŋ	吃奶	tʂʰʐ̩ nɛ	刮脸	kua liæ̃

（4）阴平 – 去声　33+31 → 33–31

耕地	tɕiŋ ti	挑菜	tʰiɔ tsʰɛ	黑豆	xei tou
鸭蛋	ia tæ̃	翻盖	fæ̃ kɛ	猪圈	tʂu tɕyæ̃
墩布	tuən pu	脚面	tɕiɔ miæ̃	抓药	tʂua iɔ
秋裤	tɕʰiou kʰu	吃饭	tʂʰʐ̩ fæ̃	出殡	tʂʰu pin

（5）阴平 – 轻声

A 类：33+0 → 33–0

非叠字组：

脖猪	pʰɔ tʂu	鲫鱼	tɕi y	霜雪	ʂuɑ̃ ɕyə
烧纸	ʂɔ tʂʐ̩	摔打	ʂuɛ ta	窗户	tʂʰuɑ̃ xu
哆嗦	tuə suə	疤瘌	pa la	翻腾	fæ̃ tʰəŋ

名词性的重叠形式：

| 星星 | ɕiŋ ɕiŋ | 蛛蛛 | tʂu tʂu | 妈妈 | ma ma |

阴平字重叠作人名时：

| 花花 | xua xua | 东东 | toŋ toŋ | 昌昌 | tʂʰɑ̃ tʂʰɑ̃ |

B 类：33+0 → 53–0

单音节动词的重叠形式：

挑挑	tʰiɔ ɕiɔ	吃吃	tʂʰʐ̩ tʂʰʐ̩	花花	xua xua
扔扔	ʐən ʐən	清清	tɕʰiŋ tɕʰiŋ	掰掰	pɛ pɛ
揪揪	tɕiou tɕiou	杀杀	ʂa ʂa	敷敷	fu fu

2. 前一字为阳平

（1）阳平 – 阴平　53+33 → 53–33

贼星	tsei ɕiŋ	河滩	xɯə tʰæ	农村	noŋ tsʰuən
桃锨	tʰɔ ɕiæ	零工	liŋ koŋ	人中	ʐən tsoŋ
流血	liou ɕiə	毛衣	mɔ i	熬粥	nɔ tʂou
排骨	pʰɝ ku	迎亲	iŋ tɕʰin	陪客	pʰei tɕʰiə

（2）阳平 – 阳平

A 类：53+53 → 53–53

朝阳	tʂʰɔ iɑ̃	黄鱼	xuɑ̃ y	篮球	læ tɕʰiou
扬场	iɑ̃ tʂʰɑ̃	南洋	næ iɑ̃	儿童	əʴ tʰoŋ
遗传	i tʂʰuæ	池塘	tʂʰʅ tʰɑ̃	来源	lɛ yæ
犁铧	li xua	流氓	liou mɑ̃	赚头	tɕʰiŋ tʰou

B 类：53+53 → **31**–53

非叠字组：

头伏	tʰou fu	煤油	mei iou	柴油	tʂɝ iou
城墙	tʂʰəŋ tɕʰiɑ̃	头年	tʰou niæ	潮虫	tʂʰɔ tʂʰoŋ
白鲢	pɛ liæ	平房	pʰiŋ fɑ̃	房梁	fɑ̃ liɑ̃
凉席儿	liɑ̃ ɕiəʴ	同学儿	tʰoŋ ɕiəʴ	皮鞋	pʰi ɕiə
头绳儿	tʰou ʂʅʴ	红糖	xoŋ tʰɑ̃	灵棚	liŋ pʰəŋ

叠字组：

| 尝尝 | tʂʰɑ̃ tʂʰɑ̃ | 还还 | xuæ xuæ | 埋埋 | mɛ mɛ |
| 拿拿 | na na | 来来 | lɛ lɛ | 年年 | niæ niæ |

（3）阳平 – 上声　53+213 → 53–213

浮土	fu tʰu	房顶	fɑ̃ tiŋ	床板	tʂʰuɑ̃ pæ
茶杯	tʂʰa pei	棉袄	miæ nɔ	银耳	in əʴ
白酒	pɛ tɕiou	零钱	liŋ tɕʰiæ	牌九	pʰɛ tɕiou
玩揽	uæ tɕiɔ	咱俩	tsæ lia	拿走	na tsou

（4）阳平 – 去声　33+31 → 33–31

拾粪	ʂʅ fən	鱼刺	y tsʰʅ	盘炕	pʰæ̃ kʰã
台布	tʰɛ pu	砸蒜	tsa suæ̃	同岁	tʰoŋ suei
毛裤	mɔ kʰu	麻酱	ma tɕiã	择菜	tʂɤ tsʰɛ
盛饭	tʂʰəŋ fæ̃	淘瓮	tʰɔ uəŋ	还账	xuæ tʂã

（5）阳平－轻声

A 类：53+0 → **55－0**

非叠字组：

王八	uã pa	石榴	ʂʅ liou	郎猫	lã mɔ
云彩	yən tsʰɛ	十五	ʂʅ u	黄豆	xuã tou
荸荠	pi tɕʰi	馄饨	xuən tuən	白的	pɛ ti

B 类：53+0 → **21－0**

| 围裙 | uei tɕʰyən | 长虫 | tʂʰuã tʂʰoŋ |

3. 前一字为上声

（1）上声－阴平　213+33 → **23－33**

老家	lɔ tɕia	野鸡	iə tɕi	火蛛	xuə tʂu
酒杯	tɕiou pei	老客	lɔ tɕʰiɛ	老师	lɔ ʂʅ
宰猪	tsɛ tʂu	走亲	tsou tɕʰin	草靴	tsʰɔ ɕyə
雨衣	y i	打尖	ta tɕiæ̃	冷汤	ləŋ tʰã

（2）上声－阳平　213+53 → **21－53**

数伏	ʂu fu	暖壶	næ̃ xu	炒勺	tʂʰɔ ʂɔ
眼眉	iæ̃ mei	耳环	ɚ xuæ̃	火石	xuə ʂʅ
整钱	tʂəŋ tɕʰiæ̃	讲台	tɕiã tʰɜ	眼红	iæ̃ xoŋ
买盐	mɛ iæ̃	找人	tʂɔ ɹən	解毒	tɕiə tu

（3）上声－上声

A 类：213+213 → **23－213**

打草	ta tsʰɔ	打闪	ta ʂæ̃	数九	ʂu tɕiou
好响	xɔ ʂã	摆水	pɛ ʂuei	碾底	niæ̃ ti
躺椅	tʰã i	海碗	xɛ uæ̃	老板	lɔ pæ̃

解酒	tɕiə tɕiou	洗脸	ɕi liæ̃	请你	tɕʰiŋ ni

B 类：213+213 → **53**–213

九点	tɕiou tiæ̃	好歹	ɜr tɛ	土匪	tʰu fei
早晚	tsɔ uæ̃	老虎	lɔ xu	两把	liɑ̃ pa
俺俩	næ̃ lia	老远	lɔ yæ̃	草稿	tsʰɔ kɔ
厂长	tʂʰɑ̃ tʂɑ̃	保管	pɔ kuæ̃	小姐	ɕiɔ tɕiɛ

（4）上声－去声　213+31 → **23**–31

起雾	tɕʰi u	小尽	ɕiɔ tɕin	耩地	tɕiɑ̃ ti
洒粪	ʂa fən	扁担	piæ̃ tæ̃	起骒	tɕʰi kʰɯa
躺柜	tʰɑ̃ kuei	火柱	xuə tʂʂu	老道	lɔ tɔ
表妹	piɔ mei	粉刺	fən tsʰʅ	米饭	mi fæ̃

（5）上声－轻声

A 类：213+0 → **21**–0

非叠字组：

点心	tiæ̃ ɕin	耳朵	ɜr tɔ	女猫	mi ɔm
鲤鱼	ly y	底下	ti ɕia	脑袋	nɔ tɔr
想着	ɕiɑ̃ tʂɔ	俺们	næ̃ mən	闪开	ʂæ̃ kʰɛ
五更	u tɕiŋ	晌午	ʂɑ̃ xuə	小子	ɕiɔ tsʅ

叠字组（少数称谓词；人名）：

奶奶	nɛ ɜn	姥姥	lɔ lɔ	
颖颖	iŋ iŋ	晓晓	ɕiɔ ɕiɔ	

B 类：213+0 → **53**–0

叠字组（单音节动词重叠形式）：

躲躲	tuə tuə	想想	ɕiɑ̃ ɕiɑ̃	买买	mɛ ɜm
请请	tɕʰiŋ tɕʰiŋ	写写	ɕiə ɕiə	打打	ta ta

4. 前一字为去声

（1）去声－阴平　31+33 → 31–33

大风	ta fəŋ	下雪	ɕia ɕyə	半天	pæ̃ tʰiæ̃

上洼	ʂɑ̃ ua	卸车	ɕiə tʂʰ˞ə	麦秸	mɛ tɕiə
辣椒	la tɕiɔ	地蛐	ti tɕʰy	纫针	˞ən tʂən
二婚	˞ə˞ xuən	后爹	xou tiə	裤裆	kʰu tɑ̃

（2）去声 - 阳平　31+53 → 31-53

太阳	tʰɜ˞ iɑ̃	冻凌	toŋ liŋ	拜年	pɛ niæ̃
后来	xou lɛ	麦熟	mɛ ʂou	驾辕	tɕia yæ̃
磨盘	muə pʰæ̃	配房	pʰei fɑ̃	晾台	liɑ̃ tʰɜ˞
犯人	fæ̃ ˞ən	后娘	xou niɑ̃	舅爷	tɕiou iə

（3）去声 - 上声　31+213 → 31-213

下雨	ɕia y	热水	˞uə ʂuei	去火	tɕʰy xuə
气喘	tɕʰi tʂʰuæ̃	中暑	tʂoŋ ʂu	上火	ʂɑ̃ xuə
大鳖	ta tʂʰɑ̃	烩饼	xuei piŋ	料酒	liɔ tɕiou
道喜	tɔ ɕi	敬酒	tɕiŋ tɕiou	外扣	uɛ kʰuɜ˞

（4）去声 - 去声　31+31 → 31-31

上冻	ʂɑ̃ toŋ	旱地	xæ̃ ti	大道	ta tɔ
立柜	li kuei	炕被	kʰɑ̃ pei	套袖	tʰɔ ɕiou
焖饭	mən fæ̃	上拜	ʂɑ̃ pɛ	尿炕	niɔ kʰɑ̃
戴孝	tɛ ɕɜ˞	庙会	miɔ xuei	相面	ɕiɑ̃ miæ̃

（5）去声 - 轻声

A 类：31+0 → **53**-0

非叠字组：

露湿	lu ʂ˞	嫁妆	tɕia tʂuɑ̃	下来	ɕia lɛ
套脓	tʰɔ˞ ləŋ	跳蚤	tʰiɔ tsɔ	戒指	tɕiɛ tʂ˞
月亮	yə liɑ̃	钥匙	iɔ ʂ˞	病嘞	piŋ lɛ

叠字组（部分称谓词；人名）：

爸爸	pa pa	亮亮	liɑ̃ liɑ̃	畅畅	tʂʰɑ̃ tʂʰɑ̃

B 类：31+0 → **21**-0（数量极少）

就哒	tɕiou ta	上边儿	ʂɑ̃ pɚ	下边儿	ɕia pɚ

C 类：31+0 → 31–0

动词性叠字组：

| 跳跳 | tʰiɔ tʰiɔ | 上上 | ʂɑ̃ ʂɑ̃ | 看看 | kʰæ kʰæ |
| 卖卖 | mɣ mɣ | 试试 | ʂʅ ʂʅ | 逛逛 | kuɑ̃ kuɑ̃ |

二、儿化

献县方言的韵母除 [əɻ] 外都可以儿化，形成儿化韵。儿化主要是使"-儿"缀所附前字的韵母发生变化，但声母 [tʂ tʂʰ ʂ ɻ] 在与儿化韵 [ɣɻ] 相拼时，被动发音部位更靠后，接近硬腭中部，主动发音部位由舌前部（舌尖和舌叶）变为舌尖。儿化韵母 [ɣɻ] 和 [iɣɻ] 在与声母 [t tʰ tɕ tɕʰ] 及零声母相拼时，有时会伴随闪音 [ɾ]，如"板凳儿"的音值有时是 [tɣ̃ɻ]。

表 2-15：献县话儿化规律表

儿化韵	原韵母	例词	儿化韵	原韵母	例词
ʌɻ	a	没法儿	yəɻ	yən	小裙儿
	ɑ̃	药方儿	ɣɻ	ʅə	公社儿
iʌɻ	ia	豆芽儿		ɯə（声母为舌尖音时）	找乐儿
	iɑ̃	小羊儿		əŋ（声母为舌尖音时）	板凳儿
uʌɻ	ua	花儿	ɯɣɻ	ɯə（声母为舌根音时）	唱歌儿
	uɑ̃	蛋黄儿		əŋ（声母为舌根音时）	芹菜梗儿
ɐɻ	ɛ	小牌儿	iɣɻ	iə	空姐儿
	æ	小盘儿		iŋ	小营儿
iɐɻ	iæ̃	一边儿		uə	老婆儿
uɐɻ	uɛ	一块儿	uoɻ	oŋ	小桶儿
	uæ̃	拐弯儿		uəŋ	小瓮儿
yɐɻ	yæ̃	花园儿		əŋ（声母为唇音时）	扎猛儿
iəɻ	i	小毛衣儿	iuoɻ	yə	主角儿
	in	没音儿		yoŋ	没大用儿

儿化韵	原韵母	例词	儿化韵	原韵母	例词
ʌɹ	ɿ	写字儿	ur	u	枣核儿
	ʅ	一只儿鞋		y（声母为 l 时）	小驴儿
			iur	y（声母不为 l 时）	小鱼儿　马驹儿
	iə	小辈儿	our	ou	小狗儿
	ən	小盆儿	iour	iou	一溜儿
uəɹ	iən	小柜儿	ɔr	ɔ	宝儿
	uən	小棍儿	iɔr	iɔ	上学儿

　　献县话儿化韵的这种格局和一些较为特殊的音值,在清末时就已形成了。其中较有意义的是,当代韵母 [əŋ] 在唇音和唇齿音声母条件下,与韵母 [uə] 合并,造成"小冯儿＝小佛儿",从共时音理较难解释。但从清末献县话的发音看则比较明了,因为当时"棚、冯"这类字,其韵母音值为 [oŋ],与"同、红"等字相同,因此儿化韵也相同。当代献县话中,"棚、冯"这类字单念时韵母变成了 [əŋ],而儿化韵仍保留清末时的状态,造成了共时上的不一致。这是单字音与儿化韵的演变不平衡形成的一种现象。

　　下面列出各类儿化韵的例词,每个儿化韵下按本韵来源分列:

（1）[ʌr]

[a]:没法儿　　阿八儿　　小马儿　鸡杂儿　板擦儿

　　搭儿拉儿　那儿　　　渣儿　　找茬儿　傻儿　　哈儿哈儿

[ã]:药方儿　　白菜帮儿　汤儿　　小张儿　灌肠儿　阿刚儿

　　小康儿

（2）[iʌr]

[ia]:豆芽儿　一家儿　一掐儿　霞儿

[iã]:小羊儿　小江儿　小枪儿　有亮儿　二大娘儿

（3）[uʌr]

[ua]:小娃儿娃儿　鸡爪儿　牙刷儿　小褂儿　画画儿

[uɑ̃]:小王儿　　　大壮儿　小床儿　成双儿　小筐儿
　　　蛋黄儿

（4）[ɐr]

[ε]:小牌儿　买儿卖儿　口袋儿　讲台儿　有奶儿
　　灾儿　　第几册儿　黑色儿　盖儿　　小孩儿

[æ]:花瓣儿　小盘儿　　慢儿慢儿　打幡儿　鸡蛋儿
　　花篮儿　蚕儿　　　小伞儿　　小铲儿　小山儿
　　饼干儿　门槛儿　　出汗儿

（5）[iɐr]

[iε]:一边儿　一片儿　药面儿　一点儿　盖帘儿
　　　小年儿　掐尖儿　小钱儿　白线儿　小燕儿

（6）[uɐr]

[uε]:一块儿　敞怀儿

[uæ]:青砖儿　小船儿　脑血栓儿　小罐儿　宽儿　圆环儿
　　　拐弯儿

（7）[yɐr]

[yæ]:花园儿　花卷儿　画圈儿　仨旋儿

（8）[iəɹ]

[i]:小毛衣儿　针鼻儿　削皮儿　小米儿　月亮地儿
　　猪蹄儿　搓泥儿　里儿　　小鸡儿　小旗儿　　东西儿

[in]:没音儿　小敏儿　树林儿　抽筋儿　空心儿

（9）[ɹə]

[ɿ]:字儿　　词儿　　丝儿

[ʅ]:树枝儿　格尺儿　有事儿

[əi]:小辈儿　眼眉儿　眼泪儿　傍黑儿

[ən]:本儿　　盆儿　　门儿　　较真儿　小陈儿　走神儿
　　　美人儿　根儿

（10）[uəɹ]

[uəi]：味儿　　嘴儿　　几岁儿　　一对儿　　鸡腿儿

　　　　耳坠儿　耳垂儿　小柜儿　　灰儿

[uən]：纹儿　　村儿　　搭拉孙儿　一顿儿　　小屯儿

　　　　轮儿　　有准儿　开春儿　　阿顺儿　　小棍儿

　　　　一捆儿

（11）[yəʳ]

[yən]：阿云儿　阿军儿　连衣裙儿

（12）[ɣʳ]

[ɣə]：存折儿　小车儿　公社儿

[ɯə]（声母为舌尖音时）：幺蛾儿　找乐儿

[əŋ]（声母为舌尖音时）：福增儿　一层儿　　板凳儿

　　　　　　　　　　　　棱儿　　凑个整儿　小秤儿

　　　　　　　　　　　　头绳儿

（13）[ɯʳ]

[ɯə]（声母为舌根音时）：唱歌儿　文科儿　小盒儿

[əŋ]（声母为舌根音时）：芹菜梗儿　水坑儿

（14）[iʳ]

[iə]：树叶儿　菜碟儿　锅贴儿　空姐儿　　燕茄儿　小鞋儿

[iŋ]：小营儿　肉丁儿　挂零儿　鸡蛋清儿　火星儿

（15）[uoʳ]

[uə]：小鹅儿　　老婆儿　念佛儿　一撮儿　　出错儿　小锁儿

　　　麦秸垛儿　一撅儿　小桌儿　盖戳儿　　小说儿　砂锅儿

[oŋ]：有冻儿　　小桶儿　小龙儿　小葱儿　　酒盅儿　公儿

[uəŋ]：小瓮儿

[əŋ]（声母为唇音时）：扎猛儿　　小泵儿　李桂朋儿

　　　　　　　　　　　小冯儿　　穿堂风儿

（16）[iuoʳ]

[yə]：不够月儿　小橛儿　主角儿　没缺儿

[yoŋ]:没大用儿　阿勇儿　李炯儿　小熊儿

（17）[ur]

[u]:小屋儿　长醭儿　小铺儿　有福儿　小卒儿　小苏儿
　　豚儿　　兔儿　　路儿　　泪珠儿　小橱儿　小树儿
　　金箍儿　裤儿　　小老虎儿

[y]（声母为 [l] 时）:小驴儿（仅此一例）

（18）[iur]

[y]（声母不为 [l] 时）:小鱼儿　马驹儿　小曲儿　虾米须儿

（19）[our]

[ou]:小兜儿　小偷儿　小瓯儿　小楼儿　小周儿
　　抽抽儿　小手儿　长肉儿　水沟儿　猴儿

（20）[iour]

[iou]:加油儿　顶牛儿　一溜儿　喝酒儿　踢球儿　袖儿

（21）[ɔr]

[ɔ]:宝儿　　泡儿　　起早儿　小草儿　害臊儿　小刀儿
　　下套儿　猪脑儿　挂落儿　想招儿　小抄儿　掌勺儿
　　鸡蛋糕儿　手拷儿　叫好儿

（22）[iɔr]

[iɔ]:吃药儿　小脚儿　小桥儿　戴孝儿

三、轻声中的字音

轻声条件下,字音的声母和韵母会发生弱化、脱落等现象,一些较成规律的变化是:

表 2-16:献县话轻声造成的声韵变化

类别		单字音	轻声	例词
舌尖擦音→ 舌根擦音	ʂ → x	晌 ʂã²¹³ 上 ʂã³¹	xã⁰	后晌 xou³¹⁻⁵³ xã⁰ 写上 ɕiə²¹³⁻²¹ xã⁰
边音→鼻音	l → n	里 li²¹³	ni⁰	家里 tɕia³³ ni⁰ 村儿里 tsʰuəɻ³³ ni⁰

续表

类别	单字音	轻声	例词
主元音或韵母整体央化	u → uə　午	xuə⁰	晌午 ʂã²¹³⁻²¹ xuə⁰
	ã → əŋ　棒 pã³¹	pəŋ⁰	甜棒根儿 tʰiæ⁵⁵ pəŋ⁰ kəɻ³³
	oŋ → əŋ　筒 tʰoŋ²¹³	tʰəŋ⁰	灶筒 tsɔ⁵³ tʰəŋ⁰
	ia → iə　家 tɕia³³	tɕiə⁰	你家 ni³¹ tɕiə⁰ 婆婆家 pʰuə⁵⁵ pʰuə⁰ tɕiə⁰
	ɯə → ə　个 kɯə³¹ ʅə → ə　车 tʂʰʅə³³	kə⁰ tʂʰə⁰	这个 tʂʅ³¹⁻²³ kə⁰ 小红车 ɕiɔ²¹ xoŋ⁵⁵ tʂʰə⁰
	ei → ə　眉 mei⁵³	mə⁰	齐眉穗儿 tɕʰi⁵⁵ mə⁰ suəɻ³¹
介音脱落	uã → ã　慌 xuã³³ ier → ɐr　边儿 pier³³	xã⁰ pɐr⁰	杀得慌 ʂɔ³³ tiᵒ xã³³ 上边儿 ʂã³¹ pɐr⁰

　　轻声造成声韵的上述变化虽然从音理上可解释,但并非所有符合相应语音条件的词语都会发生该变化。因此,轻声造成的音变的规律性要小于连读变调和儿化。

第六节　献县方言同音字汇

　　（1）本同音字汇收字以中国社会科学院语言研究所编《方言调查字表》（修订本）为基础,方言中常用而《方言调查字表》未收的,用《广韵》《集韵》收字补充。无法确认本字且无同音字的,用"□"表示。

　　（2）纯粹的表音用字,不收入本同音字汇。例如:"颠哒"（颠簸）中的"哒"。

　　（3）因明显的同化或异化而形成的与单字音不同的发音,不列入同音字汇。例如"恐怕"实际音值为 [pʰəŋ⁵⁵ pʰaᵒ],"恐"字声母受后字同化,与其单字音 [kʰoŋ²¹³] 不同。"长虫"的实际音值为 [tʂʰuã⁵³⁻³¹ tʂʰoŋᵒ],"长"字韵母受后字同化产生圆唇介音,

与其单字音 [tʂʰã⁵³] 不同。"戏匣子"实际音值 [tɕʰi³¹ ɕia⁵³⁻⁵⁵ tsɿ⁰]，"戏"受后字影响异化。

（4）因轻声而产生韵母变化的字音，不列入同音字汇。例如："底下"实际音值为 [ti²¹ ɕiə⁰]，"下"音值与单字音 [ɕia³¹] 不同。

（5）只在个别词语中出现的汉字特殊音值，虽成因不明确，但本字较确定，可认定为变音的，一般也不列入同音字汇。例如："虎口"实际音值为 [xuə²¹³⁻²¹ kou⁰]，"虎"的韵母与单字音不同，变音不列入字汇。

（6）只出现在连读变调或儿化韵中的字音，发音人虽不能读出单字音但本字明确的，按规律推导出单字音列入字汇。例如：阁儿上（地名）kɔr²¹³⁻²¹ xã⁰，可推导出"阁"的一种字音"kɔ²¹³"，列入同音字汇。

（7）用"＝"和"—"分别表示文读音和白读音。其他的异读，有词汇、语义或语法差别的，在字后注出其出现环境。完全自由的变读，标注"又"。

（8）本字汇以韵母为序排列。每一韵母下，首先按声母排列，顺序依前声母表。每一声母下再按调类阴平 [33]、阳平 [53]、上声 [213]、去声 [31] 排列。其中，只出现在轻声中的字，以 [0] 为类名标在去声后。

ɿ

ts [33] 资姿咨滋只~嫌 [53] 自 [213] 紫子籽 [31] 字秺 [0] 厕茅~

tsʰ [33] 呲~哒差参~ [53] 雌瓷慈磁辞词祠 [213] 此 [31] 刺次赐伺

s [33] 斯厮撕私司丝思涩~嗽（柿子的涩味）[213] 死 [31]

ʅ　四肆似祀巳寺嗣饲

tʂ [33] 知蜘支枝肢之芝汁织职掷~色子只一~鸡炙指手~头 [53] 执侄直值殖植 [213] 纸只~有脂旨指~点止趾址 [31] 滞制智致稚至置痔治志痣秩质

tʂʰ [33] 眵痴吃 [53] 池驰迟持

[213] 尺侈耻齿 [31] 翅赤斥

ʂ [33] 施师狮尸诗湿失室适
释虱饰 [53] 识时十拾实
食蚀石 [213] 矢屎使史
驶始 [31] 世势誓逝是氏
示视嗜士仕柿事试市侍
式 [0] 匙钥~什家~儿

ɻ [31] 日

i

p [33] 屄逼 [53] 鼻 [213] 彼
鄙比动词秕笔~直 [31] 蔽敝
弊币毙薜陛闭算臂双~避
躲~痹筚毕必碧壁墙~

pʰ [33] 批披~上衣裳丕匹劈~柴
火坯 [53] 皮疲脾琵 [213]
比介词劈~棒子 [31] 譬屁
僻辟

m [33] 眯咪 [53] 迷谜~语糜
弥 [213] 米弭抹掉字迹 [31]
泌密秘~蜜觅

t [33] 低堤滴提提,拎:~喽得应
该;需要 [53] 笛敌狄籴 [213]
底抵的目~ [31] 弟帝第递
地 [0] 的你~

tʰ [33] 梯踢剔 [53] 题提~问
题蹄啼 [213] 体 [31] 替涕
剃屉笑糠~(辕鞍子底部的软垫)

n [33] 衣胎盘 [53] 泥名词倪尼

[213] 你拟 [31] 腻匿逆溺
癔撒~症(梦游)泥动词,刷抹泥
浆的动作 [0] 里用作方位词时

l [53] 犁黎离篱梨厘狸 [213]
礼李里理鲤 [31] 例厉~害
励丽隶利痢吏立笠粒栗力
历 [0] 璃

tɕ [33] 鸡稽饥肌几茶~;~乎
基机讥级~别吉鲫屐积脊
绩击激 [53] 集辑急及疾
极籍藉 [213] 挤己几~个
给供~戟 [31] 祭际稷荠济
剂计继系~鞋带寄技妓冀
纪记忌既即迹寂季

tɕʰ [33] 妻栖欺期缉~本儿(装
订本子)曝~干(用体温烘干)七
漆 [53] 齐脐奇骑歧祁其
棋旗畦 [213] 启企起杞祈
岂乞 [31] 砌契器弃气汽
泣迄戚去~北京;干么~

ɕ [33] 西犀溪系关~牺熙希稀
吸悉膝息熄媳惜昔夕锡析
些有~个 [53] 习袭席 [213]
洗玺徙喜 [31] 细系~统戏
[0] 系联~

Ø [33] 伊医衣依揖一 [53] 宜
仪移谊夷姨疑 [213] 倚椅
蚁已以乙尾~巴 [31] 艺义

议易意异毅逸忆亿抑翼益亦译疫役

u

p	[33] 不 [53] 醭食物发霉长出的毛垶~土(尘土);~面(做面食时防止面团粘连的干面粉或玉米面) [213] 补捕卜 [31] 部簿账~布怖步
pʰ	[33] 铺~褥子扑~蝴蝶仆~倒 [53] 蒲菩葡脯仆~人 [213] 谱普浦朴扑一~纳心儿地(一心一意地) [31] 铺药~瀑
m	[53] 模没死的婉称 [213] 亩牡母拇没~牙老儿(缺门牙的人) [31] 暮慕墓募木目穆牧
f	[33] 夫肤敷孵麸福复~原缚 [53] 俘扶浮仿佛仿~幅蝠服伏 [213] 符府腑俯甫斧抚复~习;反~;腹空~釜腐辅 [31] 父付赋傅赴讣附妇负富副复~兴
t	[33] 都首~犊督豚昆虫的腹部 [53] 独读犊毒 [213] 堵赌肚猪~子 [31] 杜肚闹~子炉度渡镀
tʰ	[33] 突秃 [53] 徒屠途涂图 [213] 土吐~痰 [31] 吐呕~兔
n	[53] 奴 [213] 努 [31] 怒
l	[33] 撸 [53] 卢炉芦庐 [213] 鲁橹虏卤 [31] 路赂露鹭鹿禄陆录
ts	[33] 租足~球儿 [53] 卒族足~够 [213] 祖组阻
tsʰ	[33] 粗促 [31] 醋
s	[33] 苏酥速 [53] 俗 [31] 素诉宿~舍嗉肃~静粟
tʂ	[33] 猪诸诛蛛株朱珠竹筑烛 [53] 逐 [213] 煮拄主嘱 [31] 著助柱驻注住蛀铸祝~福
tʂʰ	[33] 初输~赢殊出 [53] 除锄厨赎 [213] 储楚础处杵 [31] 处畜触
ʂ	[33] 梳疏蔬书舒枢输运~叔~伯兄弟淑束 [53] 秫熟成~属~龙 [213] 暑鼠黍署薯数动词蜀 [31] 庶恕输~液数名词竖树术述漱
ɻ	[53] 如~果儒 [213] 乳擩捅、刺:~进去辱 [31] 褥被~入收~
k	[33] 姑孤箍估骨~头谷~子 [213] 古轱~辘股鼓骨排~谷山~ [31] 故固雇顾
kʰ	[33] 枯窟哭 [213] 苦 [31] 库裤酷
x	[33] 呼忽烀半蒸半煮:~山药

□用砖头等硬物击打目标 [53]
胡湖糊~涂狐壶葫核枣~儿
[213] 虎浒唬 [31] 户沪互
护瓠糊~弄

Ø [33] 乌污屋巫诬 [53] 吴
蜈梧无 [213] 五伍午武舞
侮鹉 [31] 误悟恶可~务雾
机~栅子(矮凳)物勿戊

y

n [213] 女

l [53] 驴 [213] 吕旅缕屡履
[31] 虑滤律率心~绿

tɕ [33] 居车~马炮拘驹橘菊锔
足识~(知足) [53] 局 [213]
举 [31] 据锯巨拒距聚俱
句具惧剧

tɕʰ [33] 蛆趋区驱屈曲酒~
[53] 渠臞小气 [213] 取娶
曲歌~ [31] 去~火;~世趣
黢~黑

ɕ [33] 虚嘘热气~着手了须需
戌宿住~ [53] 徐 [213] 许
肃~宁(县名,与献县相邻) [31]
序叙绪絮恤畜蓄续 [0] 婿
女~

Ø [33] 迂瘀 [53] 鱼渔于余
愚娱盂榆愉 [213] 语与雨
宇禹羽 [31] 御誉预豫遇
寓愈芋喻域裕郁育玉狱欲
浴如不~他人~殓褥~子

a

p [33] 巴芭疤八拨~拉 [53]
拔 [213] 把 [31] 霸爸耙耕
地之后用来平整土地的农具:用驴
拉~;~地罢

pʰ [53] 爬杷钯耙~子(用来收集
柴火、树叶等的农具) [31] 怕帕

m [33] 妈摩~挲抹~布 [53]
麻 [213] 马码 [31] 骂蚂~
蚱 [0] 蟆蛤~

f [33] 发~财发理~法坐~院;
没~儿 [53] 伐筏罚乏 [213]
法宪~

t [33] 答搭 [53] 沓一~子纸
达 [213] 打 [31] 大 [0]
莙耷~子菜(莙莙菜)

tʰ [33] 他其~ 踏~实塌溻
[213] 他第三人称代词塔 [31]
拓榻

n [53] 拿 [213] 哪 [31] 那纳捺

l [33] 拉 [31] 腊蜡捌~八(下
肢盆开) 辢落~下他兀耷~儿
[0] 瘌疤~

ts [33] 扎~辫子 [53] 杂砸
[213] 咋

tsʰ [33] 擦礤~腾子(礤床,将土豆、

瓜类等礤成细条儿的工具）

s	[33] 撒~手 [53] □瞎~嘛(四处乱看) [213] 洒潇~ [31] 萨拉~
tʂ	[33] 楂渣扎~针 [53] 闸炸油~铡 [213] 眨拃 [31] 诈榨炸~弹乍栅痄~煞(痄腮) [0] 蚱蚂~
tʂʰ	[33] 叉差~不多儿插 [53] 茶茬查察 [213] 蹅~雪 [31] 权岔差算~了
ʂ	[33] 沙纱杀 [53] 啥蛇缠腰~(腰部长的带状疱疹) [213] 洒粥~了一地傻 [31] 厦~子
k	[33] 痂~巴儿旮~儿儿 [53] 杂~儿~儿 [213] 嘎聪明:~子蛤~蜊胳~肢窝 [31] 架~啦(套在牲畜脖子上用来垫住套夹子的软垫)
kʰ	[213] 卡银行~
x	[33] 哈哈气 [213] 哈姓
∅	[213] 阿单音节人名前缀:~玲,~林儿

ia

l	[213] 俩
tɕ	[33] 家加嘉夹~住;~袄佳甲开~(给枣树切皮以促使其结果) [213] 假真~贾甲~乙

[31] 价假放~架~豆角儿,衣裳~儿驾嫁 [0] 稼庄~人

tɕʰ	[33] 搭狗~兔子掐 [53] 卡~住(被较大的物体卡住,如粉笔卡在墙缝里) [213] 卡~住(被较小的物体卡住,如发夹卡头发) [31] 恰洽
ɕ	[33] 虾瞎 [53] 霞狭峡匣辖 [31] 下夏厦~门吓
∅	[33] 鸦丫鸭押压静态:五行山~住孙悟空 [53] 牙芽衙涯崖 [213] 雅哑 [31] 亚压动态:~水轧

ua

tʂ	[33] 抓 [213] 爪
tʂʰ	[33] □~子儿(一种抓抛石子或骨头子儿游戏)
ʂ	[33] 刷~牙 [53] 刷~下去(淘汰) [213] 耍
k	[33] 瓜刮 [53] 呱□kʰue³³~子(拍手) [213] 寡剐 [31] 挂卦褂
kʰ	[33] 夸搲削;刮 [213] 侉说话儿~(有外地口音);~子(对操外地口音的人的蔑称) 垮 [31] 跨胯
x	[33] 花 [53] 华中~铧划~了一道口子滑猾 [31] 华姓桦

化画话划计~

Ø [33] 蛙洼挖~煤 [53] 娃 [213] 瓦砖~挖用勺状物将物体挖起 [31] 瓦~刀袜

ε

p [33] 百~十来个柏掰 [53] 白 [213] 摆百一~伯大~子 [31] 拜败

pʰ [33] 迫拍 [53] 排牌 [31] 派 [0] 臂胳~

m [53] 埋 [213] 买 [31] 卖迈陌~南(村、镇名,在献县西部)麦脉

t [33] 呆 [213] 逮歹在没~家 [31] 大~章(村名);~夫待怠戴贷代袋带

tʰ [33] 胎苔舌~态~度 [53] 抬台 [213] 呔对有能力的人物的带有讽刺意味的称呼:我原先还拿你当个~呢 [31] 态生~太泰

n [33] 哀挨 [53] 捱 [213] 乃奶 [31] 耐奈碍艾爱~吃肉

l [53] 来 [213] □用力猛地拉过来 [31] 赖癞

ts [33] 灾栽 [213] 宰载一年半~ [31] 在现~再载~儿(载重)

tsʰ [33] 猜 [53] 才材财裁 [213] 彩采踩 [31] 蔡菜

s [33] 腮塞将较大的物体填入:把馒头~的嘴里 [53] 塞吃饱后勉强再多吃一些 [213] □~棱(推搡,也指言语攻击) [31] 赛塞~外

tʂ [33] 斋窄这个道儿忒~摘侧~楞(侧着) [53] 泽用于普通人名时:王~永择~菜宅 [213] 窄宽~ [31] 寨债

tʂʰ [33] 钗差出~拆册第几~策~城庙(村名) [53] 豺柴

ʂ [33] 筛色~子 [213] 色红~儿 [31] 晒

k [33] 该 [213] 改 [31] 概溉盖丐

kʰ [33] 开 [213] 凯慨楷

x [33] 咳~声叹气 [53] 孩 [213] 海 [31] 亥害

Ø [213] 矮 [31] 爱~情隘

uε

tʂ [33] □~的脸上(将平面物体猛地向目标贴挤) [213] 转~文 [31] 拽

tʂʰ [33] 揣 [31] 踹頮笨拙

ʂ [33] 衰摔 [213] 甩 [31] 帅率蟀

k [33] 乖蝈掴 [213] 拐 [31] 怪

kʰ [33] □ ~呱子(拍手) [213] 扪~篮子 [31] 块会~计快筷

x [53] 怀槐淮 [31] 坏

Ø [33] 歪 [213] 崴捱_{舀：拿勺儿~点儿汤} [31] 外

ɔ

p [33] 包胞龅煲剥_{~皮儿} [53] 薄_{衣裳~}箔_{棒子~（用秫秸或竹竿编制成用来晾晒玉米的垫子）} 雹 [213] 保堡宝饱 [31] 抱报暴豹爆包_{~圆儿}刨_{~子}

pʰ [33] 泡_{一～尿}抛剖_{~腹产}脬_{~葫芦（公羊）} [53] 袍刨_{~地} [213] 跑 [31] 炮泡_{~澡儿}

m [33] 摸_{~鱼} [53] 毛_{~衣}茅猫锚矛 [213] 卯毛_{两~钱} [31] 冒帽貌茂贸

t [33] 刀叨倒_{~腾（倒卖）}捣_{~鼓} [53] 捯_{往回~} [213] 祷岛倒_{打~导}捣_{~碎} [31] 道稻到倒_{~水}盗

tʰ [33] 滔掏涛托_{~生}赓 [53] 桃逃淘陶 [213] 讨 [31] 套 [0] 萄

n [33] 熬_{~白菜}孬 [53] 熬_{~到局长嘞}铙挠 [213] 脑恼袄 [31] 闹

l [33] 唠_{~叨}捞捕_~ [53] 劳捞_{从水里~出来}牢 [213] 老捞_{~回来（输掉之后再赚回来）}

[31] 涝落_{~头发}烙酪洛_{~平城（村名）}唠_{聊天}

ts [33] 遭糟 [53] 凿 [213] 早枣澡 [31] 皂造躁灶燥

tsʰ [33] 操_{~持}糙 [53] 曹槽 [213] 草 [31] 肏

s [33] 骚 [53] 扫_{跑过去的时候儿树枝子~着脸嘞} [213] 扫_{大~除}嫂 [31] 扫_{~帚}臊 [0] 蚤_{嗽咳~}

tʂ [33] 召昭招 [53] 着_{睡~} [213] 爪_{~牙}找沼着_{他看见嘞} [31] 罩笊赵兆照诏

tʂʰ [33] 抄钞超焯 [53] 巢朝潮 [213] 扫_{~地}炒吵 [31] □_{后退} [0] 绰_{宽~}

ʂ [33] 梢捎稍烧 [53] 绍_{介~}勺芍 [213] 少_{多~} [31] 潲少_{~年}邵绍_{~兴}

ɻ [53] 饶_{~命} [213] 扰绕_{围~} [31] 绕_{~道儿}弱_{身子}

k [33] 高膏_药羔糕搁_{~的地上} [213] 篙稿搞阁_{~儿上（村名）}镐 [31] 告

kʰ [213] 考烤 [31] 靠犒铐

x [33] 蒿薅郝_姓 [53] 豪壕毫号_{干~} [213] 好_{~坏} [31] 浩号_{大~}好_{喜~}耗

Ø [31] 傲奥~运会

ɕi

p [33] 膘标彪镖 [213] 表婊裱 [31] 摽~着绳子上来

pʰ [33] 飘漂~着一块木头鳔 [53] 瓢嫖瞟 [213] 漂~白 [31] 票漂~亮

m [53] 苗描瞄 [213] 藐渺秒 [31] 庙妙

t [33] 刁貂雕叼吊~车 [213] 屌 [31] 钓吊~根儿绳子调不着~;~动掉

tʰ [33] 挑~水 [53] 条调~麻酱 [213] 挑~拨 [31] 跳粜

n [213] 鸟 [31] 尿

l [33] □~开了(加速跑) [53] 燎星火~原疗聊辽撩 [213] 燎火~眼眉儿了 [31] 瞭料炓略~微撂

tɕ [33] 交郊胶教~课焦蕉椒骄娇浇脚角桌子~儿饺 [53] 嚼 [213] 绞狡铰搅剿缴侥角~落 [31] 教~育校~对酵窖觉睡~嚼倒~轿叫

tɕʰ [33] 敲锹悄跷剿陶割雀小~儿(阴茎) [53] 瞧乔桥荞雀~盲眼□充满某种气味:~臭脚丫子味儿 [213] 巧 [31] 俏偢半斤不~(不正经)鞘窍撬

ɕ [33] 消宵霄硝销嚣萧箫枭削~皮儿 [53] 学~能耐 [213] 小晓 [31] 孝效校学~;上~笑

Ø [33] 妖邀腰要~求幺吆约大~ [53] 肴摇谣窑姚尧饶~阳(地名,与献县相邻) [213] 咬舀 [31] 鞠要~钱耀岳姓~鹞疟发~子药钥跃多用于本地人名,如"付~举" 约~子(捆庄稼用的秸秆或短绳子)

ʅ

tʂ [33] 折~叠这~介(这里)哲蜇 [53] 折存~辙 [213] 者褶 [31] 遮这~一个浙

tʂʰ [33] 车 [213] 扯 [31] 撤彻

ʂ [33] 奢赊 [53] 蛇折棍子~了舌 [213] 舍~得设假~ [31] 社射麝赦舍宿~摄涉

ɻ [213] 惹后不带宾语:不好~

iə

p [33] 鳖憋 [53] 别区~;离~ [213] 瘪 [31] 别~扭

pʰ [33] 撇~下 [213] 撇左~子

m [33] □~了儿(末尾) [213] 蔑篾席~儿 [31] 灭消~

t [33] 爹跌 [53] 叠碟牒蝶谍

tʰ [33] 帖贴铁~头 [213]铁~哥们儿

n [33] 捏静态的:~着一张纸 [53]茶呆傻,没精神□人家,旁指代词 [31]聂镊灭灯~了孽捏捏着用力压:把虫子~死

l [33] 咧瞎~~捌用长的条状物抽打 [213]咧衣服~开 [31]猎列烈裂捌用短的条状物抽打

tɕ [33]阶秸街接揭节结级十五~(村、乡名,小营村所属乡)隔~着 [53]捷劫杰截洁皆~为 [213]姐笡~嘍(歪歪斜斜地、跟跟跄跄地走)解~开 [31]借褯介界芥疥届戒 [0]蔗甘~

tɕʰ [33]切~菜客来~了,娘家~ [53]茄 [213]且 [31]妾怯切鞋~跟

ɕ [33]歇蝎楔血流~了 [53]邪斜谐鞋胁协挟携 [213]写 [31]泻卸谢械懈澥~里(粥因久放而水、米分离)蟹泄屑

Ø [33]噎掖 [53]爷 [213]也野惹后带宾语:别~他额~了盖(额头) [31]夜叶页业液腋

uə

p [33]波菠玻拨点~剥~削饽~~(馒头)播 [53]博泊~镇(地名)驳脖搏 [213]跛簸用簸箕~一~ [31]簸~箕

pʰ [33]颇坡泼泊水~梁山 [53]婆 [213]笸 [31]破

m [33]摸自~儿 [53]魔磨~刀摩馍膜 [213]抹~眼泪儿 [31]磨~豆腐么做~(干什么)沫泡~儿寞默墨研~

f [53]佛

t [33]多形容词:人~ [53]夺 [213]朵躲多副词:~大;~不是东西 [31]舵惰埵剁跺

tʰ [33]拖脱托~人 [53]驼驮砣 [213]妥椭 [31]唾

n [53]挪 [31]糯诺

l [33]啰 [53]罗锣箩骡螺腂 [213]裸捋 [31]摞骆洛~阳络落下~不明

ts [33]作~坊;~死喳 [53]琢~磨 [213]左佐昨 [31]做坐座作~业

tsʰ [33]搓撮 [53]痤 [31]锉错

s [33]蓑梭缩嗦衣啰~(衣衫褴褛) [213]锁索所~以 [31]塑

tʂ [33]拙桌卓啄涿捉镯~钩(小镐) [53]酌浊镯着穿~打扮儿

tṣʰ [33] 戳 [31] 辍

ṣ [33] 说 [31] 硕

ɻ [31] 热～水若弱虚～

k [33] 锅郭 [213] 果裹馃～子(油条)国 [31] 过

kʰ [31] 阔廓扩

x [33] 豁攉劐耠哈～欠儿 [53] 活河用于地名:庄～合～眼和～面 [213] 火伙 [31] 祸货获霍或惑

ø [33] 倭踒窝握把～蜗 [53] 蛾鹅鸡鸭～ [213] 我 [31] 饿卧握～手

yə

n [31] 虐

l [31] 劣略简～

tɕ [33] 橛诀觉自～蹶撅噘□～巴(口吃) [53] 绝掘决爵 [31] 倔

tɕʰ [33] 缺 [53] 瘸 [31] 雀麻～(本地称"大家")鹊喜～(本地称野鹊)却确

ɕ [33] 靴雪下～削剥～薛 [53] 穴学～校 [213] 雪～耻血～液

ø [33] 约条～ [213] 哕 [31] 悦阅月越粤跃跳～岳五～乐音～

ɯə

t [33] 嘚～嘞(对说话行为的蔑称) [53] 得求之不～德道～

tʰ [31] 特

n [33] 恶这人很～ [53] 讹娥用于一般人名

l [33] 勒～索 [31] 乐欢～

ts [33] 则法～ [53] 泽毛～东择选～责 [31] 仄

tsʰ [31] 测策政～

s [31] 色～狼

ṣ [33] 佘～太君

ɻ [31] 热炎～,～心肠儿

k [33] 歌哥鸽割搁耿～胳～膊革皮～ [53] 阁楼～格在纸上打～儿;衣裳上～着一根儿针革～命隔分～ [213] 葛各 [31] 个硌

kʰ [33] 科棵颗咳磕渴可～不能去(千万不能去)括～号儿 [213] 可～以 [31] 课刻时～克

x [33] 豁～门儿(豁出去)喝～水 [53] 河何荷和～气禾蛤～蟆合～同核审～ [31] 贺喝～彩鹤吓恐～

ø [53] 鹅天～娥嫦～

əɻ

ø [53] 儿 [213] 而耳尔饵 [31] 二

ei

p [33] 杯碑卑笔铅~悲背~筐北~宗（村名）[213] 北~边儿 [31] 贝鐾~刀倍辈背~面被婢避~风备 [0] 壁影~

pʰ [33] 披~着棉袄 [53] 培陪赔裴 [213] 魄落~ [31] 沛配佩

m [33] 没~有 [53] 梅枚媒煤眉霉没酒~了 [213] 每美 [31] 妹昧媚寐谜猜~儿墨~汁儿 [0] 沫唾~

f [33] 非飞妃 [53] 肥 [213] 匪翡 [31] 废肺吠痱费

t [33] 得~济德用于人名：李~平□~了他一撇子（打了他一拳）[213] 得挺~（感觉舒服，一般为男性使用）

n [213] 馁 [31] 内

l [33] 勒~住脖子 [53] 雷 [213] 累积~垒 [31] 肋累连~类泪

ts [53] 贼

s [33] 塞将较小的物体填入：~牙缝儿

k [213] 给

kʰ [33] 刻~个戳儿

x [33] 黑□~上他（认准他）[53] 谁

uei

t [33] 搥将条状物挤压刺入：他使的劲儿忒大，把粉笔~的墙缝儿里去了 [31] 对队兑

tʰ [33] 推忒 [53] 颓 [213] 腿 [31] 退蜕褪~色

ts [33] 堆 [213] 嘴 [31] 罪最醉

tsʰ [33] 催崔 [31] 脆翠粹

s [53] 随髓虽遂 [31] 碎岁隧穗

tʂ [33] 追锥 [31] 缀赘坠

tʂʰ [33] 吹炊 [53] 垂槌锤

ʂ [33] 尿~脬（膀胱）[213] 水 [31] 税睡

ɻ [213] 蕊 [31] 芮锐瑞

k [33] 圭闺规龟归 [213] 诡轨癸鬼 [31] 刽桂跪柜贵

kʰ [33] 盔亏窥 [53] 魁奎逵葵 [31] 溃愧

x [33] 恢灰麾挥辉徽 [53] 回茴 [213] 悔毁 [31] 贿晦桧会绘惠慧秽讳汇

∅ [33] 煨危威 [53] 桅为作~；~么维惟唯围 [213] 伪萎委违伟苇纬 [31] 卫喂位魏畏慰胃谓

ou

m [53] 谋牟 [213] 某

f　[213] 否

t　[33] 兜 [213] 斗桌~抖陡 [31] 斗~争豆逗

tʰ　[33] 偷 [53] 头投 [31] 透

n　[33] 瓯~子(小碗) [53] □~腰(身体向后仰弯腰) [213] 藕偶小木~儿伛~唧啦儿(用火光和烟雾吸引蝉飞落) [31] 沤

l　[33] 搂~柴火 [53] 楼耧娄喽瘘西瓜~嘞 [213] 篓搂~的怀里(搂到怀里) [31] 漏陋露手~出来

ts　[213] 走 [31] 奏揍就副词:他~不听话

tsʰ　[33] 跐风吹使变凉或得病:着风~着了。 [31] 凑

s　[33] 搜飕风声:风~~地。馊搜 [213] 叟

tʂ　[33] 㧅向前并向上推:把桌子~翻了周舟州洲粥迨 [53] 轴碡碌~ [213] 肘 [31] 昼宙皱咒祝~庄(村名)

tʂʰ　[33] 抽搊~起来(扶起来) [53] 绸稠筹愁仇酬□洗:~衣裳 [213] 丑瞅 [31] 臭

ʂ　[33] 收叔三~ [53] 熟饭不~ [213] 手首守 [31] 受瘦兽寿授售

ɻ　[33] 悠~哒(晃悠) [53] 柔揉~~脖子 [31] 肉

k　[33] 勾钩沟 [213] 狗苟 [31] 够构购鞲牛~槽(牛轭)

kʰ　[33] 抠 [213] 口 [31] 扣寇叩

x　[33] 齁菜忒咸,~儿得慌 [53] 侯喉猴瘊 [213] 吼 [31] 后厚候

∅　[33] 欧殴 [213] 偶~然呕 [31] 怄

iou

t　[33] 丢

n　[33] 妞 [53] 牛 [213] 纽扭 [31] 谬~论

l　[33] 溜 [53] 流刘留榴瘤硫 [213] 柳绺 [31] 遛六碌~碡

tɕ　[33] 揪鬏脑后束成的圆形发髻鸠阄纠灸究就~地(地上) [213] 酒九久韭 [31] 就~哒着(凑合,妥协)就动词:~着咸菜吃馒头舅救旧柩

tɕʰ　[33] 秋丘鞧后~(御具,牲口臀部的横带) [53] 囚求球 [213] 糗

ɕ　[33] 修羞休宿住一~ [213] 朽 [31] 秀绣宿二十八~锈袖嗅

∅　[33] 忧优 [53] 尤邮由油游犹揉~面 [213] 有友酉

[31] 莠诱又右佑柚鼬釉

æ̃

p　[33] 班斑颁扳~子般搬 [213] 板版扳~过来 [31] 扮瓣办伴拌半绊

pʰ　[33] 攀潘 [53] 盘 [31] 盼判叛

m　[53] 蛮瞒馒蔓~菁 [213] 满 [31] 慢漫幔

f　[33] 帆藩翻番幡 [53] 烦繁凡下~ [213] 反 [31] 范犯凡~是泛贩饭

t　[33] 耽担动词丹单 [213] 胆掸 [31] 淡担~子诞旦但弹子~蛋

tʰ　[33] 贪坍滩摊瘫 [53] 潭谭谈痰檀坛弹~琴 [213] 毯坦袒 [31] 探炭叹

n　[33] 庵安鞍 [53] 南男腩难困~ [213] 俺揞将颗粒物按入:地里~上几个豆子暖~壶 [31] 按暗难八十一~岸案

l　[53] 蓝篮兰拦栏 [213] 览揽榄缆懒 [31] 滥烂乱~七八糟;心~

ts　[33] 簪 [53] 咱 [213] 攒 [31] 錾赞

tsʰ　[33] 参~加餐□~~(苍蝇在食物上行走) [53] 蚕惭残 [213] 惨灿傅宝~(人名) [31] 灿~烂

s　[33] 三 [213] 散头发~嘞伞 [31] 散媳妇~嘞(分手,离婚)

tʂ　[33] 沾粘瞻占~卜毡 [213] 暂斩蘸盏展 [31] 站占~领绽栈战

tʂʰ　[33] 搀掺 [53] 谗馋蟾缠蝉禅~宗 [213] 铲产阐 [31] 颤觑~子(给动物喂食用的较粗糙的食盆)

ʂ　[33] 杉衫珊山删膻扇动词煽 [213] 陕闪 [31] 疝善扇名词禅~让单姓擅骟

ɻ　[53] 然燃 [213] 染冉

k　[33] 甘柑泔干~燥肝竿杆~子 [213] 感敢橄杆秫秸~儿擀 [31] 干~活儿

kʰ　[33] 堪龛勘刊 [213] 坎砍侃看你~(表无奈) [31] 看~见

x　[33] 憨酣鼾 [53] 含包~函寒韩 [213] 喊罕 [31] 撼憾旱汉汗焊翰还副词:~没去呢

iæ̃

p　[33] 鞭编边 [213] 贬扁匾□踩 [31] 辨辩变便方~辫遍说一~~

pʰ　[33] 篇偏 [53] 便~宜 [31]

骗遍~地片

m [53] 绵棉眠 [213] 免勉缅~裤腿儿(收紧裤腿儿) [31] 面

t [33] 掂颠 [213] 点典 [31] 店电殿奠佃垫

tʰ [33] 添天 [53] 甜田填 [213] 舔殄象棋中将或帅吃子:帅把车~嘞脮

n [33] 拈蔫 [53] 黏鲶言不~语年 [213] 碾捻撵 [31] 念堰

l [53] 廉镰帘连联怜莲 [213] 敛脸 [31] 殓练炼恋~爱

tɕ [33] 监尖奸兼艰间河~(县级市名,与献县相邻)奸煎犍肩坚 [213] 减碱检俭简柬拣剪茧 [31] 见舰渐剑间中~儿谏涧践箭溅贱件键建健腱荐 [0] 缣手~(毛巾)

tɕʰ [33] 签谦迁千牵铅先~头 [53] 钳钱乾虔前 [213] 潜浅遣 [31] 嵌欠歉茜圈圐~子

ɕ [33] 锨仙鲜~鱼掀先抢先儿 [53] 咸衔嫌闲涎贤弦挦拉扯:把胡子~下来 [213] 险鲜朝~显 [31] 陷诬~馅限线羡现献县

ø [33] 淹阉腌烟燕姓 [53] 岩炎盐阎檐严颜延言语~,不答~研沿 [213] 掩眼演 [31] 验厌艳焰酽雁谚砚燕~子咽宴

uæ̃

t [33] 端 [213] 短 [31] 断锻段缎

tʰ [53] 团

n [213] 暖~气

l [53] 鸾孪 [213] 卵 [31] 乱字儿写得~恋~窝(母鸡抱窝)

ts [33] 钻动词 [31] 攥钻名词

tsʰ [33] 氽 [53] 攒 [31] 窜篡

s [33] 酸 [31] 算蒜

tʂ [33] 专砖 [213] 转~眼 [31] 撰篆转~圈儿传~记

tʂʰ [33] 川穿 [53] 传~达椽船 [213] 喘 [31] 串

ʂ [33] 闩拴 [31] 涮

ɻ [213] 软阮

k [33] 官棺观~望冠鸡~子关 [213] 管馆 [31] 贯灌罐观道~冠~军惯

kʰ [33] 宽 [213] 款

x [33] 欢 [53] 桓还~钱环 [213] 缓 [31] 唤焕换幻患宦

ø [33] 豌剜弯湾 [53] 完丸玩顽 [213] 晚挽~联儿碗 [31] 腕万蔓山药~子

yæ

tɕ [33] 捐娟鹃 [213] 卷~袖子 [31] 圈猪~眷卷试~绢倦

tɕʰ [33] 圈圆~儿 [53] 全泉拳权颧 [213] 犬 [31] 劝券

ɕ [33] 宣喧 [53] 旋~转玄悬 [213] 选癣 [31] 旋~吃~拿；~鞭子眩陷~脚镟削楦鞋~

ø [33] 冤渊 [53] 圆员缘元原源袁辕园援 [213] 远 [31] 院愿怨

ã

p [33] 帮傍~黑子(傍晚)邦梆 [53] 棒~~(葱的花骨朵) [213] 榜绑膀 [31] 谤傍~大款棒金箍~

pʰ [33] 胖肿 [53] 旁螃庞 [213] 榜 [31] 胖~子

m [33] 牤 [53] 忙芒~种茫盲 [213] 莽蟒

f [33] 方芳妨 [53] 肪房防 [213] 仿纺访 [31] 放

t [33] 当~时裆裤~ [213] 党挡 [31] 荡当~的(以为)宕裆卡巴~(大腿之间)

tʰ [33] 汤 [53] 堂棠唐糖塘搪 [213] 倘躺淌 [31] 烫

n [33] □泡~了(因久泡在水中而发皱或变形) [53] 囊馕 [213] 攮 [31] 齉 [0] 囔嘟~

l [53] 郎廊狼 [213] 朗 [31] 浪

ts [33] 脏~东西臧 [31] 葬藏西~脏五~

tsʰ [33] 仓苍 [53] 藏收~

s [33] 桑丧奔~ [213] 嗓搡 [31] 丧~失

tʂ [33] 张章樟 [213] 长~草涨掌 [31] 丈仗杖帐账胀障

tʂʰ [33] 昌 [53] 长~短肠场打~常尝偿 [213] 厂敞场考~ [31] 畅唱倡 [0] 尚和~

ʂ [33] 商伤 [213] 赏晌 [31] 上尚高~ [0] 裳衣~

ɻ [33] 嚷~~ [53] 瓤棒子~子扬~土 [213] 壤攘穰~子嚷~一嗓子 [31] 让

k [33] 冈刚纲钢名词缸绲~绳 [213] 岗港 [31] 钢动词:打铁时用锤子砸薄烧红的刀刃杠

kʰ [33] 康糠慷 [53] 抗能~过去 [31] 抗~日炕

x [33] 夯 [53] 行~列航杭 [31] 和介词:我~他说;连词:我~他去沆~乎(粗心)

iã

n [53] 娘 [31] 酿

l [53] 良凉量~尺寸粮梁粱辆又 [213] 两 [31] 亮谅晾辆又量酒~

tɕ [33] 将~来浆豆~疆僵姜江降动物分娩:~小狗儿 [53] 将~~着一个孩子(让孩子坐在肩膀上) [213] 蒋奖桨讲耩~地(用耧播种)膙~子(茧子) [31] 酱浆~衣裳将兵~匠降下~虹东~云彩西~雨糨稠

tɕʰ [33] 枪羌腔呛喝水~着了 [53] 墙强比他~ [213] 抢强勉强:~赶上□铲掉物体表面的附着物 [31] 炝

ɕ [33] 相~媳妇(相亲)箱厢湘镶香乡 [53] 详祥降投~向偏~ [213] 想饷享响 [31] 象像橡相~面向方~项巷 [0] 蟹螃~

ø [33] 央秧殃 [53] 羊洋杨阳扬表~疡瓤信~儿 [213] 仰养痒 [31] 样漾

uã

tʂ [33] 庄装桩妆 [213] □收拾到一起;放整齐:把铅笔都~起来放的小盒儿里 [31] 壮状撞又奘~锅(把馒头放到算子上开始蒸)

tʂʰ [33] 疮窗 [53] 床 [213] 闯 [31] 创撞又

ʂ [33] 霜双 [213] 爽

k [33] 光 [213] 广 [31] 逛

kʰ [33] 匡筐 [53] 狂 [31] 旷眶框况矿圹

x [33] 荒慌 [53] 黄簧皇蝗 [213] 谎晃~眼 [31] 晃摇

ø [33] 汪 [53] 王亡芒麦~儿 [213] 枉往网 [31] 旺忘妄望

ən

p [33] 奔~跑锛 [53] 甭 [213] 本 [31] 笨奔~儿头

pʰ [33] 喷~雾 [53] 盆 [31] 喷正~(瓜果当季)

m [33] 焖~饼闷闷天气~ [53] 门 [31] 焖~饭闷生~气 [0] 们

f [33] 分芬纷 [53] 焚坟 [213] 粉 [31] 愤忿粪奋份 [0] 喷嚔~(喷嚔)

t [31] 扽

tʰ [31] □~着(停着不动等待时机)

n [33] 恩 [31] 摁

l [31] 嫩韭菜~

s [33] 森阴~~

tʂ [33] 针斟珍榛真侦 [213] 枕名词诊疹 [31] 枕动词镇阵振震

tʂʰ [33] 抻 [53] 沉陈尘辰晨臣
[213] 墋脏 [31] 趁衬称~心

ʂ [33] 森~林参人~深身申伸
[53] 神 [213] 沈审婶 [31]
葚渗肾慎

ɻ [53] 壬任~丘(县级市名)人
仁~乂 [213] 忍 [31] 任~
务儿纫刃认韧

k [33] 跟根䅟~荙子菜 [213]
䁅食物口感生硬苦涩, 或说话生硬

kʰ [213] 恳垦啃肯

x [53] 痕 [213] 很狠 [31] 恨

in

p [33] 彬宾斌 [31] 殡鬓

pʰ [33] 拼 [53] 贫频 [213] 品
[31] 姘聘

m [53] 民 [213] 闽悯敏抿皿

l [33] 拎 [53] 林临邻鳞 [213]
檩 [31] 赁吝闰~七月论~斤称

tɕ [33] 今金禁襟津巾斤筋
[213] 锦紧仅谨 [31] 浸禁
妗尽进晋近劲

tɕʰ [33] 侵钦亲 [53] 琴禽擒秦
勤芹 [213] 寝 [31] 吣沁

ɕ [33] 心辛新薪欣 [53] 寻~
思; 娶或嫁:~媳妇 [31] 信

∅ [33] 音阴因姻洇 [53] 吟银
仁果~儿 [213] 饮~料引隐

尹 [31] 窨地~子(供居住或工
作的地窖)饮~牲口印

uən

t [33] 敦墩蹲 [213] 趸 [31]
顿钝囤粮食~盾 [0] 饨馄~

tʰ [33] 吞 [53] 屯囤~着(懦弱无
为)豚海~ [31] 褪把裤子~下去

l [53] 论~语仑伦轮抡 [213]
埨~~地(形容数量多且一拨接
一拨) [31] 论议~

ts [33] 尊遵 [31] 俊

tsʰ [33] 村皴 [53] 存唇 [31] 寸

s [33] 孙 [53] □~得慌(感到
丢人) [213] 损榫

tʂ [213] 准

tʂʰ [33] 椿春 [53] 纯醇 [213] 蠢

ʂ [213] 吮 [31] 顺舜

ɻ [31] 闰~年

k [213] 滚 [31] 棍

kʰ [33] 昆坤 [213] 捆 [31] 困

x [33] 昏婚荤 [53] 魂馄~饨
浑 [213] 混弄~了 [31] 混
~日子

∅ [33] 温瘟 [53] 文纹~身蚊
闻 [213] 稳吻刎 [31] 问纹
裂~儿

yən

tɕ [33] 均钧君军 [213] 菌 [31] 郡

tɕʰ [53] 群裙

ɕ [33] 熏勋 [53] 旬循巡寻~短见 [213] 笋竹~ [31] 迅训

ø [33] 晕 [53] 匀云 [213] 允 [31] 润~~嗓子熨韵运

əŋ

p [33] 崩绷~带 [213] 绷~着脸儿 [31] 蹦

pʰ [33] 烹澎溅:~一脸水 [53] 朋彭膨棚 [213] 捧 [31] 碰

m [33] 蒙发~ [53] 萌蒙~脸盟濛~星雨 [213] 猛蠓~虫 [31] 孟梦

f [33] 风疯丰封峰蜂锋 [53] 冯逢缝~衣裳 [213] 讽 [31] 凤奉俸缝~儿

t [33] 登灯蹬等这~事儿 [213] 戥等~一会儿 [31] 凳镫邓澄把水~干净瞪

tʰ [33] 熥 [53] 腾誊藤疼

n [53] 能 [31] 弄

l [53] 楞 [213] 冷 [31] 愣

ts [33] 增 [213] 怎 [31] 憎赠锃□动作有力气且快:骑车子~

tsʰ [53] 曾层 [31] 蹭

s [33] 僧□~~(铁锈)

tʂ [33] 征蒸争筝眐正~月 [53] 证挣~歪(挣扎) [213] 拯整

[31] 证症郑正~直政挣~钱

tʂʰ [33] 称~呼儿撑铛 [53] 橙乘承丞呈程成城诚盛~饭 [213] 惩逞 [31] 秤掌凳子~儿

ʂ [33] 升生牲笙甥声 [53] 绳 [213] 省 [31] 胜剩圣盛茂

ɻ [33] 仍扔

k [33] 更变~庚羹耕~耘 [213] 哽梗耿颈脖~子 [31] 更~好

kʰ [33] 坑

x [33] 亨 [53] 恒衡横~竖 [31] 横蛮~

iŋ

p [33] 冰兵 [213] 丙秉柄饼 [31] 病并

pʰ [33] 乒 [53] 凭平评瓶屏萍

m [53] 鸣明名铭 [31] 命

t [33] 丁钉名词 [53] 陵凌菱 [213] 顶鼎 [31] 锭钉动词订定

tʰ [33] 听~见厅 [53] 亭停廷庭蜓 [213] 艇挺 [31] 听落~

n [53] 凝宁~静拧~干 [213] 拧~麻花儿 [31] 拧脾气~

l [53] 灵零铃伶翎 [213] 领岭 [31] 令另

tɕ [33]耕~地京荆惊鲸精晶睛经 [213] 景警井 [31] 茎

境敬竞镜竞静净

tɕʰ [33] 卿清轻青蜻倾 [53] 擎情晴赌 [213] 请苘顷 [31] 庆亲~家

ɕ [33] 兴~旺星腥 [53] 行~路型形刑姓动词:~张 [213] 醒 [31] 兴高~杏幸性姓名词:大~

∅ [33] 应~当鹰莺鹦樱婴缨英 [53] 蝇迎盈赢营茔萤 [213] 影颖 [31] 应答~硬映

uen

∅ [33] 翁嗡 [31] 瓮

oŋ

t [33] 东冬 [213] 董懂 [31] 动冻栋洞

tʰ [33] 通□碰触:别~他 [53] 同铜桐童瞳 [213] 筒桶捅统 [31] 痛

n [33] □~哒(鼓动) [53] 农浓脓 [31] 弄泞

l [53] 笼聋龙 [213] 拢陇垄隆

ts [33] 棕鬃宗踪中人~ [213] 总 [31] 纵

tsʰ [33] 聪匆葱 [53] 从丛 [0] 囱烟~

s [33] 松嵩 [53] 屣 [213] 怂 [31] 送宋诵颂讼

tʂ [33] 中~国忠终钟盅 [213] 冢种~类肿 [31] 中~奖众重~要种~树

tʂʰ [33] 充冲动词:~~澡儿 [53] 虫崇重~复 [213] 宠 [31] 铳冲介词:~你说

ɻ [53] 戎绒茸荣融容~易蓉熔 [213] 冗

k [33] 公工功攻弓躬宫恭供~着上学 [213] 拱巩 [31] 贡供上~共 [0] 蚣蜈~

kʰ [33] 空~气 [213] 孔恐 [31] 控空填~

x [33] 烘薨 [53] 红洪鸿虹彩~宏弘 [213] 哄~孩子 [31] 哄起~

yoŋ

tɕ [213] 炯

tɕʰ [53] 琼穷

ɕ [33] 兄胸凶 [53] 熊雄

∅ [33] 雍臃瘫拥庸容好~地(好容易) [213] 永泳咏甬勇涌 [31] 用

第三章　献县方言词汇

第一节　构词特点

献县方言的主要构词方式与其他方言相同,即以词根复合式为主。"词根＋词缀"的派生式构词方式是次要的,但与一般的北方方言相比,一些词缀较有特色,尤其是前缀"阿-"和厌称后缀。

一、前缀"阿-"

"阿-"出现在人名的简称式中,是一个高能产的词缀。其用法和古代汉语以及其他现代汉语方言中的"阿-"的功能既有联系又不相同。

献县本地人一般有学名(本地称"大号")和乳名(本地称"小名儿"),乳名的用字可与学名用字有共同的部分,也可以完全不同。乳名一般不带姓氏,并且常为儿化韵母字。如:(以下皆为人名,每一组为同一个人的不同名字,～前为学名,～后为乳名)

王世全～全儿　李文～龙儿　李井山～和平　张士生～金通

　　王秀芹～芹　付子君～福凯　李井深～二齐儿　王世征～立征

　　高美丽～美丽儿　王承凯～忙秋儿

在村落式的生活圈中,居民之间一般较熟悉,所以面称或背称人名时一般称乳名,称呼非直系长辈时采用"乳名＋单音节亲属称谓名"形式,如"爷、叔、舅、姑、姨",或双音节亲属名,

如"奶奶、大伯、大娘、姥爷、姥姥、婶子、妗子",例词如下:

全儿爷　　　全儿奶奶　　　龙儿叔　芹姑　全儿大伯　全儿大娘

忙秋儿姥爷　忙秋儿姥姥　福凯舅　芹姨　福生婶子　全儿妗子

下面我们观察"阿-"出现的环境。在称呼乳名时,如果乳名为双音节,如"和平",则直接称呼,如果为单音节(包括儿化韵母字),称呼时则必须在其前面加上"阿 [a²¹³]"。如:

阿全儿　阿龙儿　阿芹　阿凯儿　阿葱　阿菊

单音节乳名如果不加"阿-",则只能出现在介绍名字的环境中(这时反而必须不能加"阿-")。请看相关例句:

（1）那个人儿叫全儿。

　　*那个人儿叫阿全儿。

（2）阿全儿! 把你那西瓜撂下。(面称)

　　*全儿! 把你那西瓜撂下。

（3）把阿全儿那西瓜撂下。(背称)

　　*把全儿那西瓜撂下。

"阿-"的这一用法只见于称呼人名的场合。同一个词,如"棍儿",如果表示人名,必须加"阿-",如果取本义指物时,则不能加"阿-",如:

（4）甲:书里头夹的么唉?(书页中间夹的是什么?)

　　乙:棍儿。

（5）甲:谁上北京嘞?

　　乙:阿棍儿。

综上所述,"阿"在献县方言中是一个与单音节乳名相配合的词缀,它并无任何意义(也没有表示亲昵的作用),并且不是人名的一部分,而是人名在使用时临时附加的成分,其作用仅在于使乳名在话语中维持至少双音节的结构。我们把这个音节记作"阿",是参考了汉语书面语的习惯用法,但从性质上讲,它只具有音节性质,不具有语素性质,是语言在调节自身音系格局时填入的音节。也就是说,献县方言中因为不能出现直呼单音节乳名的情况,必须设法使其变成双音节,于是用最为自然易发的音节"阿 [a²¹³]"去组配。我们把这种系统自动填入的音节称为"默认音节"（详细论述参考傅林 2012）。

二、厌称后缀

厌称后缀指能表示厌恶、蔑视、轻视等意味的后缀。

（1）动词后缀

"-嚓",附加在部分动词后,表示对该动作厌恶、蔑视:

　　嚼嚓　咬嚓　舔嚓　扫嚓　抠嚓　剜嚓　爬嚓　跋嚓　抹嚓

　　与之功能相同的词缀是"-曩、-搔",但只附加在个别动词后,与"-嚓"一般无交叉:

　　指曩　塞曩　嘟曩　摸搔　抠搔

后缀"-哒、-巴"表示动作的少量持续,常以"ABAB"式重叠形式出现,有轻微的轻视意味:

　　蹦跶　跳哒　悠哒　甩哒　摔哒　闯哒

　　耍巴　洗巴　搓巴　拧巴

（2）形容词后缀

这一类后缀有"-不溜秋、-不拉叽、-不呲咧、-不愣登、-咕曩的"等,表示主观上的厌恶、不喜欢:

　　黑不溜秋　酸不拉叽　绿不拉叽　白不呲咧　傻不愣登　黄咕曩的

　　其中,有的后缀还可以再附加"-儿",整体意义转为喜爱:

　　黑不溜秋儿　酸不拉叽儿

第二节　人称代词

人称代词是献县方言词汇中较有特色的部分。第一人称"俺 næ²¹³、我 uə²¹³"并用,第三人称"他 tʰa²¹³、也（人家）niə⁵³"并用,但都有细微的差别。

表 3-1：人称代词词形总表

类别		单数	复数	
			包括	排除
第一人称	主宾语	俺 / 我	咱们 / 咱	俺们
	领属语	俺的 / 我的	咱们的 / 咱的	俺们的
第二人称	主宾语	非尊称	你	你们
		尊称	（无）	（无）
	领属语	非尊称	你的	你们的
		尊称	（无）	（无）
第三人称	主宾语	他 / 乜	他们	
	领属语	他的 / 乜的	他们的	

　　第一人称中，"俺"和"我"用法较一致，在用于相同句法环境时，"俺"有口语、土语色彩，"我"没有明显的色彩义。但只有"俺"能与"-们"配合：

　　　　俺去过　俺不去　你把钱给俺　俺爸爸　俺们

　　　　我去过　我不去　你把钱给我　我爸爸　*我们

　　"咱们"和"咱"用法一致，有时还可以用作"你"的客气说法：

　　　　孩子，咱可不能那么着！

　　在这句话中，说话人的意图是否定听话人的行为，但直接说"你可不能那么着"较直接而生硬，改用包括式第一人称复数"咱"或"咱们"，表面上连同说话人一起否定，语气较和缓而客气。类似地，有时"咱"或"咱们"还可以实指第一人称单数：

　　　　A：你是没买票不？

　　　　B：咱能干那等事儿吗？

　　在这一答话中，"咱"实际指答话人自己，但其有意使用表示包括对方的"咱",意在将自己和对方放在同一群体中,表示道德观念一致。以上两种临时性用法并没有改变"咱、咱们"本身的性质。

第三人称中,"乜"有可能是"人家"的合音①,与"他"在分布上的差别是:

　　　给他!　他不愿意　　他们　　　*他他们　*他你们　他!(单独成句用作答话)

　　　给乜!　乜不愿意　　*乜们　　乜他们　　乜你们　*乜(单独成句用作答话)

与"他"相比,"乜"所指的一方与对话的双方(第一、二人称所指方)的关系更远。例如:

　　　A:小王儿同意不?　　　　　B:不同意,他看不上小李儿。

　　　A':小王儿同意不?　　　　B':不同意,乜看不上小李儿。

在上面两种对话中,A'B' 的对话显示 A'B' 的关系相对 AB 之间要更近一些。

第三节　分类词表

(1)主要根据《汉语方言词语调查条目表》进行调查,增加了献县方言常用的地名词、感叹词、吆喝词、生活固定用语等。

(2)词目先写汉字,后写音标、释义、用例。音标中以"-"分隔本音和变音。词目在用例中以"~"表示。词目中加释义的,一般是不易理解或与普通话语义有差异的。不同义项用"(1)(2)"标示。

(3)同义词排在一起。常用的顶格,其他的换行缩进一字符。

(4)本字不明的,有同音字的用同音字表示,并用上标"="

---

① 理由是:1. "乜"与普通话"人家"的分布基本一致。2. 从"人家"的中古音出发,从音理上有可能发生 ȵzien ka → ȵien kia → ȵia(前后字合音)→ ȵiə 的变化。

标示;没有同音字的,用"□"表示。合音用"[ ]"框起。

一、天文

(一)日、月、星

太阳 tʰai³¹ iɑ̃⁵³ (1)太阳。(2)阳光。
　爷儿爷儿 iɻʏr⁵³⁻⁵⁵ iɻʏr⁰ "太阳"的
　　旧说法。
　爷儿爷儿地儿 iɻʏr⁵³⁻⁵⁵ iɻʏr⁰ tiər³¹
　　"太阳地儿"的旧说法。
朝阳 tʂʰɔ⁵³ iɑ̃⁵³
朝阴 tʂʰɔ⁵³ in³³
背阴儿 pei³¹ iəɻ³³ 体积较大的物体
　(如建筑物)阻挡阳光形成阴影
　区域:到房后~的地分儿凉快凉
　快去。
荫凉儿 in³³ liʌr⁵³ 泛指各种物体阻
　挡阳光形成的阴影区域:树底下
　有~。
日食 ɻʅ³¹ ʂʅ⁵³
日晕 ɻʅ³¹ yən³¹
太阳挂耳 tʰai³¹ iɑ̃⁵³ kua³¹ əɻ²¹³ 日晕
　光环上的明亮光斑。谚语:单耳
　风,双耳雨。
没 muə³¹ 太阳落山。
月亮 yə³¹⁻⁵³ liɑ̃⁰
月亮地儿 yə³¹⁻⁵³ liɑ̃⁰ tiəɻ³¹
月食 yə³¹ ʂʅ⁵³ 旧时说天狗吃月亮。
月晕 yə³¹ yən³¹

星星 ɕiŋ³³ ɕiŋ⁰
北斗星 pei²¹³⁻²³ tou²¹³⁻²³ ɕiŋ³³
七星勺 tɕʰi³³⁻⁵³ ɕiŋ³³ ʂɔ⁵³ 老派说法。
大忙 ta³¹ mɑ̃⁵³ 长庚星。谚语:大忙
　出来二忙赶,三忙出来白瞪眼。
二忙 əɻ³¹ mɑ̃⁵³ 运行至半夜的长庚星。
三忙 sæ̃³³ mɑ̃⁵³ 启明星。
天河 tʰiæ̃³³ xuɤ⁵³ 银河。
贼星 tsei⁵³ ɕiŋ³³ 流星。
扫帚星 sɔ³¹⁻⁵³ ʂu⁰ ɕiŋ³³
水平星 ʂuei²¹³⁻²¹ pʰiŋ⁵³ ɕiŋ³³
参儿 ʂəɻ³³ 参宿。有时根据参宿在
　天空的位置来估计时辰。
八角儿井 pa³³ tɕiər²¹³⁻²³ tɕiŋ²¹³ 围成
　八角形的一组星星,即北冕座。

(二)风、云、雷、雨

风 fəŋ³³
大风 ta³¹ fəŋ³³
旋风 ɕyæ̃⁵³⁻⁵⁵ fəŋ⁰
顶风 tiŋ²¹³⁻²¹ fəŋ⁰
顺风 ʂuən³¹⁻⁵³ fəŋ⁰
刮风 kua³³⁻⁵³ fəŋ³³
穿堂风儿 tʂuæ̃³³ tʰɑ̃⁵³ fuor³³
风不刮嘞 fəŋ³³ pu³³⁻⁵³ kua³³ lɛ⁰
云彩 yən⁵³⁻⁵⁵ tsʰɛ⁰

黑云彩 xei^{33} yən$^{53-55}$ tsʰɛ^0 乌云。

疙瘩云 ka^{33} ta^0 yən^{53}

早霞 tsɔ$^{213-21}$ ɕia^{53} 谚语：早霞阴，晚霞
晴，半夜的哇子（鸟名）等不到明。

晚霞 uæ$^{213-21}$ ɕia^{53}

雷 lei^{53}

霹雷 pʰi^{33} lei^{53} 声响较大较脆的雷。

打雷 ta$^{213-21}$ lei^{53}

着雷劈嘞 tʂɔ$^{213-21}$ lei^{53} pʰi^{33} lɛ^0 被雷
电击中。

闪 ʂæ̃^{213} 名词，闪电。

打闪 ta$^{213-23}$ ʂæ̃^{213}

雨 y^{213}

下雨 ɕia^{31} y^{213}

嘣哒雨点 pən^{33} ta^0 y$^{213-23}$ tiæ^{213} 掉落
零星的雨点。

小雨儿 ɕia$^{213-23}$ iur^{213}

濛星雨 mən^{53} ɕiŋ^0 y^{213}

大雨 ta^{31} y^{213}

暴雨 pɔ^{31} y^{213}

连起天来嘞 liæ$^{53-55}$ tɕʰi^0 tʰiæ^{33} lɛ$^{53-55}$
lɛ^0 下起了连阴雨。

雷阵雨 lei^{53} tʂən^{31} y^{213}

上来嘞 ʂɑ̃^{53} lɛ^0 lɛ^0 马上要下大雨。
　　也说"天上来嘞"

雨不下嘞 y$^{213-23}$ pu^{33} ɕia$^{55-53}$ lɛ^0

彩虹 tsʰɣ$^{213-21}$ xoŋ^{53}

　　虹 tɕiɑ̃^{31} 旧称，一般只用于谚语

"东虹云彩西虹雨"中。

着雨淋着嘞 tʂɔ$^{213-23}$ y$^{213-21}$ luən$^{53-55}$
tʂɔ^0 lɛ^0 被雨淋了。

（三）冰、雪、霜、露

凌 liŋ^{53} 冰。城关话中，"凌"只作"冻"
的宾语，作其他动词宾语时，用
"冰凉"。

凌坠 liŋ$^{53-55}$ tʂuei^0 屋檐下的冰柱。

冻凌 toŋ^{31} liŋ^{53} 结冰。

上冻 ʂɑ̃^{31} toŋ^{31} 土地冻结。

雹子 pɔ$^{53-55}$ tsɹ^0

雪 ɕyə^{33}

下雪 ɕia^{31} ɕyə^{33}

半不落儿 pæ̃$^{31-53}$ pu^0 lʌr^{31} 霰

雨夹雪 y$^{213-21}$ tɕia$^{33-53}$ ɕyə^{33}

雪化嘞 ɕyə^{33} xua$^{31-53}$ lɛ^0

露湿 lu$^{31-53}$ ʂɹ^0 露水。

起露湿 tɕʰi$^{213-21}$ lu$^{31-53}$ ʂɹ^0 下露水。

霜 ʂuɑ̃^{33}

霜雪 ʂuɑ̃^{33} ɕyə^0 一般指地面的霜。

下霜 ɕia^{31} ʂuɑ̃^{33}

雾 u^{31}

起雾 tɕʰi$^{213-23}$ u^{31}

（四）气候

天儿 tʰiɚ^{33}

晴天 tɕʰiŋ^{53} tʰiæ^{33}

阴天 in$^{33-53}$ tʰiæ^{33}

闹天儿 nɔ^{31} tʰiɚ^{33} 天气不好。

天儿热 tʰiɐr³³ ʐuɤ³¹

天儿冷 tʰiɐr³³ lən²¹³

伏天 fu⁵³ tʰiæ³³

数伏 ʂu²¹³⁻²³ fu⁵³ 入伏。

头伏 tʰou⁵³⁻³¹ fu⁵³

二伏 ɚ³¹ fu⁵³

三伏 sæ³³ fu⁵³

伏里 fu⁵⁵⁻⁵⁵ ni⁰ 三伏天期间。

数九 ʂu²¹³⁻²³ tɕiou²¹³

天旱 tʰiæ³³ xæ³¹

涝 lɔ³¹

二、地理

（一）地

平地儿 pʰiŋ⁵³ tiɚ³¹

旱地 xæ³¹ ti³¹

水浇地 ʂuei²¹³⁻²¹ tɕiɔ³³ ti³¹

菜园子 tsʰai³¹ yæ⁵³⁻⁵⁵ tsɿ⁰ 菜地。

树行子 ʂu³¹ xɑ̃⁵³⁻⁵⁵ tsɿ⁰ 果树地。

白地 pɛ⁵³ ti³¹ 荒地。

沙地 ʂa³³ ti³¹

坡儿地 pʰuor³³ ti³¹

碱地 tɕiæ²¹³⁻²³ ti³¹

狼窝 lɑ̃⁵³⁻⁵⁵ uɤ⁰ 道路或田地被水冲毁后形成的大沟。

（二）山

山 ʂæ³³

半山腰儿 pæ³¹ ʂæ³³⁻⁵³ iɔr³³

山根儿底下 ʂæ³³⁻⁵³ kɚ³³ ti²¹³⁻²¹ ɕiɤ⁰

山坡儿 ʂæ³³⁻⁵³ pʰuor³³

山顶儿 ʂæ³³ ti͡ɣr²¹³

百草儿山 pɛ²¹³⁻⁵³ tsʰɔr²¹³⁻²³ ʂæ³³ 献县多大型汉墓，封土高大，其中几座，本地人称之为“山”。百草儿山位于十五级乡付庄村北。

云台山 yən⁵³⁻³¹ tʰɛ⁵³ ʂæ³³ 位于河城街镇小屯村南的大型汉墓封土。

万春山 uæ³¹ tʂʰuən³³⁻⁵³ ʂæ³³ 位于河城街镇小屯村东北的大型汉墓封土。

九连山 tɕiou²¹³⁻²³ liæ⁵³ ʂæ³³ 位于河城街镇九张村西的大型汉墓封土。

（三）江、河、湖、海、水

河 xuɤ⁵³

河里 xuɤ⁵³⁻⁵⁵ ni⁰

阳沟 iɑ̃⁵³⁻⁵⁵ kou⁰ 水渠。

小水沟子 ɕiɔ²¹³⁻²³ ʂuei²¹³⁻²³ kou³³ tsɿ⁰

湖 xu⁵³

大坑 ta³¹ kʰən³³ 泛称有水和无水的大坑，有水的大坑（水塘）无专用词语。

海 xɛ²¹³

河边儿 xuɤ⁵³ piɐr³³

堤 ti³³

河滩 xɯ³³ tʰæ³³

水 ʂuei²¹³

清亮水 tɕʰin³³ liɑ⁰ ʂuei²¹³ 清水。

浑水 xuən⁵³ ʂuei²¹³

雨水 y²¹³⁻⁵³ ʂuei²¹³

大水 ta³¹ ʂuei²¹³ 洪水。

发大水 fa³³ ta³¹ ʂuei²¹³

凉水 liɑ⁵³ ʂuei²¹³

泉水 tɕʰyæ⁵³ ʂuei²¹³

热水 ʐuə³¹ ʂuei²¹³

温乎儿水 uən³³ xuor⁰ ʂuei²¹³

开水 kʰɛ³³ ʂuei²¹³

乌͞突水 u³³ tʰu⁰ ʂuei²¹³ 被阳光晒温
的水。

苦水 kʰu²¹³⁻⁵³ ʂuei²¹³ 潜水井打出的
味道苦涩的水。

（四）石沙、土块、矿物

石头 ʂʅ⁵³⁻⁵⁵ tʰou⁰

大石头 ta³¹ ʂʅ⁵³⁻⁵⁵ tʰou⁰

小石头儿 ɕiɔ²¹³⁻²¹ ʂʅ⁵³⁻⁵⁵ tʰour⁰

石板 ʂʅ⁵³ pæ²¹³

老鸹枕头 lɔ²¹³⁻²¹ kua⁰ tʂən²¹³⁻²¹ tʰou⁰
扁的鹅卵石。

沙子 ʂa³³ tsʅ⁰

沙土 ʂa³³ tʰu⁰

沙滩 ʂa³³⁻⁵³ tʰæ³³

坯 pʰi³³

砖坯子 tʂuæ³³⁻⁵³ pʰi³³ tsʅ⁰

砖 tʂuæ³³

半头砖 pæ³¹⁻⁵³ tʰou⁰ tʂuæ³³ 半块砖。

砖头子 tʂuæ³³ tʰou⁵³⁻⁵⁵ tsʅ⁰ 四分之
一至三分之一左右的砖。

瓦 ua²¹³

瓦碴子 ua²¹³⁻²¹ tʂʰa⁰ tsʅ⁰ 碎瓦块或碎
瓷片，也叫"瓦碴儿"。

土 tʰu²¹³

浮土 fu⁵³ tʰu²¹³ 桌面、地面的灰尘。

塌灰 tʰa³³ xuei⁰ 屋顶、屋角等处粘在
蛛网上的灰尘。

坷垃 kʰuə³³ la⁰ 土块儿。

阳土 iɑ⁵³ tʰu²¹³ 耕地里的有肥料的
土，与"阴土"相对。

阴土 in³³ tʰu²¹³ 非耕地无肥料的土。

泥 ni⁵³

胶泥 tɕiɔ³³ ni⁰ 含有水分的黏土。

淄泥 tsʅ³³ ni⁵³ 黑色的泥。

金 tɕin³³

银 in⁵³

铜 tʰoŋ⁵³

铁 tʰiə³³

锡 ɕi³³

煤 mei⁵³

砟子 tʂa²¹³⁻²¹ tsʅ⁰ 无烟煤。

烟儿煤 iɐr³³ mei⁵³ 燃烧时烟较多的煤。

煤球儿 mei⁵³⁻³¹ tɕʰiour⁵³ 指蜂窝儿煤

或团成球状的煤。

蜂窝儿煤 fəŋ³³⁻⁵³ uor³³ mei⁵³

煤捡=儿 mei⁵³ tɕiɐr²¹³ 混在炉灰里燃
　　烧不充分的煤块儿。

煤油 mei⁵³⁻³¹ iou⁵³

汽油 tɕʰi³¹ iou⁵³

白灰 pɛ⁵³ xuei³³ 旧时也叫"石灰"。

柴油 tʂʰɛ⁵³⁻³¹ iou⁵³

洋灰 iɑ̃⁵³ xuei³³ 水泥。

吸铁石 ɕi³³⁻³¹ tʰiə³³ ʂʅ⁵³

玉 y³¹

炭 tʰæ³¹

滑石 xua⁵³⁻³¹ ʂʅ⁵³ 可用作粉笔,有时
　　加工成棍形或猴形。

滑石粉 xua⁵³⁻³¹ ʂʅ⁵³ fən²¹³

浆疙瘩 tɕiɑ̃³³ kɤ⁰ tɑ⁰ 河床或压水井
　　下冒出来的坚硬土块。也叫"浆
　　质狗子(tɕiɑ̃³³ tʂʅ⁰ kou²¹³⁻²¹ tsʅ⁰)"。

（五）城乡处所

地分儿 ti³¹⁻⁵³ fəɻ⁰ 地方。

城市 tʂʰəŋ⁵³ ʂʅ³¹

城墙 tʂʰəŋ⁵³⁻³¹ tɕʰiɑ̃⁵³

道沟子 tɔ³¹ kou⁵³ tsʅ⁰ 抗战时在道路
　　一侧挖的供隐蔽行走的壕沟。

城里头 tʂʰəŋ⁵³ li²¹³⁻²¹ tʰou⁰

城外头 tʂʰəŋ⁵³ uɛ³¹⁻⁵³ tʰou⁰

城门 tʂʰəŋ⁵³⁻³¹ mən⁵³

过道 kuə³¹⁻⁵³ tɔ⁰ 胡同。

农村 noŋ⁵³ tsʰuən³³

山沟儿 ʂæ³³⁻⁵³ kour³³

老家 lɔ²¹³⁻²¹ tɕia³³

集 tɕi⁵³

街 tɕiə³³（1）街道。（2）泛指村庄。
　　如"小营儿街、小营儿街上",表
　　示"小营村、小营村里"的意思。

头 tʰou³³ 按方位划分的村庄的不同
　　部位:东头、西头、南头、北头,前
　　头、后头。

道 tɔ³¹

大道 ta³¹ tɔ³¹

小道儿 ɕiɔ²¹³⁻²³ tɔr³¹

官道 kuæ³³ tɔ³¹ 旧时的公路。

（六）地名

　　说明:这里列出的地名主要是
字音异常或保留白读音的。造成
字音特殊的原因有的并不明确,因
此,未列入单字音表。

南碱场 næ⁵³ tɕiæ²¹³⁻²¹ tʂʰɑ̃⁰ 小营村西
　　南的一片碱地。

庄河 tʂuɑ³³ xuə⁰ 小营村南的一片地。

北河沟 pei²¹³⁻²³ xuə⁵³ kou³³ 小营村
　　北长城堤西的一片地。

南河沟 næ⁵³⁻³¹ xuə⁵³ kou³³ 小营村南
　　的一片地。

长虫堤 tʂʰuɑ²¹³⁻²¹ tʂʰoŋ⁰ ti³³ 小营村
　　东侧和北侧的一条古堤,绵延至

其他村，因历年取土，今已无存。

大冢子 ta³¹ tʂoŋ²¹³⁻²¹ tsʅ⁰ 小营村西南、子牙新河南岸的封土高大的大型汉墓，文物登记名为"串连冢"，原有四个宝顶相接成直线南北向排列。建国后南北端宝顶整体、南侧第二个宝顶部分被破坏。

付庄 fu³¹⁻⁵³ tʂuʌr³³ 村名。原称"傅家庄"。"付"声调为阳平，因"付家庄"脱落音值为轻声的"家"而形成的。类似的还有"魏村、霍庄、祝庄"。"庄"儿化。

十五级 ʂʅ⁵³⁻⁵⁵ u⁰ tɕiə³³ 村名。"级"原作"吉"，韵母异常。

孟各庄 məŋ³¹⁻⁵³ ku⁰ tʂuɑ̃³³ 村名。"各"韵母异常。

黄卢铺 xuɑ̃⁵³⁻⁵⁵ li⁰ pʰu³¹ 村名。"卢"韵母异常。

徐召 ɕy⁵³⁻⁵⁵ tʂuɑ̃⁰ 村名。"召"韵母异常。

阁上 kɤr²¹³⁻²¹ xɑ̃⁰ 村名。实际发音为"阁儿上"。

刘套庄儿 liou²¹³⁻²¹ tʰiɔ⁵³ tʂuʌr³³ 村名。音值同"柳条庄儿"。

护持寺 xu³¹ ʂʅ⁵³ sʅ³¹ 村名。"持"声母异常。

毕马坊 pi²¹³⁻²³ ma²¹³⁻²¹ fʌr⁰ "毕"声调不同于一般清入声字归派。"坊"儿化。类似的还有"毕垒头"。

尚庄 ʂʌr³¹⁻⁵³ tʂuɑ̃³³ 村名。"尚"儿化。

洛平城 lɔ⁵³⁻⁵⁵ pɛ⁰ tʂʰəŋ⁵³ 村名。"洛"声调异常，"平"声韵皆异常。

大村 tɛ³¹ tsʰuan³³ 村名。

大章 tɛ³¹⁻⁵³ tʂɑ̃⁰ 村名。

张淹村 tʂɑ̃³³ iɑ̃⁵³ tsuən³³ 村名。"淹"原作"渰"，韵母受前字同化。

横上 xɯɤr³¹⁻⁵³ xɑ̃⁰ 村名。原作"墼上"。实际发音为"横儿上"。

魏束州 uei³¹⁻⁵³ ʂu³³ tʂu⁰ 村名。原为"魏家束州"，"魏"保留轻声前调值，"州"韵母异常。

陌南 mɛ⁵³ nɛ̃⁰ 村名。

黄鼠 xuɑ̃⁵³⁻⁵⁵ ʂuei⁰ 村名。"鼠"音同"水"。

北峰 pei³³ fəŋ⁰ 村名。

北宗 pei³³ tsoŋ⁰ 村名。

窦三瞳 tou³¹ sæ̃³³⁻⁵³ tʰuæ̃³³ 村名。

石瞳 ʂʅ⁵³ tʰæ̃²¹³ 村名。

策城庙 tʂʰɛ³³ tʂʰəŋ⁰ miɔ³¹ 村名。

留钵 liou⁵³⁻⁵⁵ pɔ⁰ 村名。

小河 ɕiɔ²¹³⁻²¹ xuə⁰ 村名。

八册屯 pa³³⁻⁵³ tʂʰɛ³³ tʰuəɭ⁵³ 村名。"屯"儿化。

王贡士 uɑ̃⁵³ fəŋ³¹⁻⁵³ sʅ⁰ 村名。"贡"声母异常。

祝庄 tʂou³¹⁻⁵³ tʂuʌr³³ 村名。"庄"儿化。

瓦吉庄 ua²¹³⁻²¹ tsʅ⁰ tʂuʌr³³ 村名。"吉"声韵异常。"庄"儿化。

河北里 xɯɤ⁵³ pei²¹³⁻²¹ ni⁰ 指子牙河以北的村庄,口音和文化与小营村有所不同。

西乡里 ɕi³³⁻⁵³ ɕiɑ̃³³ ni⁰ 献县西部的临河、张村等乡镇。

东乡里 toŋ³³⁻⁵³ ɕiɑ̃³³ ni⁰ 献县东部的垒头、韩村等乡镇。

饶阳 iɔ⁵³⁻⁵⁵ iɑ̃⁰ 县名。

肃宁 ɕy²¹³⁻²³ niŋ⁵³ 县名。

天津 tʰiæ³³ tɕiŋ⁰ 天津市。

获鹿 xuɛ⁵³⁻⁵⁵ lu⁰ 县名,今石家庄市鹿泉区。

三、时令、时间

(一)季节

春天 tʂʰuən³³⁻⁵³ tʰiæ³³

热天 ɻuə³¹ tʰiæ³³ 夏天。

秋天 tɕʰiou³³⁻⁵³ tʰiæ³³

冬天 toŋ³³⁻⁵³ tʰiæ³³

打春 ta²¹³⁻²³ tʂʰuən³³ 立春。

雨水 yŋ²¹³⁻²³ ʂuei²¹³

惊蛰 tɕiŋ³³ tʂəʅ⁰

春分 tʂʰuən³³ fən⁰

清明 tɕʰiŋ³³ miŋ⁰ 一般用"寒食"代指。

谷雨 ku³³ y⁰

立夏 li³¹ ɕia³¹

小满 ɕiɔ²¹³⁻⁵³ mæ²¹³

芒种 mɑ̃⁵³⁻⁵⁵ tʂuɑ̃⁰ "种"的韵母异常。

夏至 ɕia³¹ tʂʅ³¹

小暑 ɕiɔ²¹³⁻²³ ʂu²¹³

大暑 ta³¹ ʂu²¹³

立秋 li³¹ tɕʰiou³³

去暑 tɕʰy³¹ ʂu²¹³ 处暑。

白露 pɛ⁵³ lu³¹ 种麦子的谚语:白露早,寒露迟,秋分麦子正当时。

秋分 tɕʰiou³³ fən⁰

寒露 xæ⁵³⁻⁵⁵ lu⁰

霜降 ʂuɑ̃³³ tɕiɑ̃³¹

立冬 li³¹ toŋ³³

小雪 ɕiɔ²¹³⁻²³ ɕyə³³

大雪 ta³¹ ɕyə³³

冬至 toŋ³³ tʂʅ³¹

小寒 ɕiɔ²¹³⁻²¹ xæ⁵³

大寒 ta³¹ xæ⁵³

月季牌儿 yə³¹ tɕi³¹ pʰer⁵³ 城关说"月分牌儿"。

阴历 in³³ li³¹

阳历 iɑ̃⁵³ li³¹

无冬历夏 u⁵³ toŋ³³ li³¹ ɕia³¹ 形容常年做某事不停。

（二）节日

大年三十儿 ta³¹ niæ⁵³ sæ³³ ʂəʅ⁵³

大年初一 ta³¹ niæ⁵³ tʂʰu³³⁻⁵³ i³³

拜年 pɛ³¹ niæ⁵³

破五儿 pʰuə³¹ ur²¹³

正月十五 tʂən³³ yə⁰ ʂʅ⁵³⁻⁵⁵ u⁰ 元宵节。

二月二 əʅ³¹⁻⁵³ yə⁰ əʅ³¹

寒食 xæ⁵³⁻⁵⁵ ʂʅ⁰ 清明节，与公历清明节为同一天。

五月单五 u²¹³⁻²¹ yə⁰ tæ³³ u⁰ 端午节。

七月儿七 tɕʰi³³ yər⁰ tɕʰi³³ 七夕。

七月十五 tɕʰi³³ yə⁰ ʂʅ⁵³⁻⁵⁵ u⁰ 中元节，鬼节。

八月十五 pa³³ yə⁰ ʂʅ⁵³⁻⁵⁵ u⁰ 中秋节。

十月一 ʂʅ⁵³⁻⁵⁵ yə⁰ i³³ 鬼节。

腊八儿 la³¹ pʌr³³

（三）年

今年 tɕin³³ niæ⁵³

头年 tʰou⁵³⁻³¹ niæ⁵³ 去年。

前年 tɕʰiæ⁵³⁻⁵⁵ niæ⁰

大前年 ta³¹ tɕʰiæ⁵³⁻⁵⁵ niæ⁰

前些个年 tɕʰiæ⁵³ ɕi³³ kɤ⁰ niæ⁵³ 离现在较近的年份。

那些个年 na³¹ ɕi³³ kɤ⁰ niæ⁵³ 离现在较远的年份。

过年 kuə³¹ niæ⁵³ 明年。

转过年来 tʂuæ²¹³⁻²¹ kuə⁰ niæ⁵³ lɛ⁵³ 明年的较靠前的月份。

后儿年 xour³¹ niæ⁵³ 后年。

再转过年来 tɛ³¹ tʂuæ²¹³⁻²¹ kuə⁰ niæ⁵³ lɛ⁵³ 后年（较少用）。

大后儿年 ta³¹ xour³¹ niæ⁵³ 大后年。

年年 niæ⁵³⁻³¹ niæ⁵³

年下 niæ⁵³⁻⁵⁵ ɕiə⁰ 春节前后的一段时间。

刚过了年 kɑ̃³³ kuə³¹⁻⁵³ lɔ⁰ niæ⁵³ 年初。

年根儿底下 niæ⁵³ kəʅ³³ ti²¹³⁻²¹ ɕiə⁰

上半年 ʂɑ̃³¹ pæ³¹ niæ⁵³

下半年 ɕia³¹ pæ³¹ niæ⁵³

（四）月

正月 tʂən³³ yə⁰

腊月 la⁵³yə⁰

闰×月 lin³¹ × yə⁰

初几们儿 tʂʰu³³ tɕi⁰ mən⁰ 月初。

半头们 pæ³¹⁻⁵³ tʰou⁰ mən⁰ 月中：二月～们。

一个月 i³³ kɤ³¹ yə³¹

上个月 ʂɑ̃³¹ kɤ³¹ yə³¹

这一个月 tʂʅɤ²¹³⁻²¹ i³³ kɤ⁰ yə³¹

下个月 ɕia³¹ kɤ³¹ yə³¹

月儿月儿 iuor³¹ iuor³¹ 每个月。

上旬 ʂɑ̃³¹ ɕyən⁵³

中旬 tʂoŋ³³ ɕyən⁵³

下旬 ɕia³¹ ɕyən⁵³

大尽 ta³¹ tɕin³¹ （1）农历三十天的月份。（2）指东西准备多了有富余。

小尽 ɕiɔ²¹³⁻²³ tɕin³¹（1）农历二十九
　　天的月份。（2）指东西准备少了
　　不够用。

（五）日、时

今儿了个 tɕiɑȵ³³ lə⁰ kɤ⁰ 今天。

夜来个 iə³¹⁻⁵³ lə⁰ kɤ⁰ 昨天。

明儿个 miɤr⁵³⁻⁵⁵ kɤ⁰ 明天。

　　明子 miə⁵³ tsʅ⁰ 明天的又称，较少
　　使用。"明"的韵母及声调异常。

过了明儿 kuə³¹⁻⁵³ lə⁰ miɤr⁵³ 后天。

大过了明儿 ta³¹ kuə³¹⁻⁵³ lə⁰ miɤr⁵³
　　大后天。

第二天 tiɑȵ²¹³⁻²³ tʰiæ³³ "第二"合音。

前日个 tɕʰiæ⁵³⁻⁵⁵ ȵɤ⁰ kɤ⁰ 前天。

大前日个 ta³¹ tɕʰiæ⁵³⁻⁵⁵ ȵɤ⁰ kɤ⁰ 大前天。

前些个天 tɕʰiæ⁵³ ɕiɔ⁵³ kɤ⁰ tʰiæ³³

星期 ɕiŋ³³⁻⁵³ tɕʰi³³（1）星期。（2）星
　　期天。

一星期 i³³ ɕiŋ³³⁻⁵³ tɕʰi³³

一整天 i³³ tʂəŋ²¹³⁻²³ tʰiæ³³

天天儿 tʰiæ³³⁻⁵³ tʰiɐr³³

　　见天儿 tɕiæ³¹ tʰiɐr³³

十好几天 ʂʅ⁵³ xɔ²¹³⁻⁵³ tɕi⁰ tʰiæ³³ 十多天。

头晌午 tʰou⁵³ ʂã²¹³⁻²¹ xuə⁰ 上午。

过晌午 kuə³¹ ʂã²¹³⁻²¹ xuə⁰ 下午。

　　前么晌儿 tɕʰiæ⁵³⁻⁵⁵ m⁰ ʂʌr²¹³ 上午，
　　较少用。

　　后么晌儿 xou²¹³⁻²¹ m⁰ ʂʌr²¹³ 下午，

较少用。

半天 pæ³¹ tʰiæ³³

多半天 tuə³³ pæ³¹ tʰiæ³³

五更 u²¹³⁻²¹ tɕiŋ⁰ 天快亮的时候。

早起 tsɔ²¹³⁻²¹ ɕi⁰ 清晨。

晌午 ʂã²¹³⁻²¹ xuə⁰ 中午。

晌午错 ʂã²¹³⁻²¹ xuə⁰ tsʰuə³¹ 下午一点
　　左右。

白天 pɛ⁵³ tʰiæ³³ 也说"白日"。

傍黑子 pã³³⁻⁵³ xei³³ tsʅ⁰ 黄昏，傍晚，
　　也说"傍黑儿"。

傍亮子 pã³³ liã³¹⁻⁵³ tsʅ⁰ 黎明前。

后上 xou³¹⁻⁵³ xã⁰ 夜晚。

　　黑下 xei⁵³ ɕiɔ⁰ 夜晚，相对少用。

后上间 xou³¹⁻⁵³ xã⁰ tɕiæ⁰ 夜里。

半宿 pæ³¹ ɕiou³³ 半夜。

半宿落⁼夜 pæ³¹ ɕiou³³ la³¹ iə³¹ 半夜，
　　有时间很晚的意味。如：～的就
　　过来嘞。

前半夜儿 tɕʰiæ⁵³ pæ³¹ iɤr³¹

后半夜儿 xou³¹ pæ³¹ iɤr³¹

一后上 i³³ xou³¹⁻⁵³ xã⁰ 一晚上，整夜。

天天儿后上 tʰiæ³³ tʰiɐr⁰ xou⁵³ xã⁰ 每
　　天晚上。

（六）其他时间概念

年 niæ⁵³

月 yə³¹

好晌 xɔ²¹³⁻²³ ʂã²¹³ 吉利日子。

这点儿 tʂʅɤ²¹³⁻²¹ tier³³ 这个时代。"点儿"声调异常。

那点儿 na³¹ tier³³ 以前的时代。"点儿"声调异常。

多怎 tuə³³ tsən⁰ （1）什么时候。（2）什么日期。

　　这怎 tʂʅɤ⁵³ tsən⁰ 这个时代（较少用）。

　　那怎 na⁵³ tsən⁰ 那个时代（较少用）。

时候儿 ʂʅ⁵³⁻⁵⁵ xour⁰

功夫儿 koŋ³³ fur⁰ 时间，空闲。

几月几号儿 tɕi²¹³⁻²¹ yə⁰ tɕi²¹³⁻²³ xɤr³¹ 表示日期。

先头儿 tɕʰiæ³³ tʰour⁵³

后来 xou³¹ lɛ⁵³

现在 ɕiæ³¹ tsɛ³¹

二叫鸡 ɚ̩³¹ tɕiɤ³¹ tɕi³³ 黎明前的形象说法。

三天两后响 sæ⁵³ tʰiæ³³ liã²¹³⁻²³ xou⁵³ xɑ̃⁰ 三天两夜，指较短的时间。

倾世里 tɕʰiŋ³³ ʂʅ³¹⁻⁵³ ni⁰ 很长时间里：～不回老家一趟，这回多待几天吧。

老时辈子 lɔ²¹³⁻²¹ ʂʅ⁵³ pei³¹⁻⁵³ tsʅ⁰ 旧时，古代。

个月其程的 kuə³¹ yə³¹ tɕʰi⁵³ tʂʰəŋ⁵³⁻⁵⁵ ti⁰ 一个来月。

每□儿 mei²¹³⁻²³ mɚ³³ 往常：你～怎么写的现在还怎么写。

四、农业

（一）农事

上洼 ʂɑ̃³¹ ua³³ 下地干活。

套车 tʰɔ³¹ tʂʰʅɤ³³ 将牲畜用御具与畜力车固定住准备行车。

轰车 xoŋ³³⁻⁵³ tʂʰʅɤ³³ 驾驶畜力车。

旋鞭子 ɕyæ³¹ piæ³³ tsʅ⁰ 空甩鞭子。

卸车 ɕiə³¹ tʂʰʅɤ³³

耕地 tein³³ ti³¹

耙地 pa³¹ ti³¹ 用耙平整土地。

搪地 tʰɑ̃⁵³ ti³¹ 用钯平整土地。

耩地 tɕiã²¹³⁻²³ ti³¹ 用耧播种。

耥地 xuə³³ ti³¹ 用耥子松土或除草。

耪地 pʰɑ̃²¹³⁻²³ ti³¹ 用锄松土或除草。

薅草 xɔ³³ tsʰɔ²¹³ 用手或刀子（贴地式镰刀）除草。

锄草儿 pən³³ tsɤr²¹³ 用锛锄子除草。

荒嘞 xuɑ³³ lɛ⁰ 地里长满了草。

挑菜 tʰiɔ³³ tsʰɛ³¹ 挖野菜。

粪 fən³¹ 育苗。如"粪上菜秧子"。

出 tʂʰu³³ 把植物幼苗从苗圃移栽到大田中。

圪闹 kuə³³ nɔ⁰ 铡碎的饲料用草。

积肥 tɕi³³ fei⁵³

上垫脚儿 ʂɑ̃³¹ tiæ³¹⁻⁵³ tɕiɔr⁰ 给牲口

棚里牲畜站立的地方垫上干土，起到清洁的作用。

出棚 tʂʰu³³ pʰəŋ⁵³ 把牲口棚里的粪便清理出来。

出猪圈 tʂʰu³³ tʂu³³ tɕyæ³¹ 把猪圈里的粪便清理出来。

打驴蹄 ta²¹³⁻²³ ly³¹ tʰi⁵³ 给驴切掉过长的蹄子角质。

拾粪 ʂʅ⁵³ fən³¹

上粪 ʂɑ̃³¹ fen³¹

洒粪 ʂa²¹³⁻²³ fən³¹ 将粪肥撒到地里。

上化肥 ʂɑ̃³¹ xua³¹ fei⁵³

浇地 tɕiɔ³³ ti³¹

浇上冻水 tɕiɔ³³ ʂɑ̃³¹ toŋŋ³¹ ʂuei²¹³ 上冻前给麦地浇水。

畦 tɕʰi⁵³ （1）浇地时临时用土堰分隔出来的小块地。（2）菜地（一般为小块地）。

堰儿 niɐr³¹ 用土堆出的田地的分隔线。不同地块的堰儿又叫"地堰儿"，浇地时临时堆出的叫"畦堰儿"或"畦背儿"。城关也叫"地堰儿节儿"。

阳沟 iɑ̃⁵³⁻⁵⁵ kou⁰ 地块之间较小的水渠。

搭阳沟 ta³³ iɑ̃⁵³⁻⁵⁵ kou⁰ 挖水渠。

打堰儿 ta²¹³⁻²³ niɐr³¹ 用土堆堰儿，也叫"搭畦背儿"。

挑水 tʰiɔ³³ ʂuei²¹³

摆水 pɛ²¹³⁻²³ ʂuei²¹³ 用筲从井里取水，因为需用扁担或绳索摆动筲桶使之平躺进水，故名。

小机器儿 ɕiɔ²¹³⁻²¹ tɕi³³ tɕʰiəʅ³¹ 用来带动抽水机的小型柴油机。

辘轳 lu³¹⁻⁵³ lu⁰

叫⁻水 tɕiɔ³¹ ʂuei²¹³ 用水泵泵水。

开镰 kʰɛ³³ liæ⁵³ 开始收割麦子。

割麦子 kɯɔ³³ mɛ³¹⁻⁵³ tsʅ⁰

锛棒子 pən³³ pɑ̃⁵³ tsʅ⁰ 将玉米的整个植株挖刨出来。

劈棒子 pʰi²¹³⁻²¹ pɑ̃³¹⁻⁵³ tsʅ⁰ 将玉米从其秸秆上掰下来。

剥棒子 pɔ³³ pɑ̃³¹⁻⁵³ tsʅ⁰ 将玉米棒子的包皮剥落。

砸棒子 tsa⁵³ pɑ̃³¹⁻⁵³ tsʅ⁰ 用人工击打的办法将玉米脱粒。

打棒子 ta²¹³⁻²¹ pɑ̃³¹⁻⁵³ tsʅ⁰ 用机器将玉米脱粒。

约子 iɔ⁵³ tsʅ⁰ 捆收割后庄稼的秸秆或绳子，也叫"约儿"。

个儿 kuɤr³¹ 用约子捆起来的一捆庄稼。

捽长果儿 ʂue³³ tʂʰɑ̃⁵³ kuor²¹³ 将花生从其秧子上捽落。

拾杨花 ʂʅ⁵³ iɑ̃⁵³⁻⁵⁵ xuo⁰ 摘棉花。

撩山药蔓子 liɔ⁵³ ʂæ³³ iɔ⁰ uæ³¹⁻⁵³ tsʅ⁰ 将山药的蔓子拉起放到其延伸

方向的另一面,以防止营养被茎分散。

刨山药 pʰɔ⁵³ ʂæ³³ iə³¹ 收获山药,用三齿将山药的根状茎刨出来。

墁 mæ³¹ 将植物种子种在地表或用极薄的土覆盖;铺设。如:墁上点胡萝卜;墁上砖。

场 tʂʰɑ̃⁵³

摊场 tʰæ³³ tʂʰɑ̃⁵³ 将收割后的麦子、豆子等平摊在场上。

翻场 fæ³³ tʂʰɑ̃⁵³ 翻起摊在场上的庄稼使其充分晾晒。

轧场 ia³¹ tʂʰɑ̃⁵³ 用碌碡碾压场上的庄稼。

起场 tɕi²¹³⁻²¹ tʂʰɑ̃⁵³ 轧场结束后将与麦粒、豆粒等分离的秸秆收起。

扬场 iɑ̃⁵³ tʂʰɑ̃⁵³ 用扬锨将麦粒、豆粒等扬起使其与糠皮在空中分离。

打场 ta²¹³⁻²¹ tʂʰɑ̃⁵³ 轧场,也泛指在场里进行的整个脱粒活动。

扎口儿 tsa³³ kʰour²¹³ 用口绳儿给装了庄稼的袋子捆住口子。

除 tʂʰu⁵³ 用铁锨抄起地上的物品。

麦熟 mɛ³¹ ʂou⁵³ 麦收。

大秋 ta³¹ tɕʰiou³³ 秋收。

喷 pʰən³¹ 蔬菜的不同生长期:这是头一~的西瓜,好吃。

正喷 tʂən³¹ pʰən³¹ 正当季:现在菠菜

贱,是~。

过唠喷嘞 kuə³¹⁻⁵³ lɔ⁰ pʰən³¹⁻⁵³ lɛ⁰ 过季:西瓜~,没多少嘞。

开甲 kʰɛ³³⁻⁵³ tɕia³³ 给枣树切皮以促使其结果。

井 tɕiŋ²¹³ 泛称,不区分饮水井和浇地用井,老派也称自来水水龙头为"井"。

洋井 iɑ̃⁵³ tɕiŋ²¹³ 机井。

苦水井 kʰu²¹³⁻⁵³ ʂuei²¹³⁻²³ tɕiŋ²¹³ 浅层潜水井。

老头儿乐 lɔ²¹³⁻²¹ tʰour⁵³ lɯɛ³¹ 也叫压水井。

重茬 tʂʰoŋ⁵³⁻⁵⁵ tʂʰa⁰ 关于重茬的谚语:九年芝麻十年瓜。

做活 tsou³¹ xuə⁵³ 干活儿。形容人勤劳:这老太太真~啊。

（二）农具

大车 ta³¹ tʂʰɿ³³ 大型的畜力车。

小车 ɕiɔ²¹³⁻²³ tʂʰɿ³³ 小型的畜力车,也叫"小拉车儿"。

二大脚儿 ɚ̯³¹ ta³¹ tɕiɔr³³ 轮胎较大的小车。

架啦 ka³¹⁻⁵³ la⁰ 套在牲畜脖子上用来垫住套夹子的软垫。

套夹子 tʰɔ³¹ tɕia³³ tsɿ⁰ 用链子连着的两根木棍,架在架拉上,与车身相连。

脑绳儿 nɔ²¹³⁻²¹ ʂʅᵣʅ⁵³ 连接套夹子的
　　两条棍子的绳子。

架啦油儿 ka³¹⁻⁵³ la⁰ iouɣ⁵³ 套夹子和
　　架啦连成一体的御具。

辕鞍子 yæ⁵³⁻⁵⁵ næ⁰ tsʅ⁰ 套在牲畜背
　　上用来架住辕条的小鞍。

糠笨 kʰɑ̃³³ tʰi³¹ 辕鞍子底部的软垫
　　儿，一般用糠填充成枕状。

辕条 yæ⁵³⁻⁵⁵ tʰiɔ⁰ 连接车的两辕端头
　　的半圆带条，套在辕鞍子上。也
　　叫"搭腰"。

后鞧 xou³¹ tɕʰiou³³ 套在驾辕牲畜屁
　　股上的带条。

大肚 ta³¹ tu³¹ 勒在牲畜肚子正中的
　　带条。

缰绳 kɑ̃³³ ʂəŋ⁰

偏套 pʰiæ³³ tʰɔ³¹ 拴住傍套的绳子。

傍套 pɑ̃³¹ tʰɔ³¹ 在驾辕的牲口两侧拉
　　车的牲口。

驾辕 tɕia³¹ yæ⁵³

挑窜儿 tʰiɔ²¹³⁻²³ tsʰuɐɣ³³ 套在驾辕的
　　牲口前面的牲口。

蒲棱 pʰu⁵³⁻⁵⁵ ləŋ⁰ 搭在畜力车上的
　　棚子。

扎蒲棱 tsa³³ pʰu⁵³⁻⁵⁵ ləŋ⁰ 搭建蒲棱。

牛鞧槽 niou⁵³ kou³¹⁻⁵³ tsʰɔ⁰ 牛轭。

漾绳儿 iɑ̃³¹⁻⁵³ ʂʅᵣʅ⁰ 牛鞧槽上用来
　　绑在牛脖子上的绳子。

隆 loŋ²¹³ 牛肩部挂牛鞧槽的部位。

牛鼻鞠 niou⁵³ pi⁵³⁻⁵⁵ tɕʰi⁰ 套在牛鼻子
　　上的铁环，"鞠"韵母被前字同化。

笼头 loŋ⁵³⁻⁵⁵ tʰou⁰ 罩住牲畜嘴部防
　　止偷吃的铁笼。

嚼子 tɕiɔ⁵³⁻⁵⁵ tsʅ⁰ 套在牲畜嘴里用来
　　控制并防止其偷吃的铁链。

呲牙子 tsʰʅ³³ ia⁵³⁻⁵⁵ tsʅ⁰ 为更严格控
　　制牲畜，将嚼子套在牲畜上牙和
　　上唇之间，叫"带呲牙子"。

脚儿 tɕiɔɣ³³ 车轮。

扒板儿 pa³³ pɐɣ²¹³ 大车或小车的车帮。

帮 pɑ̃³³ 汽车或拖拉机的车帮。

车框 tʂʰʅ³³ kʰuɑ̃³¹ 大车或小车车轮
　　上方的架子。

车逐子 tʂʰʅᵣʅ³³ tʂu⁵³⁻⁵⁵ tsʅ⁰ 车辕前端
　　用来阻挡御具的把手。

掩脚儿 iæ²¹³⁻²¹ tɕiɔɣ⁰ 停车时放在车
　　轮下的砖头等物，防止溜车。放
　　掩脚儿的动作叫"打掩脚儿"。

刹绳 ʂa³³ ʂəŋ⁰ 庄稼装车时用来固定
　　的长绳。

小红车 ɕiɔ²¹³⁻²¹ xoŋ⁵³⁻⁵⁵ tʂʰʅᵣʅ⁰ 独轮车。

轱辘儿 ku²¹³⁻²¹ luɣ⁰ 轮子。

犁 li⁵³

犁弯 li⁵³ uæ³³ 犁拱起的部分。

犁把儿 li⁵³ pʌɣ²¹³

犁铧 li⁵³ xua⁵³

鏊 $p^hiə^{33}$ 犁铧上面挡住土的贴片。

砣砣 $t^huə^{53-55}$ $t^huə^0$ 犁弯前端的用来平衡犁身并供使用犁的人确定方向的木质部件。

犁擦儿 li^{53} $ts^hʌr^{33}$ 犁底部犁铧后侧用来平衡的部件。

套股 $t^hɔ^{31}$ ku^{213} 牲口拉农具时用的套具中的绳子。

拨棱股儿 $puə^{33}$ $ləŋ^0$ kur^{213} 拉犁时，用来张开并固定拴牲口的绳子的横杠。

揽钩 $læ^{213-21}$ kou^0 S 形的供连接御具用的铁质钩子。

硬杆 $iŋ^{31-53}$ $kæ^0$ 两个牲口拉犁时，如果牲口力量不均，则利用杠杆原理，让力量大的牲口拉横杆短的一侧力臂以维持平衡。叫作"拉硬杆"。拉长的一侧为"拉软杆儿"。

软杆儿 $ɹuæ^{213-23}$ $kɐr^{33}$ 见"硬杆"。

平杆儿 $p^hiŋ^{53}$ $kɐr^{33}$ 两个牲口拉犁时，如果力量平均，则横杆两端等长，叫作"拉平杆儿"。

耙 pa^{31} （1）耕地之后用来平整土地的农具，木制框架，底部安装铁质尖头，使用时由牲畜在前面拉动，人踩在框架上驾驶，有时也负载重物增加压力。（2）用耙平地。

钯 p^ha^{53} （1）起场时用来收集秸秆的木齿或铁齿钯子，齿较粗大稀疏。（2）用来平整土地的铁齿钯子，铁齿较细密。也叫"铁钯"。

耙子 p^ha^{53-55} $tsʅ^0$ 用来收集柴火、树叶等的农具，头部为细密带弯钩的竹条。较宽大的又叫"大耙"。

砘子 $tuən^{31-53}$ $tsʅ^0$ 用来压实土壤的两个环形石头，由木轴连接。

砘子子儿 $tuən^{31-53}$ $tsʅ^0$ $tsəɹ^{213}$ 砘子上的环形石头。

碌子 $kuən^{213-21}$ $tsʅ^0$ 用来压实土壤的中间带有轴的铁筒，表面有棱。

耧 lou^{53}

耧斗 lou^{53-55} tou^0 耧顶部装种子的方斗。

字眼 $tsʅ^{53}$ $iæ^0$ 耧斗底部用来漏出种子的小口儿。

吊死鬼儿 tio^{53} $sʅ^0$ $kuəɹ^{213}$ 耧斗的字眼里面用来搅动种子的悬垂物。

盾脚儿 $tuən^{53}$ $tɕiɔr^0$ 耧底部的尖角。

耠子 $xuə^{33}$ $tsʅ^0$ 用来松土或除草的畜力农具，底部为一个或三个三角形铁尖。使用时人在后面手扶，牲畜在前面拉，有时也用人拉。

二棱杆 $əɹ^{31}$ $ləŋ^{53}$ $kæ^{33}$ 耧或耠子的辕。

带子 $tɛ^{31-53}$ $tsʅ^0$ 浇地时用来输送水的可压平折叠的塑料管。

镐 kɔ²¹³

薄锨 pɔ⁵³⁻⁵⁵ ɕiæ⁰ 较平的铁锨，一般
　　用来收起地上的物品。

铁锨 tʰiɑ³³ ɕiæ⁰ 一般用来挖土的铁锨。

桃锨 tʰɔ⁵³ ɕiæ³³ 尖锨。

平锨 pʰiŋ⁵³ ɕiæ³³ 平头的铁锨。

扬锨 iɑ̃⁵³⁻⁵⁵ ɕiæ⁰ 木锨，一般用来扬场。

锄 tʂʰu⁵³

锛锄子 pən³³ tʂʰou⁰ tsʅ⁰ 立式锄，锄
　　头为长方形，以长边为刃，一般
　　双手使用，用于间苗或除草。
　　"锄"字韵母异常。

镨钩 tʂuɔ³³ kou⁰ 小型的镐，镐头为
　　长方形，以短边为刃，一般单手
　　使用，用于刨玉米秆等。

三齿 sæ³³ tʂʰʅ⁰ 用来刨地或粪堆的
　　农具，木把，头部为三根平行焊
　　接在一起的铁齿。

镰 liæ⁵³

叉 tʂʰa³³ 用来收集和移动秸秆的三
　　齿或四齿农具，一般为铁齿。

粪叉子 fən³¹ tʂʰa³³ tsʅ⁰ 用来出棚或
　　出猪圈的三齿铁叉。

刀子 tɔ³³ tsʅ⁰（1）泛指各种小型刀具。
　　（2）用来贴地割草的小型镰刀。

扫帚 sɔ³¹⁻⁵³ ʂu⁰

笤帚 tʰiɔ⁵³⁻⁵⁵ ʂu⁰

刨笤帚 pʰɔ⁵³ tʰiɔ⁵³⁻⁵⁵ ʂu⁰ 用脱粒后的
高粱穗或黍子穗制作笤帚。

箔 pɔ⁵³ 竹竿儿或高粱杆编成的大
　　型垫子，摊在砖和木头做成的支
　　架上，用来晾晒玉米棒子。

碌碡 liou³¹ tʂɔ⁵³

布袋 pu³¹⁻⁵³ tɛ⁰

鸡皮袋子 tɕi³³ pʰi⁵³ tɛ³¹⁻⁵³ tsʅ⁰ 编织袋。

口绳儿 kʰou²¹³⁻²¹ ʂʅɤr⁰ 用来给编织
　　袋扎口儿的细绳儿。

囤 tuən³¹

碾子 niæ²¹³⁻²¹ tsʅ⁰

碾底 niæ²¹³⁻²³ ti²¹³ 碾子的底部。

磨 muə³¹

磨盘 muə³¹ pʰæ⁵³

磨脐儿 muə³¹ tɕʰiɑɻ⁵³ 磨盘中心的铁轴。

磨眼 muə³¹ iæ²¹³ 磨盘上来漏下粮
　　食的洞。

扇扇 ʂæ³¹⁻⁵³ ʂæ⁰ 与碾子配合使用，将
　　谷糠与谷粒吹离的工具。

筹 tʂou⁵³ 插在磨眼上来延缓粮
　　食下漏速度的秸秆。

筛子 ʂɛ³³ tsʅ⁰

罗 luɔ⁵³ 筛面用的细筛，也指用罗筛
　　面的动作。

簸箕 puə³¹⁻⁵³ ɕi⁰ 泛指盛粮食和盛垃
　　圾的簸箕。

铡刀 tʂa⁵³⁻⁵⁵ tɔ⁰

砍刀 kʰæ²¹³⁻²¹ tɔ⁰

筐 kʰuɑ̃³³

粪筐子 fən³¹ kʰuɑ̃³³ tsʐ⁰ 可以单肩背的筐,用来拾粪,也盛其他杂物。

驮筐 tʰuə⁵³⁻⁵⁵ kʰuɑ̃⁰ 挂在自行车后座上的筐。

花筐 xuɑ³³⁻⁵³ kʰuɑ̃³³ 筐壁镂空的筐。

土篮子 tʰu²¹³⁻²¹ læ⁵³⁻⁵⁵ tsʐ⁰ 担土的篮子。

博⁼拉 puə⁵³⁻⁵⁵ lɑ⁰ 筐篓。

扁担 piæ²¹³⁻²³ tæ³¹

筲 ʂɔ³³ 水桶。

五、植物

(一)农作物

庄稼 tʂuɑ̃³³ tɕia⁰

麦子 mɛ³¹⁻⁵³ tsʐ⁰ (1)小麦。(2)小麦的果实。

麦芒儿 mɛ³¹ uʌɻ⁵³

麦穗儿 mɛ³¹ suəɻ³¹

麦秸 mɛ³¹⁻⁵³ tɕiə⁰ 脱粒后被轧软轧碎的麦子秸秆。

麦糠 mɛ³¹ kʰɑ̃³³

麦莛儿 mɛ³¹ tʰiŋʐr⁵³ 麦子的茎秆。

棒子 pɑ̃³¹⁻⁵³ tsʐ⁰ (1)玉米。(2)玉米的果实。

瘤棒子 min⁵³ pɑ̃³¹⁻⁵³ tsʐ⁰ 生长期长的玉米。

春棒子 tʂʰuən³³ pɑ̃³¹⁻⁵³ tsʐ⁰ 春天播种的玉米,也叫“早棒子”。

晚棒子 uæ²¹³⁻²¹ pɑ̃³¹⁻⁵³ tsʐ⁰

棒包儿 pɑ̃³¹ pɔr³³ 包裹玉米果实的外皮。

甜棒 tʰiæ⁵³⁻⁵⁵ pəŋ⁰ 玉米或高粱未成熟时根部偏上的部分,尝起来略

有甜味。

枪杆 tɕʰiɑ̃³³ kæ⁰ 发育不好的不长果实的玉米杆儿。

甜棒根儿 tʰiæ⁵³⁻⁵⁵ pəŋ⁰ kəɻ³³ 茅草的根部。

棒穗儿 pɑ̃³¹ suəɻ³¹ 玉米植株顶部的花穗。

棒子瓤子 pɑ̃⁵³ tsʐ⁰ ɻɑ̃⁵³⁻⁵⁵ tsʐ⁰ 又叫棒瓤儿。

棒秸 pɑ̃³¹ tɕiə³³ 玉米秸秆。

糁儿 ʂən³³ tsʐ⁰ 较粗的玉米面,一般用来熬粥。

长果儿 tʂʰɑ̃⁵³ kuor²¹³ 花生。

长果儿秧子 tʂʰɑ̃⁵³ kuor²¹³⁻²³ iɑ̃³³ tsʐ⁰ 花生的植株。

长果儿奶儿 tʂʰɑ̃⁵³ kuor²¹³⁻²³ nɐr²¹³ 尚未成形不饱满的花生果实。

长果儿仁儿 tʂʰɑ̃⁵³ kuor²¹³⁻²¹ iəɻ⁵³ 花生仁儿。

大马 ta³¹ ma²¹³ 三个仁儿的花生。

谷子 ku³³ tsʐ⁰ 粟

小米儿 ɕiɔ²¹³⁻⁵³ miɑ̃ʅ²¹³ 脱皮后的谷子果实。

秕子 pi²¹³⁻²¹ tsʅ⁰ 不饱满的谷子。

纽子 niou²¹³⁻²¹ tsʅ⁰ 谷子地里形似谷子的野草。

秕啦的 pi²¹³⁻²¹ la⁰ ti⁰ 不饱满的粮食粒。

高粱 kɔ³³ liɑ̃⁵³

莛杆儿 tʰiŋ⁵³ kɐr²¹³ 高粱顶部直而光滑的茎，用来制作箅子、盖帘儿等。

秫秸 ʂu⁵³⁻⁵⁵ tɕiɔ⁰ 高粱的茎。

高粱栅˭子 kɔ³³ liɑ̃⁵³ tʂa³¹⁻⁵³ tsʅ⁰ 高粱收割后残余的茎。

黍子 ʂu²¹³⁻²¹ tsʅ⁰

山药 ʂæ̃³³ iɔ³¹ 指红薯和白薯。

山药蔓子 ʂæ̃³³ iɔ³¹ uæ̃³¹⁻⁵³ tsʅ⁰ 山药在地表的茎。

芽子 ia⁵³⁻⁵⁵ tsʅ⁰ 由根状茎发芽育成的山药。

蔓子 uæ̃³¹⁻⁵³ tsʅ⁰ 由截取的山药蔓子育成的山药。

芝麻 tʂʅ³³ ma⁰

土豆儿 tʰu²¹³⁻²³ tour³¹ 马铃薯。

杨花 iɑ̃⁵³⁻⁵⁵ xua⁰ 棉花。

杨花桃子 iɑ̃⁵³⁻⁵⁵ xua⁰ tʰɔ⁵³⁻⁵⁵ tsʅ⁰ 棉花的花骨朵。

杨花柴 iɑ̃⁵³⁻⁵⁵ xua⁰ tʂʰɛ⁵³ 棉花的秸秆。

爷儿爷儿转 iɤr⁵³⁻⁵⁵ iɤrʅ⁰ tʂuæ³¹ 向日葵。也叫"望莲"（uæ̃³¹ liæ̃⁵³，"望"

韵母异常）。城关叫"望日莲"。

瓜子儿 kua³³ tsəʅ²¹³ 一般指葵花籽儿。

稻子 tɔ³¹⁻⁵³ tsʅ⁰

大米 ta³¹ mi²¹³

江米 tɕiɑ̃³³ mi⁰

藕 nou²¹³

莲子 liæ̃⁵³ tsʅ²¹³

粮食 liɑ̃⁵³⁻⁵⁵ ʂʅ⁰

（二）豆类、菜蔬

黄豆 xuɑ̃⁵³⁻⁵⁵ tou⁰

绿豆 ly³¹⁻⁵³ tou⁰

黑豆 xei³³ tou³¹

小豆 ɕiɔ²¹³⁻²³ tou³¹ 红小豆。

豆角儿 tou³¹ tɕiɔr³³ 豇豆。

扁豆 piæ̃²¹³⁻²³ tou³¹

面姑豆 miæ̃³¹ ku³³ tou³¹ 蚕豆。

黄瓜 xuɑ̃⁵³⁻⁵⁵ kua⁰

菜瓜 tsʰɛ³¹⁻⁵³ kua⁰

甜瓜 tʰiæ̃⁵³⁻⁵⁵ kua⁰

丝瓜 sʅ³³ kua⁰

北瓜 pei²¹³⁻²³ kua³³ 倭瓜。

苦瓜 kʰu²¹³⁻²¹ kua⁰

南瓜 næ̃⁵³⁻⁵⁵ kua⁰

星瓜 ɕiŋ³³ kua⁰ 圆形，口味与北瓜相似。

冬瓜 toŋ³³ kua⁰

西瓜 ɕi³³ kua⁰

葫芦 xu⁵³⁻⁵⁵ lu⁰

瓢子 xu³¹⁻⁵³ tsʅ⁰

葱 tsʰoŋ³³

大葱 ta³¹ tsʰoŋ³³

小葱儿 ɕiɔ²¹³⁻²³tsʰuor³³

阳沟儿葱 iɑ⁵³⁻⁵⁵ kɤr⁰ tsʰoŋ³³ 第二年
　　生的大葱。"沟"韵母因轻声弱化。

葱头 tsʰoŋ³³ tʰou⁵³

葱棒棒 tsʰoŋ³³ pɑ̃⁵³⁻⁵⁵ pɑ̃⁰ 大葱的花
　　苞，"棒"的声调异常。

蒜 suæ̃³¹

蒜苗儿 suæ̃³¹ miɔr⁵³

蒜薹 suæ̃³¹ tʰɛ⁵³

韭菜 tɕiou²¹³⁻²³ tsʰɛ³¹

韭黄 tɕiou²¹³⁻²¹ xuɑ̃⁵³

茴香 xuei⁵³⁻⁵⁵ ɕiɑ̃⁰

西红柿 ɕi³³ xoŋ⁵³ ʂʐ̩³¹
　　洋柿子 iɑ⁵³ ʂʐ̩³¹⁻⁵³ tsʐ̩⁰ 西红柿的
　　旧称。

姜 tɕiɑ̃³³

柿子椒 ʂʐ̩³¹⁻⁵³ tsʐ̩⁰ tɕiɔ³³

辣椒 la³¹ tɕiɔ³³

辣椒面儿 la³¹ tɕiɔ³³ miɛr³¹

芥末 tɕiɔ³¹⁻⁵³ muɔ⁰

胡椒 xu⁵³ tɕiɔ³³

菠菜 puɔ³³ tsʰɛ⁰

白菜 pɛ⁵³⁻⁵⁵ tsʰɛ⁰

圆白菜 yæ̃⁵³ pɛ⁵³⁻⁵⁵ tsʰɛ⁰

小白菜儿 ɕiɔ²¹³⁻²¹ pɛ⁵³⁻⁵⁵ tsʰɐr⁰

生菜 ʂəŋ³³ tsʰɛ³¹

菾菾菜 kən³³ ta⁰ tsʰɛ³¹ 也叫"菾菾子菜"。

芹菜 tɕʰin⁵³⁻⁵⁵ tsʰɛ⁰

茄子 tɕʰiɔ⁵³⁻⁵⁵ tsʐ̩⁰

芫荽 iæ̃⁵³⁻⁵⁵ suei⁰

萝卜 luɔ⁵³⁻⁵⁵ pei⁰

糠了 kɑ̃³³ lɛ⁰

萝卜缨子 luɔ⁵³⁻⁵⁵ pei⁰ in³³ tsʐ̩⁰

萝卜干儿 luɔ⁵³⁻⁵⁵ pei⁰ kɐr³³

胡萝卜 xu⁵³⁻⁵⁵ lu⁰ pei³³

苤蓝 pʰiɔ²¹³⁻²¹ liɔ⁰

疙瘩头 ka³³ ta⁰ tʰou⁵³ 大头菜。

蔓菁 mæ̃⁵³⁻⁵⁵ tɕiŋ⁰

油菜 iou⁵³⁻⁵⁵ tsʰɛ⁰

油菜籽儿 iou⁵³⁻⁵⁵ tsʰɛ⁰ tsɤ²¹³

曲曲菜 tɕʰy²¹³⁻²¹ tɕʰy⁰ tsʰɛ³¹ 苦菜。

盐蓬菜 iæ̃⁵³⁻⁵⁵ pʰəŋ⁰ tsʰɛ³¹

青青菜 tɕʰiŋ³³ tɕʰiŋ⁰ tsʰɛ³¹ 蓟菜。

阳各儿菜 iɑ⁵³⁻⁵⁵ kɤr⁰ tsʰɛ³¹ 一种叶子
　　细长的野菜。

马家菜 ma²¹³⁻²¹ tɕia⁰ tsʰɛ³¹ 马齿苋。

菊苣菜 tɕy³³⁻⁵³ tɕy⁰ tsʰɛ³¹ 荠菜。"菊"
　　的变调异常。

蛤儿蟆儿菜 xuɯr⁵³⁻⁵⁵ mʌr⁰ tsʰɛ³¹ 车
　　前草。

（三）树木

树 ʂu³¹

树林子 ʂu³¹ lin⁵³⁻⁵⁵ tsʐ̩⁰

树苗儿 ʂu³¹ miɔr⁵³

树身子 ʂu³¹ ʂən³³ tsɿ⁰ 树干。

树梢儿 ʂu³¹ ʂɔr³³

树根 ʂu³¹ kən³³

树叶儿 ʂu³¹ iʅʅr³¹

树枝子 ʂu³¹ tʂʅ³³ tsɿ⁰

种树 tʂoŋ³¹ ʂu³¹

砍树 kʰæ²¹³⁻²³ ʂu³¹

松树 soŋ³³ ʂu⁰

松针 soŋ³³⁻⁵³ tʂən³³

松果儿 soŋ³³ kuor²¹³

松香 soŋ³³⁻⁵³ ɕiɑ̃³³

柏树 pɛ³³ ʂu⁰

桑树 sɑ̃³³ ʂu⁰ 也叫"葚子树 ʂən³¹⁻⁵³ tsɿ⁰ ʂu³¹"。

葚子 ʂən³¹⁻⁵³ tsɿ⁰

桑叶 sɑ̃³³ iə³¹

杨树 iɑ̃⁵³⁻⁵⁵ ʂu⁰

杨树狗儿 iɑ̃⁵³⁻⁵⁵ ʂu⁰ kour²¹³ 杨树的花序。

柳树 liou²¹³⁻²³ ʂu³¹

荆条 tɕin³³ tʰiɔ⁰

榆树 y⁵³⁻⁵⁵ ʂu⁰

槐树 xuɛ⁵³⁻⁵⁵ ʂu⁰ 一般指洋槐。

笨槐 pən³¹ xuɛ⁵³ 国槐。

槐子 xuɛ⁵³⁻⁵⁵ tsɿ⁰ 笨槐的花儿。

槐了豆儿 xuɛ⁵³⁻⁵⁵ lɤ⁰ tour³¹ 笨槐的果实。

枣树 tsɔ²¹³⁻²³ ʂu³¹

苹果树 pʰiŋ⁵³⁻⁵⁵ kuə⁰ ʂu³¹

梨树 li⁵³⁻⁵⁵ ʂu⁰

桃树 tʰɔ⁵³⁻⁵⁵ ʂu⁰

竹子 tʂu³³ tsɿ⁰

竹笋 tʂu³³ ɕyən²¹³

竹竿儿 tʂu³³⁻⁵³ kɛr³³

竹子叶儿 tʂu³³ tsɿ⁰ iʅʅr³¹

席篾儿 ɕi⁵³ məʅ²¹³ 高粱杆或芦苇的外皮破成的细条儿。"篾"的韵母疑受前字影响发生异化。

（四）瓜果

水果儿 ʂuei²¹³⁻⁵³ kuor²¹³

干果儿 kæ³³ kuor²¹³

桃儿 tʰɔr⁵³

毛桃儿 mɔ⁵³⁻³¹ tʰɔr⁵³ 未嫁接过的果实较小的桃。

杏儿 ɕiʅʅr³¹

李子 li²¹³⁻²¹ tsɿ⁰

苹果 pʰiŋ⁵³ kuə²¹³

沙果儿 ʂa³³ kuor²¹³

枣儿 tsɔr²¹³

小枣儿 ɕiɔ²¹³⁻⁵³ tsɔr²¹³

大枣儿 ta³¹ tsɔr²¹³

串铃 tʂʰuæ³¹ liŋ⁵³ 用来制作醉枣的脆枣品种。

冬枣儿 toŋ³³ tsɔr²¹³

梨 li⁵³

柿子 ʂʅ³¹⁻⁵³ tsɿ⁰

柿饼子 ʂʅ³¹ piŋ²¹³⁻²¹ tsʅ⁰

石榴 ʂʅ⁵³⁻⁵⁵ liou⁰

柚子 iou³¹⁻⁵³ tsʅ⁰

橘子 tɕy³³ tsʅ⁰

橙子 tʂʰəŋ⁵³⁻⁵⁵ tsʅ⁰

荔枝 li³¹ tʂʅ³³

芒果儿 mã⁵³ kuor²¹³

菠萝 puə³³ luə⁵³

银杏 in⁵³ ɕiŋ³¹

栗子 li³¹⁻⁵³ tsʅ⁰

核桃 xuə⁵³⁻⁵⁵ tʰou⁰

榛子 tʂən³³ tsʅ⁰

瓜 kua³³

瓜子儿 kua³³ tsəɻ²¹³

甜瓜 tʰiæ⁵³⁻⁵⁵ kua⁰

菜瓜 tsʰɛ³¹⁻⁵³ kua⁰

荸荠 pi⁵³⁻⁵⁵ tɕʰi⁰

甘蔗 kæ³³ tɕiə⁰

（五）花草、菌类

菊花儿 tɕy³³ xuʌr⁰

梅花儿 mei⁵³⁻⁵⁵ xuʌr⁰

荷花儿 xuə⁵³⁻⁵⁵ xuʌr⁰

荷叶 xuə⁵³⁻⁵⁵ iə⁰

莲蓬 liæ⁵³⁻⁵⁵ pʰəŋ⁰

水仙花儿 ʂuei²¹³⁻²¹ ɕiæ³³⁻⁵³ xuʌr³³

茉莉花儿 muə³¹ li³¹ xuʌr³³

含羞草 xæ⁵³ ɕiou³³ tsʰɔ²¹³

牵˝棵˝郎 tɕʰiæ³³ kʰɤ⁰ lã⁵³ 牵牛花。

盐蓬花儿 iæ⁵³⁻⁵⁵ pʰən⁰ xuʌr³³

熟˝铁˝花儿 ʂou⁵³⁻⁵⁵ tʰiə⁰ xuʌr³³ 蜀葵。

杜鹃花儿 tu³¹ tɕyæ³³⁻⁵³ xuʌr³³

万年青 uæ³¹ niæ⁵³ tɕʰiŋ³³

仙人掌 ɕiæ³³ ɻen⁵³ tʂɑ̃²¹³

花骨头儿 xua³³⁻⁵³ ku³³ tʰour⁰ 花骨朵。

花瓣儿 xua³³ per³¹

花蕊 xua³³ ɻuei²¹³

谎花儿 xuɑ̃²¹³⁻²¹ xuʌr⁰ 石榴花的雄
花儿（不结果）。

苇子 uei²¹³⁻²¹ tsʅ⁰

蒲棒 pʰu⁵³⁻⁵⁵ pɑ̃⁰ 香蒲的穗。

蘑菇儿丁 muə⁵³⁻⁵⁵ kour⁰ tiŋ³³ 蒲公英。

嘟噜酸 tu⁵³ lu⁰ suæ³³ 酸模叶蓼。

扎蓬 tʂa³³ pʰən⁰ 猪毛菜。

麦蒿 mɛ³¹⁻⁵³ xɔ⁰

老牛妈妈棵 lɔ²¹³⁻²¹ niou⁵³ ma³³ ma⁰
kʰɯə³³ 毛地黄。

拉拉苗 la³³ la⁰ miɔ⁵³

任家菜 ɻən⁵³⁻⁵⁵ tɕiə⁰ tsʰɛ³¹ 指野苋菜，
也叫"野咸菜谷 iə²¹³⁻²¹ ɕiæ⁵³⁻⁵⁵ tsʰɛ
ku³³"。

蒺藜 tɕi⁵³⁻⁵⁵ li⁰

红瘤儿瘤儿 xoŋ⁵³ liour⁵³⁻⁵⁵ liour⁰ 枸杞。

纽子 niou²¹³⁻²¹ tsʅ⁰ 狗尾草。

臭脚丫子 tʂʰou³¹ tɕiɔ³³⁻⁵³ ia³³ tsʅ⁰ 一
年生草本植物，开白色小花，无
分叉，多长在房前屋后。

芦草拃子 lu⁵³⁻⁵⁵ tsʰɔ⁰ tṣa²¹³⁻²¹ tsʅ⁰

茅草 mɔ⁵³⁻⁵⁵ tsʰɔ⁰ 白茅。

灰灰菜 xuei³³ xuei⁰ tsʰɛ³¹

眼茄儿 iæ²¹³⁻²¹ tɕʰiᶇʅ⁵³ 龙葵。

苍子 tsɑ̃³³ tsʅ⁰ 苍耳。

罗咕儿筋 luə⁵³⁻⁵⁵ kur⁰ tɕin³³ 老鹳草。

苘 tɕʰin²¹³ 苘麻。

和尚帽儿 xuə⁵³⁻⁵⁵ tṣʰɑ̃⁰ mɔr³¹ 野西瓜苗。

老牛舌 lɔ²¹³⁻²³ niou⁵³⁻³¹ ṣʅə⁵³ 车前草的花序。

嘟噜丝 tu⁵³⁻⁵⁵ lu⁰ sʅ³³ 菟丝子。

香菇 ɕiɑ̃⁵³ ku³³

蘑菇 muə⁵³⁻⁵⁵ kou⁰

狗尿苔 kou²¹³⁻²³ niɔ³¹ tʰɛ⁵³

药包包 iɔ³¹⁻⁵³ pɔ⁰ pɔ⁰ 一种晒干后粉末可用于伤口止血的蘑菇。

六、动物

（一）牲畜

牲口 ṣəŋ³³ kʰou⁰

畜类 tṣʰu⁵³⁻⁵⁵ li⁰ 泛指家禽牲畜。一般用做骂人的话。"类"韵母异常。

儿马 ʅ⁵³⁻⁵⁵ ma⁰ 公马。

骒马 kʰɯə³¹⁻⁵³ ma⁰ 母马。

骟马 ṣæ³¹⁻⁵³ ma⁰

犍子 tɕiæ³³ tsʅ⁰ 公牛。

骟牛 ṣæ³¹⁻⁵³ niou⁰ 阉割过的公牛。

牸牛 tsʅ³¹⁻⁵³ niou⁰ 母牛。

黄牛 xuɑ̃⁵³ niou⁵³ 一般只称"牛"。

水牛 ṣuei²¹³⁻²¹ niou⁵³

牛犊子 niou⁵³ tu³³ tsʅ⁰

驴 ly⁵³

叫驴 tɕiɔ³¹⁻⁵³ ly⁰ 公驴。

草驴 tsʰɔ²¹³⁻²¹ ly⁰ 母驴。

驴驹子 ly⁵³ tɕy³³ tsʅ⁰

骡子 luə⁵³⁻⁵⁵ tsʅ⁰

驴骡子 ly⁵³⁻⁵⁵ luə⁵³⁻⁵⁵ tsʅ⁰

马骡子 ma²¹³⁻²¹ luə⁵³⁻⁵⁵ tsʅ⁰

儿骡子 ʅ⁵³⁻⁵⁵ luə⁰ tsʅ⁰

骒骡子 kʰɯə³¹⁻⁵³ luə⁰ tsʅ⁰

倒噍儿 tɔ²¹³⁻²³ tɕiɔr³¹ 反刍。

尥蹶儿 liɔ³¹ tɕyə³³ tsʅ⁰ 骡马驴等后腿突然向后踢。

打栏 ta²¹³⁻²¹ læ⁵³ 牛羊发情。

起骒 tɕʰi²¹³⁻²³ kʰɯə³¹ 马或驴发情。

槽圈 tsɔ³³ tɕyæ³¹ 猪被宰杀前行动异常。

降 tɕiɑ̃³³ 动物分娩。

落咕 lɔ³¹⁻⁵³ ku⁰ 牲畜幼崽胎死腹中。

骆驼 luə³¹⁻⁵³ tʰuə⁰

绵羊 miæ⁵⁵ iɑ̃⁰

山羊 ṣæ³³ iɑ̃⁵³

羊羔子 iɑ̃⁵³ kɔ³³ tsʅ⁰

脖呼噜儿 pʰɔ³³ xu⁰ lur⁰ 公羊。

狗 kou²¹³

牙狗 ia⁵³⁻⁵⁵ kou⁰ 公狗。

母狗 mu²¹³⁻²¹ kou⁰

小狗儿 ɕiɔ²¹³⁻⁵³ kour²¹³

哈巴狗儿 xa⁵³ pa⁰ kour²¹³

粘住了 tʂæ³³ tʂu⁰ lɛ⁰ 狗交配的动作。

咬道 iɔ²¹³⁻²³ tɔ³¹ 家中的狗对过路的
　　人吠叫。

猫 mɔ⁵³

郎猫 lɑ̃⁵³⁻⁵⁵ mɔ⁰ 公猫。

女猫 mi²¹³⁻²¹ mɔ⁰ 母猫。"女"字声
　　母为后字同化。

狸花猫 li⁵³⁻⁵⁵ xua⁰ mɔ⁵³ 毛色黄间黑
　　条的猫。

护食 xu³¹ ʂʅ⁵³ 猫狗等护食的行为。

脖猪 pʰɔ³³ tʂu⁰ 公猪。

交猪子 tɕiɔ³³ tʂu⁰ tsʅ⁰ 种猪。

母猪 mu²¹³⁻²¹ tʂu⁰

小猪儿 ɕiɔ²¹³⁻²³ tʂur³³ 也叫"猪秧子
　　tʂu³³⁻⁵³ iɑ̃³³ tsʅ⁰"。

劁猪 tɕʰiɔ³³⁻⁵³ tʂu³³

兔子 tʰu³¹⁻⁵³ tsʅ⁰ 野兔,或泛指兔子。

天马儿 tʰiæ³³ mʌr²¹³ 生肖中"兔"的
　　婉称。

家猫儿 tɕia³³ mɔr⁵³ 家兔。

鸡 tɕi³³

公鸡 koŋ³³ tɕi⁰

小公鸡儿 ɕiɔ²¹³⁻²³ koŋ³³ tɕiəɻ⁰

母鸡 mu²¹³⁻²¹ tɕi⁰ 也叫"草鸡 tsʰɔ²¹³⁻²¹
　　tɕi⁰"。

恋窝的鸡 luæ³¹ uɔ³³ ti⁰ tɕi³³ 正在孵
　　蛋的母鸡。

小母鸡儿 ɕiɔ²¹³⁻²³ mu²¹³⁻²¹ tɕiəɻ⁰

小鸡儿 ɕiɔ²¹³⁻⁵³ tɕiəɻ³³

芦花鸡 lu⁵³⁻⁵⁵ xua⁰ tɕi³³ 黑白花羽毛
　　的鸡。

咕咕头儿鸡 ku⁵⁵ ku⁰ tʰour⁵³ tɕi³³ 头
　　顶羽毛较长的鸡。

鸡蛋 tɕi³³ tæ³¹

下蛋 ɕia³¹ tæ³¹

压蛋儿 ia³³ tɚr³¹ 鸡交配。

孵 fu³³

鸡冠子 tɕi³³ kuæ³³ tsʅ⁰

鸡爪子 tɕi³³ tʂua²¹³⁻²¹ tsʅ⁰

鸭子 ia³³ tsʅ⁰

公鸭 koŋ³³ ia⁰

母鸭 mu²¹³⁻²¹ ia⁰

小鸭子儿 ɕiɔ²¹³⁻²³ ia³³ tsəɻ⁰

鸭蛋 ia³³ tæ³¹

鹅 uɔ⁵³

小鹅儿 ɕiɔ²¹³⁻²¹ uor⁵³

（二）鸟、兽

野兽儿 iə²¹³⁻²³ ʂour³¹

狮子 ʂʅ³³ tsʅ⁰

老虎 lɔ²¹³⁻²³ xu²¹³

母老虎 mu²¹³⁻²¹ lɔ⁵³ xu²¹³

猴儿 xour⁵³

狗熊 kou²¹³⁻²¹ ɕyoŋ⁵³

豹子 pɔ⁵³ tsʅ⁰

狐狸 xu⁵³⁻⁵⁵ li⁰

黄鼬 xuã⁵³⁻⁵⁵ iou⁰

老鼠 lɔ²¹³⁻²¹ ʂu⁰

仓老鼠 tsʰã³³ lɔ⁰ ʂu⁰ 田鼠。

刺猬 tsʰʅ³¹⁻⁵³ uei⁰

地撇¨子 ti³¹⁻⁵³ pʰiə⁰ tsʅ⁰ 鼹鼠。

长虫 tʂʰuã²¹³⁻²¹ tʂʰoŋ⁰ 蛇。"长"韵母受后字同化成合口呼。新派无此同化现象。

小龙儿 ɕiɔ²¹³⁻²³ luor⁵³ 十二生肖中蛇的婉称。相应的"大龙"指龙。

蝎虎溜子 ɕiə³³ xu⁰ liou³³ tsʅ⁰ 蜥蜴。

蝎虎帘¨子 ɕiə³³ xu⁰ liæ⁵³⁻⁵⁵ tsʅ⁰ 壁虎。

鸟儿 niɔr²¹³

老鸹 lɔ²¹³⁻²¹ kua⁰ 乌鸦。

野鹊 iə²¹³⁻²¹ tɕʰiɔ⁰ 喜鹊。

大家 ta³¹ tɕia³³ 麻雀。

燕子 iæ³¹⁻⁵³ tsʅ⁰

巧燕儿 tɕʰiɔ²¹³⁻²³ iər³¹ 所做燕窝较精致的燕子,肚皮黄色。

拙燕儿 tʂuə³³ iər³¹ 所做燕窝较粗糙的燕子,肚皮白色。

大雁 ta³¹ iæ³¹

地鹁 ti³¹ pu²¹³ 大鸨。

野鸽子 iə²¹³⁻²³ kɯ³³ tsʅ⁰ 斑鸠。

鸽子 kɯ³³ tsʅ⁰

鹌鹑 næ³³ tʂʰuən⁰

咕咕鸟儿 ku⁵³⁻⁵⁵ ku⁰ niɔr²¹³ 布谷鸟。

凿打木子 tsɔ⁵³⁻⁵⁵ ta⁰ mu³¹⁻⁵³ tsʅ⁰ 啄木鸟。

夜猫子 iə³¹⁻⁵³ mɔ⁰ tsʅ⁰ 猫头鹰。

倭¨啦儿 uə³³ lʌr⁰ 云雀。多生活在麦地中。

鹦鹉 iŋ³³ ur²¹³

八哥儿 pa³³ kɤr⁰

仙鹤 ɕiæ³³ xuə³¹ 老派也说"ɕiæ³³ xɔ⁵³"。

鹰 iŋ³³

老雕 lɔ²¹³⁻²³ tiɔ³³ 本地一般不区分鹰和雕。

野鸡 iə²¹³⁻²³ tɕi³³

野鸭子 iə²¹³⁻²³ ia³³ tsʅ⁰

鱼鹰 y⁵³⁻⁵⁵ iŋ⁰

檐蝙蝠儿 iæ⁵³⁻⁵⁵ ma⁰ xur³³ 疑由中古 iam pian fu 演化而成(第二字声母受前字韵尾同化,韵母因轻声脱落韵头韵尾;第三字声母弱化)。

翅膀儿 tʂʰʅ³¹⁻⁵³ pʌr⁰ 也叫"翅巴拐子 tʂʰʅ³¹⁻⁵³ pa⁰ kuɛ²¹³⁻²¹ tsʅ⁰"。

嘴 tsuei²¹³

鸟儿窝儿 niɔr²¹³⁻²³ uor³³

哇子 ua⁵³ tsʅ⁰ 夜鹭。谚语:早哇阴,晚哇晴,半夜的哇子等不到明;哇子叫,痦子落。

（三）虫类

蚕 tsʰæ⁵³

蚕蛹 tsʰæ⁵³ yoŋ²¹³

蚕粑粑 tsʰæ⁵³ pa²¹³⁻²¹ pa⁰ 蚕沙。

蛛蛛 tʂu³³ tʂu⁰ 蜘蛛。

蜱蜱 mi²¹³⁻²¹ iã⁰ 蚂蚁。

蜇蜱蜱 tʂʅ³³ mi⁰ iã⁰ 一种会飞的蜇人的蚂蚁。

蝲蝲蛄 la²¹³⁻²¹ la⁰ ku³³ 蝼蛄。

蝎子婆 ɕiə³³ tsʅ⁰ pʰuə⁵³ 土鳖。

地蚕 ti³¹ tʰæ⁵³ 蛴螬。"蚕"声母受前字同化而与单字音不同。

蚂蜱 ma²¹³⁻²¹ pʰi⁰ 蚂蟥。

地蚰 ti³¹ tɕʰy⁵³ 蚯蚓,城关叫"蛐虫子"。

蜗牛儿 uə³³ niour⁵³

屎壳郎 ʂʅ²¹³⁻²¹ kʰə⁰ lã²¹³

蚰蜒 iou³¹⁻⁵³ iæ⁰ 蜈蚣。

钱串子 tɕʰiæ⁵³ tʂʰuæ³¹⁻⁵³ tsʅ⁰ 蚰蜒。

蝎子 ɕiə³³ tsʅ⁰

毛毛虫 mɔ⁵³⁻⁵⁵ mɔ⁰ tʂʰoŋ⁵³

肉虫儿 ɻou³¹ tʂʰuor⁵³

腻虫 ni³¹⁻⁵³ tʂʰoŋ⁰ 蚜虫。

豆虫 tou³¹⁻⁵³ tʂʰoŋ⁰ 绿色,寸许长,吃豆叶的虫子。

蝇子 iŋ⁵³⁻⁵⁵ tsʅ⁰ 苍蝇。

绿豆蝇 ly³¹⁻⁵³ tou⁰ iŋ⁵³

蛆 tɕʰy³³

大尾巴蛆 ta³¹ i²¹³⁻²¹ pa⁰ tɕʰy³³ 鼠尾蛆。

蚊子 uən⁵³⁻⁵⁵ tsʅ⁰

跟头虫儿 kən³³ tʰou⁰ tʂʰuor⁵³ 孑孓。

虱子 ʂʅ³³ tsʅ⁰

虮子 tɕi²¹³⁻²¹ tsʅ⁰ 虱子的卵。

臭虫 tʂʰou³¹⁻⁵³ tʂʰoŋ⁰

圪蚤 kɯə⁵³ tsʰə⁰ 跳蚤。

瞎虻 ɕia³³ məŋ⁵³ 牛虻。

瞎碰 ɕia³³ pʰəŋ³¹ 金龟子。

蟀儿蟀儿 ʂur³¹⁻⁵³ ʂur⁰ 蟋蟀。

蟑螂 tʂã³³ lã⁵³

蚂蚱 ma³¹⁻⁵³ tʂa⁰ 蝗虫。

大单儿 ta³¹ tɐr³³ 蚱蜢。

飞蚂蚱 fei³³ ma⁰ tʂa⁰ 身体较大能飞的蚂蚱。

油蚂蚱 iou⁵³⁻⁵⁵ ma⁰ tʂa⁰ 灰色小型蚂蚱。

压咕噜蹲 ia³¹⁻⁵³ ku⁰ lu⁰ tuən³³ 一种短翅而肥的蚂蚱,又叫牙牙蹲。

唧啦儿 tɕi³³ lʌr⁰ 蝉。

唧啦儿猴儿 tɕi³³ lʌr⁰ xour⁵³ 蝉的幼虫。

麦唧啦儿 mɛ³¹⁻⁵³ tɕi⁰ lʌr⁰ 麦收时出现的小型蝉。

夫﹉停﹉儿 fu³³ tʰiɤ̃xr⁵³ 寒蝉。

蜜蜂 mi³¹⁻⁵³ fəŋ⁰

黄蜂 xuã⁵³⁻⁵⁵ fəŋ⁰ 也叫"土蜂"。

十二连 ʂʅ⁵³ ɚ̃⁻³¹ liæ⁵³ 大马蜂。

弹蜂 tʰæ⁵³⁻⁵⁵ fəŋ⁰ 以木头为巢的蜂。

蜇人 tʂʅ³³ ɻən⁵³

蜂窝 fəŋ³³⁻⁵³ uə³³

蜂蜜 fəŋ³³ mi³¹

蜂儿子 fəŋ³³ əɻ⁵³⁻⁵⁵ tsɻ⁰ 蜂的幼虫。

萤火虫 iŋ⁵³ xuə²¹³⁻²¹ tʂʰoŋ⁵³

臭鼩子 tʂʰou³¹ ta⁵³⁻⁵⁵ tsɻ⁰ 臭大姐。

瞎蛾儿 ɕia³³ uor⁵³ 小的蛾子。

驹⁼里锅⁼ tɕy³³ li⁰ kuə³³ 大的蛾子。

蝴蝶 xu⁵³⁻⁵⁵ tʰiə⁰

蚂螂 ma⁵³⁻⁵⁵ ləŋ⁰ 蜻蜓。

官儿蚂螂 kuər³³ ma⁰ ləŋ⁰ 蓝色或绿
　色的蜻蜓。

钱儿蚂螂 tɕʰier⁵³⁻⁵⁵ ma⁰ ləŋ⁰ 黄色的
　蜻蜓。

水蝎子 ʂuei²¹³⁻²¹ ɕiə⁰ tsɻ⁰ 蜻蜓的幼虫。

花大姐 xua³³ ta³¹ tɕiə²¹³ 瓢虫。

蠓虫子 məŋ²¹³⁻²¹ tʂʰoŋ⁰ tsɻ⁰ 蠓虫。

水牛牛 ʂuei²¹³⁻²¹ niou⁰ niou⁰ 黑色天
　牛，雨后出现。

旱牛牛 xæ³¹⁻⁵³ niou⁰ niou⁰ 背部有白
　点的天牛。

蝈蝈 kuɛ³³ kuɛ⁰ 雄性蝈蝈。

驴驹 ly⁵³⁻⁵⁵ tɕy⁰ 雌性蝈蝈。

刀螂 tɔ³³ ləŋ⁰ 螳螂。

潮虫 tʂʰɔ⁵³⁻³¹ tʂʰoŋ⁵³

巴角儿 pa³³ tɕior⁰ 扁刺蛾幼虫，多为
　绿色，一般生长在枣树上，身体
　带有毒刺。

巴拉虫儿 pa³³ la⁰ tʂʰuor⁵³ 黑甲虫，也
　叫"黑巴拉虫儿"。

黏虫 niæ⁵³⁻⁵⁵ tʂʰoŋ⁰

布⁼局⁼ pu⁵³ tɕy⁰ 吊死鬼儿（槐树上的
　害虫）。

火蛛 xuə²¹³⁻²³ tʂu³³ 叶螨。

豚儿 tur³³ 虫类的尾部。

（四）鱼虾类

鱼 y⁵³

鲤鱼 ly²¹³⁻²¹ y⁰

鲫鱼 tɕi³³ y⁰

草鱼 tsʰɔ²¹³⁻²¹ y⁰

胖头 pʰɑ̃³³ tʰou⁰ 鳙鱼。

白鲢 pɛ⁵³⁻³¹ liæ⁵³

麦穗儿 mɛ³¹ suəɻ³¹ 麦穗鱼。

黄鱼 xuɑ̃⁵³ y⁵³

带鱼 tɛ³¹ y⁵³

鱿鱼 iou⁵³ y⁵³

金鱼 tɕin³³ y⁵³

泥鳅 ni⁵³⁻⁵⁵ tɕʰiou⁰

鳝鱼 ʂæ³¹ y⁵³

鲇鱼 niæ⁵³⁻⁵⁵ y⁰

嘎牙 ka³³ ia⁰ 嘎鱼。

鱼鳞 y⁵³⁻³¹ lin⁵³

鱼刺 y⁵³ tsʰɻ³¹

鱼尿脬 y⁵³ ʂuei³³ pʰɔ⁰

鱼鳃 y⁵³ se³³

鱼子儿 y⁵³ tsəɻ²¹³

鱼苗儿 y⁵³ miɔr⁵³

钓鱼 tiɔ³¹ y⁵³

鱼竿儿 y⁵³ kɐr³³

鱼钩儿 y⁵³ kour³³

渔网 y⁵³ uɑ̃²¹³

虾米 ɕia³³ mi⁰ 泛指小的虾。

大虾 ta³¹ ɕia³³ 较大的虾。

虾仁儿 ɕia³³ ɻɚ̃⁵³

乌龟 u³³⁻⁵³ kuei³³

王八 uɑ̃⁵³⁻⁵⁵ pa⁰ 鳖

螃蟹 pɑ̃⁵³⁻⁵⁵ ɕiə⁰ 老派说"pʰɑ̃⁵³⁻⁵⁵ ɕiɑ̃⁰"。

蟹黄 ɕiə³¹ xuɑ̃⁵³

蛤蟆 xɯə⁵³⁻⁵⁵ ma⁰ 青蛙。

蛤蟆蝌儿蝌儿 xɯə⁵³⁻⁵⁵ ma⁰ kʰəɻ³³ kʰəɻ⁰ 蝌蚪。"蝌"字儿化不合一般规律。

疥蛤蟆 tɕiɤ³¹⁻⁵³ xɤ⁰ ma⁰ 蟾蜍。

齉鼻子 nɑ̃³¹⁻⁵³ pi⁰ tsʅ⁰ 一种叫声闷沉的青蛙。

蛤喇 ka²¹³⁻²¹ la⁰

蛤喇膜儿 ka²¹³⁻²¹ la⁰ muor⁵³ 贝壳。

油星子 iou⁵³ ɕiŋ³³ tsʅ⁰ 水黾。

七、房舍

（一）房子

宅子 tʂɛ⁵³⁻⁵⁵ tsʅ⁰

盖 kɛ³¹

翻盖 fæ̃³³ kɛ³¹

房 fɑ̃⁵³ 整座房子。

院儿 yɐr³¹

三进院儿 sæ̃³³ tɕin³¹ yɐr³¹ 串联在一起的三个院子。

当院儿 tɑ̃³³ yɐr³¹ 与"屋里"相对。

就地 tɕiou³³ ti³¹ 地上。

院墙 yæ̃³¹ tɕʰiɑ̃⁵³

影壁 iŋ²¹³⁻²¹ pei⁰

屋儿 ur³³

外间屋儿 uɤ³¹⁻⁵³ tɕiæ̃⁰ ur³³ 与里间对称，或指客厅。

里间屋儿 li²¹³⁻²¹ tɕiæ̃⁰ ur³³ 与外间对称，或指卧室。

大房 ta³¹ fɑ̃⁵³ 正房。

配房 pʰei³¹ fɑ̃⁵³ 厢房。

平房 pʰiŋ⁵³⁻³¹ fɑ̃⁵³

楼房 lou⁵³ fɑ̃⁵³

楼上 lou⁵³ ʂɑ̃³¹

楼下 lou⁵³ ɕia³¹

门楼儿 mən⁵³⁻³¹ lour⁵³

楼梯 lou⁵³ tʰi³³

梯子 tʰi³³ tsʅ⁰

阳台 iɑ̃⁵³ tɛ⁵³

晾台 liɑ̃³¹ tʰɛ⁵³ 晒台。

碱 tɕiæ̃²¹³ 房屋底部用草或油毡做的防水层。

打碱 ta²¹³⁻²³ tɕiæ̃²¹³ 建造房屋碱以下的部分。也叫"按碱 næ̃³¹ tɕiæ̃²¹³"。

泥 ni³¹ 用流体材料(泥、水泥等)抹墙。

(二)房屋结构

房顶 fɑ̃⁵³ tiŋ²¹³ 泛指房顶和屋顶(天花板)。

房檐儿 fɑ̃⁵³⁻³¹ iɚ⁵³

房梁 fɑ̃⁵³⁻³¹ liɑ̃⁵³

檩条儿 lin²¹³⁻²¹ tʰiɔɚ⁵³

椽子 tʂʰuæ⁵³⁻⁵⁵ tsʅ⁰

笆 pa³³ 芦苇编织成的垫在檩条上的席,用于托住屋顶的其他材料。

扎顶间 tsa³³ tiŋ²¹³⁻²¹ tɕiæ⁰ 吊顶。

捶房顶 tʂʰuei⁵³ fɑ̃⁵³ tiŋ²¹³ 用白灰或水泥加固房顶。

龙口瓦 loŋ⁵³⁻⁵⁵ kuᵒ ua²¹³ 房顶的滴水瓦。"口"字声韵因轻声异常。

过木 kuə³¹⁻⁵³ muᵒ 门窗上方拖住砖瓦的横梁。

柱子 tʂu³¹⁻⁵³ tsʅ⁰

台阶儿 tʰɛ⁵³ tɕiɚ³³

将ˮ嚓ˮ子 tɕiɔ⁵³ tʂʰʌ³³ tsʅ⁰ 屋门外高出院子的小平台。

正门儿 tʂəŋ³¹ məɚ⁵³

后门儿 xou³¹ məɚ⁵³

屋门 u³³ mən⁵³

院门 yæ³¹ mən⁵³

月亮门儿 yə³¹⁻⁵³ liɑ̃⁰ məɚ⁵³ 两个相邻的院子在共享的院墙上开的圆形门。

门弦ˮ子 mən⁵³⁻³¹ ɕiæ⁵³⁻⁵⁵ tsʅ⁰ 门槛儿。

门后头 mən⁵³ xou³¹⁻⁵³ tʰou⁰

门插活儿 mən⁵³ tʂʰa³³ xuor⁰ 门栓。

门扇 mən⁵³ ʂæ³¹

门帘吊儿 mən⁵³⁻⁵⁵ liæ⁰ tiɔɚ³¹ 用于扣锁的铁片。

锁 suə²¹³

钥匙 iɔ³¹⁻⁵³ ʂʅ⁰

窗户 tʂʰuɑ̃³³ xu⁰

窗棂子 tʂʰuɑ̃³³ liŋ⁵³⁻⁵⁵ tsʅ⁰

窗台 tʂʰuɑ̃³³ tʰɛ⁵³

隔山墙 tɕiə³³ ʂæ̃⁰ tɕʰiɑ̃⁵³ 用于隔开不同房间的内墙。

前山 tɕʰiæ⁵³ ʂæ³³ 房屋的前墙。

后山 xou³¹ ʂæ³³ 房屋的后墙。

过道儿 kuə³¹ tɚ³¹

夹道儿 tɕia³³ tɚ³¹ 小的过道儿。

楼道 lou⁵³ tɔ³¹

楼板 lou⁵³ pæ²¹³

(三)其他设施

做饭的屋儿 tsou³¹ fæ³¹⁻⁵³ tiᵒ ur³³ 厨房。

灶筒 tsɔ³¹⁻⁵³ tʰəŋ⁰ "筒"字韵母因轻声弱化。

灶火塘 tsɔ³¹⁻⁵³ xuə⁰ tʰɑ̃⁵³

烧火棍 ʂɔ³³ xuə⁰ kuən³¹

炕 kʰɑ̃³¹

盘炕 pʰæ⁵³ kʰɑ̃³¹ 垒炕。

茅厕 mɔ⁵³⁻⁵⁵ tsʅ⁰

茅屎窖子 mɔ⁵³⁻⁵⁵ ʂʐ̩⁰ tɕiɔ⁵³ tsʐ̩⁰ 茅坑。

窠嗒窑儿 kʰɯə³³ ta⁰ iɔr⁵³ 室内墙上挖出的放灯具或杂物的洞。

天堂儿 tʰiæ³³ tʰʌr⁵³ 正房墙壁上开出的祭祀用的小洞。

牲口棚 ʂəŋ³³ xu⁰ pʰəŋ⁵³ "口"字声韵因轻声异常。

磨棚 muə³¹⁻⁵³ pʰəŋ⁰

碾棚 niæ²¹³⁻²¹ pʰəŋ⁰

猪圈 tʂu³³ tɕyæ³¹

猪甀子 tʂu³³ tʂʰæ³¹⁻⁵³ tsʐ̩⁰ 猪食槽。

羊圈 iɑ⁵³ tɕyæ³¹

狗窝 kou²¹³⁻²³ uə³³

鸡窝 tɕi³³⁻⁵³ uə³³

鸡笼 tɕi³³ loŋ⁵³

柴火垛 tʂʰɛ⁵³⁻⁵⁵ xuə⁰ tuə³¹

柴火棚子 tʂʰɛ⁵³⁻⁵⁵ xuə⁰ pʰəŋ⁵³⁻⁵⁵ tsʐ̩⁰

厦子 ʂa³¹⁻⁵³ tsʐ̩⁰ 仅有支柱和顶的简易棚子，一般靠墙。

篱笆 li⁵³⁻⁵⁵ pa⁰

山药窖 ʂæ³³ iɔ⁰ tɕiɔ³¹ 冬天用来储存山药的地窖，窖口和窖身一般都仅容一人上下，窖底较宽，向外挖两个或数个储藏洞。多设在院内，有的也设在村庄近郊。也用来储存其他物品。

砖摞 tʂuæ³³ luə⁵³ 整齐码放在一起的砖垛。

八、器具、用品

（一）一般家具

家具 tɕia³³ tɕy⁰

立柜 li³¹ kuei³¹

躺柜 tʰɑ²¹³⁻²³ kuei³¹

坐柜 tsuə³¹ kuei³¹

床头柜儿 tʂʰuɑ⁵³ tʰou⁵³ kuəɻ³¹

酒柜儿 tɕiou²¹³⁻²³ kuəɻ³¹

橱 tʂʰu⁵³

碗橱儿 uæ²¹³⁻²¹ tʂʰur⁵³

桌子 tʂuə³³ tsʐ̩⁰

圆桌儿 yæ⁵³ tʂuor³³

方桌儿 fɑ³³⁻⁵³ tʂuor³³

八仙桌 pa³³⁻⁵³ ɕiæ⁵³ tʂʰuə³³

案子 næ³¹⁻⁵³ tsʐ̩⁰

办公桌儿 pæ³¹ koŋ³³⁻⁵³ tʂuor³³

饭桌儿 fæ³¹ tʂuor³³

台布 tʰɛ⁵³ pu³¹

桌围子 tʂuə³³ uei⁵³⁻⁵⁵ tsʐ̩⁰

抽抽儿 tʂʰour³³ tʂʰour⁰

椅子 i²¹³⁻²¹ tsʐ̩⁰

躺椅 tʰɑ²¹³⁻²³ i²¹³

椅子背儿 i²¹³⁻²¹ tsʐ̩⁰ pəɻ³¹

椅子掌儿 i²¹³⁻²¹ tsʐ̩⁰ tʂʰʐ̩r³¹

板凳 pæ²¹³⁻²³ təŋ⁰ 专指长条形的板凳。

板凳儿 pæ²¹³⁻²³ tʅɤr³¹

凳子 təŋ³¹⁻⁵³ tsʅ⁰

圆凳子 yæ⁵³ təŋ³¹⁻⁵³ tsʅ⁰

高凳子 ko³³ təŋ³¹⁻⁵³ tsʅ⁰

杌柵ᵘ子 u³¹ tʂa³¹⁻⁵³ tsʅ⁰ 一种小型的凳子。

马扎儿 ma²¹³⁻²¹ tʂʌr⁵³

铺摊子 pʰu³¹ tʰæ³³ tsʅ⁰ 玉米苞皮儿编成的圆坐垫。

墩儿 tuəʅ³³ 坐垫。也叫"坐墩儿"，一般为麦秆编成，方形。

坐物儿 tsuə³¹ ur³¹ 泛指用来坐的东西。

（二）卧室用具

床 tʂʰuɑ̃⁵³

床板 tʂʰɑ̃⁵³ pæ²¹³

铺 pʰu³¹ 简易的床。

炕 kʰɑ̃³¹

蚊帐 uən⁵³⁻⁵⁵ tʂɑ̃⁰

帐子 tʂɑ̃³¹⁻⁵³ tsʅ⁰ 指红白事时用来随礼的布料。本地无卧室用的帷帐。

毯子 tʰæ²¹³⁻²¹ tsʅ⁰

被子 pei³¹⁻⁵³ tsʅ⁰

炕被 kʰɑ̃³¹ pei³¹ 铺在整个炕上的厚褥子。

被窝儿 pei³¹ uor³³

搭脚被 ta³³⁻⁵³ tɕiɔ³³ pei³¹ 睡觉时在被子上面为了保暖加上的较薄的被子。

被里 pei³¹ li²¹³

被面儿 pei³¹ miɐr³¹

穰子 ɻɑ̃²¹³⁻²¹ tsʅ⁰ 用来填充棉被的弹好的棉花。

套子 tʰɔ³¹⁻⁵³ tsʅ⁰ 用来填充棉被的旧的已经压实的棉花。

床单儿 tʂʰuɑ̃⁵³ tɐr³³

褥子 y³¹⁻⁵³ tsʅ⁰

席 ɕi⁵³

凉席儿 liɑ̃⁵³⁻³¹ ɕiəʅ⁵³

草帘子 tsʰɔ²¹³⁻²¹ liæ⁵³⁻⁵⁵ tsʅ⁰ 草或秫秸编的垫子。

枕头 tʂən²¹³⁻²¹ tʰou⁰

枕套儿 tʂən²¹³⁻²³ tʰɔr³¹

枕芯儿 tʂən²¹³⁻²³ ɕiəʅ³³

梳妆台 ʂu³³⁻⁵³ tʂuɑ̃³³ tʰe⁵³

镜子 tɕiŋ³¹⁻⁵³ tsʅ⁰

箱子 ɕiɑ³³ tsʅ⁰

衣裳架儿 i³³ ʂɑ̃⁰ tɕiʌr³¹ 泛指立在地上的衣架和晾衣架。

尿盔子 niɔ³¹ kʰuei³³ tsʅ⁰ 桶形小便器。

尿盆子 niɔ³¹ pʰən⁵³⁻⁵⁵ tsʅ⁰ 盆形小便器。本地无马桶等大便专用器皿。

火盆 xuə²¹³⁻²¹ pʰən⁰ 炭火盆。

热水袋 ɻuə³¹ ʂuei²¹³⁻²³ tɛ³¹

暖壶 næ²¹³⁻²¹ xu⁵³ 暖水瓶。

（三）炊事用具

风箱 fəŋ³³ ɕiæ⁰ "箱"的韵母异常。

火柱 xuə²¹³⁻²³ tʂu³¹ 通炉子用的铁条。

火钳子 xuə²¹³⁻²¹ tɕʰiæ⁵³⁻⁵⁵ tsʅ⁰

柴火 tʂʰɛ⁵³⁻⁵⁵ xuə⁰

麦秸 mɛ³¹⁻⁵³ tɕiə⁰

豆秸 tou³¹ tɕiə³³

锯末 tɕy³¹ muə³¹

刨花儿 pɔ³¹ xuʌr³³

洋火儿 iɑ̃⁵³ xuor²¹³ 火柴。

烟筒 iæ³³ tʰoŋ⁰

锅 kuə³³

铝锅 ly²¹³⁻²³ kuə³³

　　钢种锅 kɑ̃³³ tʂoŋ²¹³⁻²³ kuə³³ 铝锅的
　　　土称。

沙锅儿 ʂa³³⁻⁵³ kuor³³

大锅 ta³¹ kuə³³

小锅儿 ɕiɔ²¹³⁻²³ kuor³³

锅盖 kuə³³ kɛ³¹

笊叉儿 pi³¹ tʂʰʌr²¹³ 用 Y 形树杈制
　　作的工具，放在铁锅中央用来架
　　住箅子。

盖垫 kɛ³¹⁻⁵³ tiæ⁰ 秸秆编成的锅盖。

炒勺 tʂʰɔ²¹³⁻²³ ʂɔ⁵³ 炒菜的有把儿的锅。

马勺 ma²¹³⁻²¹ ʂɔ⁰ 木勺。勺子圆口和
　　勺把垂直。

提 tʰi⁵³ 卖酱油或香油用的带把小桶。

铲子 tʂʰæ²¹³⁻²¹ tsʅ⁰

水壶 ʂuei²¹³⁻²¹ xu⁵³

碗 uæ²¹³

涮碗 ʂuæ³¹⁻⁵³ uæ⁰

海碗 xɛ²¹³⁻²³ uæ²¹³ 宴席上中间的大碗。

茶杯 tʂʰa⁵³ pei³³

碟子 tie⁵³⁻⁵⁵ tsʅ⁰

勺子 ʂɔ⁵³⁻⁵⁵ tsʅ⁰ 盛饭用的。

小勺儿 ɕiɔ²¹³⁻²¹ ʂɔr⁵³ 喝汤用的。

筷子 kʰuɛ³¹⁻⁵³ tsʅ⁰

筷笼子 kʰuɛ³¹⁻⁵³ loŋ⁵³⁻⁵⁵ tsʅ⁰

盖碗儿 kɛ³¹ uɐr²¹³

酒杯 tɕiou²¹³⁻²³ pei³³

酒盅儿 tɕiou²¹³⁻²³ tʂuor³³

瓯子 nou³³ tsʅ⁰ 小碗。

盘子 pæ⁵³⁻⁵⁵ tsʅ⁰

酒壶 tɕiou²¹³⁻²¹ xu⁵³

酒坛子 tɕiou²¹³⁻²¹ tʰæ⁵³⁻⁵⁵ tsʅ⁰

坛 tʰæ⁵³

罐子 kuæ⁵³ tsʅ⁰

瓢 pʰiɔ⁵³

笊篱 tʂɔ⁵³ li⁰

箩 luə⁵³ 筛面用的圆形细筛。

浅子 tɕʰiæ²¹³⁻²¹ tsʅ⁰ 用柳条编织成的
　　盘状器物，比一般的盘子大，用
　　来盛馒头等。

瓶子 pʰiŋ⁵³⁻⁵⁵ tsʅ⁰

瓶子盖儿 pʰiŋ⁵³⁻⁵⁵ tsʅ⁰ kɐr³¹

礤腾子 tsʰa³³ tʰəŋ⁰ tsʅ⁰ 礤床，将土豆、
　　瓜类等礤成细条儿的工具。

蒜罐子 suæ³¹ kuæ³¹⁻⁵³ tsʅ⁰

砸蒜 tsa⁵³ suæ³¹

切菜刀 tɕʰiə³³ tsʰɛ³¹ tɔ³³

切菜板子 tɕʰiə³³ tsʰɛ³¹ pæ²¹³⁻²¹ tsʅ⁰

面板子 miæ³¹ pæ²¹³⁻²¹ tsʅ⁰

擀面轴儿 kæ²¹³⁻²³ miæ³¹ tʂʰour⁵³ 擀面杖。

药碾子 iɔ³¹ niæ²¹³⁻²¹ tsʅ⁰

笼 loŋ⁵³ 蒸笼。

箅子 pi³¹⁻⁵³ tsʅ⁰

罗咕箅子 luə⁵³⁻⁵⁵ ku⁰ pi⁵³ tsʅ⁰ 高粱秆编成的浅凹形箅子。

盖帘儿 kɛ³¹ liər⁵³ 秫秸秆儿并排编成的圆形平垫子,用来盛放待下锅的饺子、面条等,或用作盖子。

瓮 uəŋ³¹ 水缸。

泔水 kæ³³ ʂuei⁰

炊束 tʂʰuei³³ ʂu⁰ 用黍子秸秆捆扎成的刷碗用的工具。

抹布 ma³³ pu³¹

墩布 tuən³³ pu³¹

（四）工匠用具

刨子 pɔ³¹⁻⁵³ tsʅ⁰

斧子 fu²¹³⁻²¹ tsʅ⁰

锛子 pən³³ tsʅ⁰

锯 tɕy³¹

郎巴凿子 lã⁵³⁻⁵⁵ pa⁰ tsɔ⁵³⁻⁵⁵ tsʅ⁰ 凿子。

尺 tʂʰʅ²¹³

曲尺 tɕʰy³³ tʂʰʅ²¹³

卷儿尺 tɕyer²¹³⁻²³ tʂʰʅ²¹³

墨斗子 mei³¹ tou²¹³⁻²¹ tsʅ⁰

墨线儿 mei³¹⁻⁵³ ɕier⁰

钉子 tiŋ³³ tsʅ⁰

钳子 tɕʰiæ⁵³⁻⁵⁵ tsʅ⁰

镊子 niə⁵³ tsʅ⁰

绳 ʂən⁵³ 较粗较长的绳子。

绳儿 ʂʅɤr⁵³ 较细较短的绳子。

合叶 xuə⁵³⁻⁵⁵ iə⁰

瓦刀 ua³¹⁻⁵³ tɔ⁰

抹子 muə²¹³⁻²¹ tsʅ⁰

泥板 ni³¹⁻⁵³ pæ⁰ 用来涂抹泥或水泥的有柄铁板。

錾子 tsæ³¹⁻⁵³ tsʅ⁰ 谚语:打铁的砧子,冲磨的錾子。

砧子 tʂən³³ tsʅ⁰

剃刀 tʰi³¹ tɔ³³

推子 tʰuei³³ tsʅ⁰

拢子 loŋ²¹³⁻²¹ tsʅ⁰ 梳子。

篦子 pi³¹⁻⁵³ tsʅ⁰ 梳齿较密的梳子。

机子 tɕi³³ tsʅ⁰ 缝纫机。

剪子 tɕiæ²¹³⁻²¹ tsʅ⁰

熨斗儿 yən³¹ tour²¹³

烙铁 lɔ³¹⁻⁵³ tʰiə⁰

烙子 lɔ³¹⁻⁵³ tsʅ⁰ 用来在黄纸上刻铜钱状印记的铁质戳子。

弓子 koŋ³³ tsʅ⁰

纺车 fã²¹³⁻²¹ tʂʰʅə⁰

织布机 tʂʅ³³pu³¹tɕi³³ 根据操作方式不同可分为"床机子"和"拖机子"。

梭子 suə³³ tsʅ⁰

（五）其他生活用品

东西 toŋ³³ ɕi⁰ 多出现在"不是东西、忒认东西（太贪图东西）"等用语中。

么儿 muor³¹ 东西。

么 muə³¹ 什么。

家什儿 tɕia³³ ʂəʅ⁰ 工具。

洗脸盆 ɕi²¹³⁻⁵³ liæ²¹³⁻²¹ pʰən⁵³

洗脸盆架子 ɕi²¹³⁻⁵³ liæ²¹³⁻²¹ pʰən⁵³ tɕia³¹⁻⁵³ tsʅ⁰

洗澡儿盆 ɕi²¹³⁻²³ tsɔr²¹³⁻²³ pʰən⁵³⁻²³

香皂 ɕiã³³ tsɔ³¹ 较新的说法。

肥皂 fei⁵³ tsɔ³¹ 较新的说法。

胰子 i⁵³⁻⁵⁵ tsʅ⁰ 泛指香皂和肥皂。

洗衣粉 ɕi²¹³⁻²³ i⁰ fən²¹³

手缏 ʂou²¹³⁻²¹ tɕiæ⁰ 毛巾。

擦脚的手缏 tsʰa³³⁻⁵³ tɕiɔ³³ ti⁰ ʂou²¹³⁻²¹ tɕiæ⁰

蜡 la³¹ 蜡烛。

煤油灯 mei⁵³⁻³¹ iou⁵³ təŋ³³

灯芯儿 təŋ³³⁻⁵³ ɕiəʅ³³

灯罩儿 təŋ³³ tʂɔr³¹

灯捻儿 təŋ³³ niər²¹³

灯油 təŋ³³ iou⁵³

灯笼 təŋ³³ loŋ⁰

包儿 pɔr³³

钱包儿 tɕʰiæ⁵³ pɔr³³

戳儿 tʂʰuor³³ 印章。

望远镜 uã³¹ yæ²¹³⁻²³ tɕiŋ³¹

糨子 tɕiã³¹⁻⁵³ tsʅ⁰ 浆糊。

顶针儿 tiŋ²¹³⁻²¹ tʂəʅ⁰

线轴儿 ɕiæ³³ tʂour⁵³

针鼻儿 tʂən³³ piəʅ⁵³

针尖儿 tʂən³³⁻⁵³ tɕiər³³

针脚儿 tʂən³³ tɕiɔr⁰

纫针 ɻən³¹ tʂən³³ 把线穿进针鼻儿。

锥子 tʂuei³³ tsʅ⁰

掏耳弯儿 tʰɔ³³ əʅ²¹³⁻²³ uər³³ 掏耳勺儿。

搓板 tsʰuə³³ pæ⁰

棒槌 pã³¹⁻⁵³ tʂʰuei⁰

鸡毛儿掸子 tɕi³³ mɔr⁵³ tæ²¹³⁻²¹ tsʅ⁰

扇子 ʂæ³¹⁻⁵³ tsʅ⁰

荷叶扇子 xuɤ⁵³⁻⁵⁵ iə⁰ ʂæ³¹⁻⁵³ tsʅ⁰ 蒲扇。

拐棍儿 kuɛ²¹³⁻²³ kuəʅ³¹

文明棍儿 uən⁵³⁻⁵⁵ miŋ⁰ kuəʅ³¹

擦屁股纸 tsʰa³³ pʰi³¹⁻⁵³ xu⁰ tsʅ²¹³

戏匣子 tɕʰi³¹ ɕia⁵³⁻⁵⁵ tsʅ⁰ 收音机。"戏"字声母异常。

九、称谓

（一）一般称谓

男的 næ⁵³⁻⁵⁵ ti⁰

女的 ny²¹³⁻²¹ ti⁰

小月孩儿 ɕiɔ²¹³⁻²³ yə³¹⁻⁵³ xɤr⁰ 婴儿。

小孩儿 ɕiɔ²¹³⁻²³ xɤr⁵³

小小子儿 ɕiɔ²¹³⁻²³ ɕiɔ²¹³⁻²¹ tsəʅ⁰ 小男孩儿。

小闺女儿 ɕiɔ²¹³⁻²³ kuei³³ niour⁰ 也叫"小丫头儿 ɕiɔ²¹³⁻²³ ia³³ tʰour⁰"。

老头儿 lɔ²¹³⁻²¹ tʰour⁵³

老头子 lɔ²¹³⁻²¹ tʰou⁵³⁻⁵⁵ tsʅ⁰ 贬义。

老太太 lɔ²¹³⁻²³ tʰɛ³¹⁻⁵³ tʰɛ⁰ 也说"老婆儿 lɔ²¹³⁻²³ pʰuor⁵³"。

老婆子 lɔ²¹³⁻²³ pʰuə⁵³⁻⁵⁵ tsʅ⁰ 贬义。

老小伙子 lɔ²¹³⁻²³ ɕiɔ²¹³⁻⁵³ xuə⁰ tsʅ⁰ 小伙子。

庄稼人 tʂuɑ̃³³ tɕia⁰ ɻən⁵³

一家子 i³³⁻⁵³ tɕia³³ tsʅ⁰ 同姓同宗中血缘较近的。

当家子 tɑ̃³¹ tɕia³³ tsʅ⁰ 同姓同宗中血缘较远的。

当家子合族的 tɑ̃³¹ tɕia³³ tsʅ⁰ xuə³¹ tsu⁵³⁻⁵⁵ ti⁰ 泛指同姓同宗的人。

外地人 ue³¹ ti³¹ ɻən⁵³

当地人 tɑ̃³¹ ti³¹ ɻən⁵³

外国人 ue³¹ kuə²¹³⁻²¹ ɻən⁵³

个人的人儿 kuə³¹ ɻən⁵³⁻⁵⁵ ti⁰ ɻɤr⁵³ 自己人。

外人 ue³¹ ɻən⁵³

客 tɕʰiə³³ 客人（不管是否有亲缘关系，来宾均称"客"）。

新客 ɕin³³⁻⁵³ tɕʰiə³³ 从男方角度，婚礼时从女方来的客人。

老客 lɔ²¹³⁻²³ tɕʰiə³³ 从男方角度，婚礼时从男方来的客人。

装客 tʂuɑ⁵³ tɕʰiə³³ （1）参加婚礼或葬礼时，与主家没有亲戚关系但因需要而临时充作来宾。如：他家那天送亲的人少，我得帮着～去。（2）平时较亲密的亲友突然表现得太过客气，如：你今儿唠个怎么这么客气唉？～呢啊？

娘家客 niɑ̃⁵³⁻⁵⁵ tɕia⁰ tɕʰiə³³

堂客 tʰɑ⁵³ tɕʰiə³³ 旧时对女性客人的称呼。

总理 tsoŋ²¹³⁻²³ li²¹³ 红白喜事的总管。

同岁 tʰoŋ⁵³ suei³¹

内行 nei³¹ xɑ̃⁵³

外行 ue³¹ xɑ̃⁵³

半瓶子醋 pæ³¹ pʰiŋ⁵³⁻⁵⁵ tsʅ⁰ tsʰu³¹

金˭金 tɕin³³ tɕin⁰ 经纪人。

光棍汉子 kuɑ̃³³⁻⁵³ kuɑ̃⁰ xæ³¹⁻⁵³ tsʅ⁰ "棍"

韵母受前字同化。

老姑娘 lɔ²¹³⁻²¹ ku⁰ niɑ̃⁰

童养媳 tʰoŋ⁵³ iɑ̃²¹³⁻²³ ɕi³³

二婚 ɚ̩³¹ xuən³³

寡妇儿 kua²¹³⁻²¹ fur⁰

窑姐儿 iɔ⁵³ tɕiᴇ̯ɣr²¹³

姘头 pʰin³¹⁻⁵³ tʰou⁰

私孩子 sʅ³³ xɛ⁰ tsʅ⁰ 私生子,一般只
　　用来骂人。

犯人 fæ³¹ ɻən⁵³

暴发户儿 pɔ³¹ fa³³ xur³¹

憔"碎"人儿 tɕʰiɔ⁵³⁻⁵⁵ suei⁰ ɻər̩⁵³ 吝啬鬼。

败家子儿 pɛ³¹ tɕia³³ tsɚ̩²¹³

要饭儿的 iɔ³¹ fɐr³¹⁻⁵³ ti⁰

骗子 pʰiæ³¹⁻⁵³ tsʅ⁰

流氓 liou⁵³ mɑ̃⁵³

放迷花的 fɑ̃³¹ mi⁵³ xua³³ ti 拐卖儿童
　　的人。

土匪 tʰu²¹³⁻⁵³ fei²¹³

匪类 fei²¹³⁻²³ lei³¹ 行事霸道、品行不
　　端的人。

贼 tsei⁵³

小偷儿 ɕiɔ²¹³⁻²³ tʰour³³

皮打凿儿 pʰi⁵³⁻⁵⁵ ta⁰ tsɔr⁵³ 调皮孩子,
　　有喜爱意味。

怵窝子 tʂʰu²¹³⁻²¹ uə⁰ tsʅ⁰ 极内向不敢
　　与人交往的人。

能耐梗 nəŋ⁵³⁻⁵⁵ lɛ⁰ kəŋ²¹³ 对自以为

有能耐的人的蔑称。"耐"声母
　　受前字影响异化。

小鸡魔子 ɕiɔ²¹³⁻²³ tɕi³³ muə⁵³⁻⁵⁵ tsʅ⁰ 斤
　　斤计较的人。

小精神儿 ɕiɔ²¹³⁻²³ tɕin³³ ʂəɻ̩⁰ 表现过
　　于积极、待人过于热情的人。

事儿兜子 ʂəɻ̩³¹ tou³³ tsʅ⁰ 爱指责挑事
　　儿的人。

蔫土匪 niæ³³ tʰou⁰ fei²¹³ 不爱说话、
　　反应迟钝的人。"土"韵母异常。

呔 tʰɛ²¹³ 对有能力的人物的带有讽
　　刺意味的称呼:我原先还拿你当
　　个～呢。

　　　　（二）职业称谓

活儿 xuor⁵³ 工作。

工人 koŋ³³ ɻən⁵³

雇工 ku³¹ koŋ³³

长工 tʂʰɑ̃⁵³ koŋ³³

短工 tuæ²¹³⁻²³ koŋ³³

零工 liŋ⁵³ koŋ³³

庄稼人 tʂuɑ̃³³ tɕia⁰ ɻən⁵³

做买卖的 tsou³¹ mɛ²¹³⁻²³ mɛ³¹⁻⁵³ ti⁰

老板 lɔ²¹³⁻²³ pæ²¹³

掌柜的 tʂɑ̃²¹³⁻²³ kuei³¹⁻⁵³ ti⁰

东家 toŋ³³ tɕia⁰

老板娘 lɔ²¹³⁻²³ pæ²¹³⁻²³ niɑ̃⁵³

伙计 xua²¹³⁻²³ tɕi³¹

学徒 ɕiɔ⁵³ tʰu⁵³

客人 kuɤ$^{31-53}$ ȵən^0 顾客。

做小买儿卖儿的 tsou^{31} ɕiɔ$^{213-23}$ mɤr$^{213-23}$ mɤr$^{31-53}$ ti^0

摆摊儿的 pɛ$^{213-23}$ tʰæ^{33} ti^0

教书先生 tɕiɔ$^{33-53}$ ʂu^{33} ɕiæ^{33} ʂəŋ^0

老师 lɔ$^{213-23}$ ʂʅ^{33}

学生 ɕiɔ$^{53-55}$ ʂəŋ^0

同学儿 tʰoŋ$^{53-31}$ ɕiɔr^{53}

朋友 pʰəŋ^{53} iou^{213}

当兵的 tɑ̃$^{33-53}$ piŋ^{33} ti^0

警察 tɕiŋ$^{213-23}$ tʂʰa^{53}

医生 i$^{33-53}$ ʂəŋ^0

　先生 ɕiæ^{33} ʂəŋ^0 医生的老派说法。

司机 sʅ$^{33-53}$ tɕi^{33}

手艺人 ʂou$^{213-23}$ i^{31} ȵən^{53}

木匠 mu$^{31-53}$ tɕiɑ̃^{0}

瓦匠 ua$^{213-23}$ tɕiɑ̃^{31}

铁匠 tʰiə^{33} tɕiɑ̃^{31}

补锅的 pu$^{213-23}$ kuɔ^{33} ti^0

焊锡壶的 xæ^{31} ɕi^{33} xu$^{53-55}$ ti^0

砸衣裳的 tsa^{53} i^{33} ʂɑ̃^{0} ti^0 也叫"裁缝"。

推头的 tʰuei^{33} tʰou$^{53-55}$ ti^0

宰猪的 tsɛ$^{213-23}$ tʂu^{33} ti^0

拉脚儿的 la$^{33-53}$ tɕiɔr^{33} ti^0

伙计 xuɔ$^{213-23}$ tɕi^{31} 合作的人。

大师傅 ta$^{31-53}$ ʂʅ^0 fu^0

奶妈儿 nɛ$^{213-23}$ mʌr^{33}

仆人 pʰu$^{53-55}$ ȵən^0

老妈子 lɔ$^{213-23}$ ma^{33} tsʅ^0

接生婆儿 tɕiə^{33} ʂəŋ^{33} pʰuor^{53}

和尚 xuɤ$^{53-55}$ tʂʰɑ̃^{0}

姑子 ku^{33} tsʅ^0 尼姑。

老道 lɔ$^{213-23}$ tɔ^{31}

大家主儿 ta^{31} tɕia^{33} tʂur^{213} 富裕的、生活讲究的人家。

十、亲属

(一)长辈

长辈 tʂɑ̃$^{213-23}$ pei^{31}

祖宗 tsu$^{213-23}$ tsoŋ^0

祖宗根儿 tsu$^{213-21}$ tsoŋ^{53} kəɻ^{33} 始祖。

老爷爷 lɔ$^{213-23}$ iə$^{53-55}$ iə^0 曾祖父。

老老爷爷 lɔ$^{213-53}$ lɔ$^{213-21}$ iə$^{53-55}$ iə^0 高祖父。

老奶奶 lɔ$^{213-23}$ nɛ$^{213-21}$ nɛ^0 曾祖母。

老老奶奶 lɔ$^{213-53}$ lɔ$^{213-23}$ nɛ$^{213-21}$ nɛ^0 高祖母。

爷爷 iə$^{53-55}$ iə^0

奶奶 nɛ$^{213-21}$ nɛ^0

姥爷 lɔ$^{213-21}$ iə^0

姥姥 lɔ$^{213-21}$ lɔ^0

爸爸 pa$^{31-53}$ pa^0

娘 niɑ̃^{53} 母亲。

老的儿 lɔ²¹³⁻²¹ tər⁰ 对年迈的父亲或母亲的背称。

老丈人 lɔ²¹³⁻²³ tʂɑ̃³¹⁻⁵³ ȵər⁰

丈母娘 tʂɑ̃³¹⁻⁵³ m⁰ niɑ̃⁵³

公公 koŋ³³ koŋ⁰

婆婆 pʰuə⁵³⁻⁵⁵ pʰuə⁰

后爹 xou³¹ tiə³³

后娘 xou³¹ niɑ̃⁵³

干爹 kæ³³⁻⁵³ tiə³³

干娘 kæ³³ niɑ̃⁵³

大伯 ta³¹⁻⁵³ pɛ⁰（1）伯父。（2）岳父的面称。（3）姻伯。

大娘 ta³¹ niɑ̃⁵³（1）伯母。（2）岳母的面称。

叔 ʂou³³

婶子 ʂən²¹³⁻²¹ tsʅ⁰

舅 tɕiou³¹

妗子 tɕin³¹⁻⁵³ tsʅ⁰

姑 ku³³

姨 i⁵³

姑夫 ku³³ fu⁰

姨夫 i⁵³⁻⁵⁵ fu⁰

姑奶奶 ku³³ nɛ²¹³⁻²¹ nɛ⁰

姑夫爷 ku³³ fu⁰ iə⁵³ 姑奶奶之夫。

姨奶奶 i⁵³ nɛ²¹³⁻²¹ nɛ⁰

姨夫爷 i⁵³⁻⁵⁵ fu⁰ iə⁵³ 姨奶奶之夫。

姑姥姥 ku³³ lɔ²¹³⁻²¹ lɔ⁰

姑姥爷 ku³³ lɔ²¹³⁻²¹ iə⁰ 姑姥姥之夫。

姨姥姥 i⁵³ lɔ²¹³⁻²¹ lɔ⁰

姨姥爷 i⁵³ lɔ²¹³⁻²¹ iə⁰ 姨姥姥之夫。

舅爷 tɕiou³¹ iə⁵³ 父亲的舅舅。

舅奶奶 tɕiou³¹ nɛ²¹³⁻²¹ nɛ⁰ 父亲的妗子。

舅姥爷 tɕiou³¹ lɔ²¹³⁻²¹ iə⁰ 母亲的舅舅。

舅姥姥 tɕiou³¹ lɔ²¹³⁻²¹ lɔ⁰ 母亲的妗子。

大爷 ta³¹ iə⁵³ 祖父的兄弟中比祖父年龄大的，也用来面称姑或姨的公公。

大奶奶 ta³¹ nɛ²¹³⁻²¹ nɛ⁰ 大爷的妻子，也用来面称姑或姨的婆婆。

（二）平辈

平辈儿 pʰiŋ⁵³ pəɻ³¹

两口子 liɑ̃²¹³⁻⁵³ kʰou²¹³⁻²¹ tsʅ⁰

男的 næ⁵³⁻⁵⁵ ti⁰ 丈夫。

老头儿 lɔ²¹³⁻²¹ tʰour⁵³ "丈夫"的带戏谑意味的说法。

媳妇儿 ɕi³³ fəɻ⁰

家里 tɕia³³ ni⁰ "媳妇儿"的谦称，一般受"俺们"修饰。

小婆儿 ɕiɔ²¹³⁻²¹ pʰuor⁵³ 小老婆。

大大伯子 ta³¹⁻⁵³ ta⁰ pɛ²¹³⁻²¹ tsʅ⁰ 大伯子。

小叔子 ɕiɔ²¹³⁻²¹ ʂu⁰ tsʅ⁰

大姑儿姐 ta³¹⁻⁵³ kur⁰ tɕiə²¹³

小姑儿 ɕi²¹³⁻²¹ kur⁰

大舅哥 ta³¹ tɕiou³¹ kuə³³

小舅子 ɕiɔ²¹³⁻²³ tɕiou³¹⁻⁵³ tsʅ⁰

大姨子 ta³¹ i⁵³⁻⁵⁵ tsʅ⁰

小姨子儿 ɕiə²¹³⁻²³ i⁵³⁻⁵⁵ tsəʐ⁰

弟兄 ti³¹⁻⁵³ ɕyoŋ⁰

哥们儿 kuə³³ məʐ⁰

姐们儿 tɕiə²¹³⁻²¹ məʐ⁰

哥 kuə³³

嫂子 sɔ²¹³⁻²¹ tsʐ⁰

兄弟 ɕyoŋ³³ ti⁰ 弟弟。

兄弟媳妇儿 ɕyoŋ³³ ti⁰ ɕi³³ fəʐ⁰

姐 tɕiə²¹³

姐夫 tɕiə²¹³⁻²¹ fu⁰

妹子 mei³¹⁻⁵³ tsʐ⁰

妹夫儿 mei³¹⁻⁵³ fuʳ⁰

叔伯哥们儿 ʂu³³ pɛ⁰ kuə³³ məʐ⁰ 亲叔伯和堂叔伯兄弟的统称。

亲叔伯哥们儿 tɕʰin³³⁻⁵³ ʂu³³ pɛ⁰ kuə³³ məʐ⁰ 堂兄弟。共祖父不共父的男性平辈。

叔伯哥 ʂu³³ pɛ⁰ kuə³³ 亲叔伯哥或堂叔伯哥。

叔伯兄弟 ʂu³³ pɛ⁰ ɕyoŋ³³ ti⁰ 亲叔伯兄弟或堂叔伯兄弟。

堂叔伯哥们儿 tʰɑ̃⁵³ ʂu³³ pɛ⁰ kuə³³ məʐ⁰ 共曾祖父不共祖父的男性平辈。

当家子一个哥 tɑ̃³¹ tɕia³³ tsʐ⁰ i³³ kɤ⁰ kuə³³ 家族中叔伯哥们以外的某个兄长。

当家子一个兄弟 tɑ̃³¹ tɕia³³ tsʐ⁰ i³³ kɤ⁰ ɕyoŋ³³ ti⁰ 家族中叔伯哥们以外的

某个弟弟。

叔伯姐妹儿 ʂu³³ pɛ⁰ tɕiə²¹³⁻²¹ məʐ⁰ 亲叔伯和堂叔伯姐妹的统称。

亲叔伯姐妹儿 tɕʰin⁵³ ʂu³³ pɛ⁰ tɕiə²¹³⁻²¹ məʐ⁰ 堂姐妹。共祖父不共父的女性平辈。

堂叔伯姐妹儿 tʰɑ̃⁵³ ʂu³³ pɛ⁰ tɕiə²¹³⁻²¹ məʐ⁰ 共曾祖父不共祖父的女性平辈。

叔伯姐 ʂu³³ pɛ⁰ tɕiə²¹³ 亲叔伯姐或堂叔伯姐。

叔伯妹子 ʂu³³ pɛ⁰ mei³¹⁻⁵³ tsʐ⁰ 亲叔伯妹子或堂叔伯妹子。

当家子一个姐 tɑ̃³¹ tɕia³³ tsʐ⁰ i³³ kɤ⁰ tɕiə²¹³ 家族中叔伯姐妹以外的某个姐。

当家子一个妹子 tɑ̃³¹ tɕia³³ tsʐ⁰ i³³ kɤ⁰ mei³¹⁻⁵³ tsʐ⁰ 家族中叔伯姐妹以外的某个妹子。

表兄弟儿 piɔ²¹³⁻²³ ɕyoŋ³³ tiəʐ³¹

表哥 piɔ²¹³⁻²³ kuə³³

表嫂 piɔ²¹³⁻²³ sɔ²¹³

表弟 piɔ²¹³⁻²³ ti³¹

表弟们儿 piɔ²¹³⁻²³ tɕiə²¹³⁻²¹ məʐ⁰

表姐 piɔ²¹³⁻²³ tɕiə²¹³

表妹 piɔ²¹³⁻²³ mei³¹

盟兄弟 məŋ⁵³ ɕyoŋ³³ ti³¹

盟兄巴弟儿的 məŋ⁵³ ɕyoŋ³³ pa³³ tiəʐ³¹

ti⁰ 泛指盟兄弟的成员。

干姐妹儿 kæ̃³³ tɕiə²¹³⁻²¹ məʮ⁰

（三）晚辈

小辈儿 ɕiə²¹³⁻²³ pəʮ³¹

孩子 xɛ⁵³⁻⁵⁵ tsʮ⁰ 子女。

小子 ɕiə²¹³⁻²¹ tsʮ⁰（1）儿子。（2）男孩。

儿 əʮ⁵³ 儿子。

大小子 ta³¹ ɕiə²¹³⁻²¹ tsʮ⁰ 大儿子。

小儿子 ɕiə²¹³⁻²³ əʮ⁵³⁻⁵⁵ tsʮ⁰ 小儿子。

儿媳妇儿 əʮ⁵³ ɕi³³ fəʮ⁰

闺女 kuei³³ niou⁰ 发音有时是 kuei³³ ni⁰。（1）女儿。（2）女孩。

女婿 ny²¹³⁻²¹ ɕy⁰（1）女儿的丈夫。（2）丈夫（少用）。

孙子 suən³³ tsʮ⁰

孙子媳妇儿 suən³³ tsʮ⁰ ɕi³³ fəʮ⁰

孙女儿 suən³³ niour⁰

孙女儿姑爷 suən³³ niour⁰ ku³³ iə⁵³

重孙子 tʰoŋ⁵³ suən³³ tsʮ⁰

重孙女儿 tʰoŋ⁵³ suən³³ niour⁰

搭拉孙儿 ta³³ la⁰ suəʮ³³ 孙子的孙子。

外甥儿 uɛ³¹⁻⁵³ ʂʮʮʮr⁰ 自己（男性）对母亲一方的所有长辈亲属来说，身份都是"外甥儿"。

外甥儿女儿 uɛ³¹⁻⁵³ ʂʮʮʮr⁰ niour²¹³ 自己（女性）对母亲一方的所有长辈亲属来说，身份都是"外甥儿女儿"。

侄儿 tʂəʮ⁵³

侄女儿 tʂʮ⁵³⁻⁵⁵ niour⁰

内侄 nei³¹ tʂʮ⁵³

内侄女儿 nei³¹ tʂʮ⁵³⁻⁵⁵ niour⁰

（四）其他

连襟儿 liæ⁵³ tɕiəʮ³³ 也叫"一担挑"。

亲家 tɕʰin³¹⁻⁵³ tɕia⁰

亲家母 tɕʰin³¹⁻⁵³ tɕia⁰ mu²¹³

亲家 tɕʰin³¹⁻⁵³ tɕia⁰ koŋ³³ 亲家公。

亲戚 tɕʰin³³ tɕʰin⁰ 后字韵母被前字同化。

走亲 tsou²¹³⁻²³ tɕʰin³³

带来的 tɛ³¹ lɛ⁵³⁻⁵⁵ ti⁰ 随母亲改嫁的孩子。

前窝儿里的 tɕʰiæ⁵³⁻⁵⁵ uor⁰ ni⁰ ti⁰ 丈夫前妻的（子女）。

男的 næ⁵³⁻⁵⁵ ti⁰ 男子通称。

老爷们儿 lɔ²¹³⁻²³ iə⁵³⁻⁵⁵ məʮ⁰ 男子通称，与"男的"相比更有口语色彩和突出男性特征意味。

女的 ny²¹³⁻²¹ ti⁰ 女子通称。

老娘们儿 lɔ²¹³⁻²³ nia⁵³⁻⁵⁵ məʮ⁰ 已婚女子通称，蔑称。"娘"字韵母异常。

娘家 niã⁵³⁻⁵⁵ tɕiə⁰

婆婆家 pʰuə⁵³⁻⁵⁵ pʰuə⁰ tɕiə⁰

姥姥家 lɔ²¹³⁻²¹ lɔ⁰ tɕiə⁰

婆母俩 pʰuə⁵³⁻⁵⁵ mu⁰ lia²¹³ 婆媳俩。

丈人家 tʂã³¹⁻⁵³ ʮəʮ⁰ tɕiə⁰

男方 næ⁵³ fã³³

女方 ny²¹³⁻²³ fɑ̃³³

全科人儿 tɕʰyæ⁵³⁻⁵⁵ kʰə⁰ ɹəʅ⁵³ 子女双全、亲属齐全的人。

十一、身体

（一）五官

身子 ʂən³³ tsʅ⁰

身条儿 ʂən³³ tʰiɔɹ⁵³

脑袋 nɔ²¹³⁻²¹ tɛ⁰

奔儿头 pəʅ³³ tʰou⁵³

秃脑袋 tʰu³³ nɔ²¹³⁻²¹ tɛ⁰

扒顶 pa³³ tiŋ²¹³

脑袋顶 nɔ²¹³⁻²¹ tɛ⁰ tiŋ²¹³

后脑勺儿 xou³¹ nɔ²¹³⁻²¹ ʂɔɹ⁵³

脖子 puə⁵³⁻⁵⁵ tsʅ⁰

头发 tʰou⁵³⁻⁵⁵ fa⁰

少白头 ʂɔ³¹ pɛ⁵³⁻³¹ tʰou⁵³

掉头发 tiɔ³¹ tʰou⁵³⁻⁵⁵ fa⁰

麨皮 xu³³ pʰi⁰ 头皮屑。"麨"字声母疑受后字异化。

额了盖 iə²¹³⁻²¹ lə⁰ kɛ³¹ 额头。

突ⁿ细ⁿ儿 tʰu³³ ɕiəʅ³¹ 囟门。

皱纹 tsou³¹ uən⁵³

抬头纹 tʰɛ⁵³ tʰou⁵³ uən⁵³

鬓角儿 pin³¹ tɕiɔɹ³³

辫子 piæ³¹⁻⁵³ tsʅ⁰

纂儿 tsuɐɹ²¹³ 旧时年长妇女束在脑后的团状发髻。

挽个纂儿 uɑ²¹³⁻²³ kɤɹ⁰ tsuɐɹ²¹³ "挽"字韵尾异常。

抓角儿 tʂua³³ tɕiɔɹ⁰ 发束回弯后再捆扎住的发髻。

齐眉穗儿 tɕʰi⁵³⁻⁵⁵ mə⁰ suəʅ³¹

脸 liæ²¹³

脸蛋儿 liæ²¹³⁻²³ tɐɹ³¹

颧骨 tɕʰyæ⁵³⁻⁵⁵ ku⁰

酒窝儿 tɕiou²¹³⁻²³ uɔɹ³³

人中 ɹən⁵³ tsoŋ³³

腮帮子 sɛ³³⁻⁵³ pɑ̃³³ tsʅ⁰

眼 iæ²¹³

眼眶子 iæ²¹³⁻²¹ kʰuɑ̃³¹⁻⁵³ tsʅ⁰

眼珠儿 iæ²¹³⁻²³ tʂuɹ³³ 也叫"眼珠子"。

白眼珠儿 pɛ⁵³ iæ²¹³⁻²³ tʂuɹ³³

黑眼珠儿 xei³³ iæ²¹³⁻²³ tʂuɹ³³

瞳仁儿 tʰoŋ⁵³ ɹəʅ⁵³

眼角儿 iæ²¹³⁻²³ tɕiɔɹ³³

大眼角儿 ta³¹ iæ²¹³⁻²³ tɕiɔɹ³³ 内侧眼角。

眼圈儿 iæ²¹³⁻²³ tɕʰyæ³³

单眼皮儿 tæ³³ iæ⁰ pʰiəʅ⁵³

双眼皮儿 ʂuɑ̃³³ iæ⁰ pʰiəʅ⁵³

眼枝¯毛 iæ²¹³⁻²¹ tʂʅ⁰ mɔɹ⁵³ 睫毛。

眵目糊 tʂʰʅ³³ mə⁰ xu³³ 眼屎。

眼眉 iæ²¹³⁻²¹ mei⁵³

皱眉 tʂou^{31} mei^{53}

鼻子 pi$^{53-55}$ tsʅ^{0}（1）鼻子。（2）鼻涕。

脓带鼻子 niŋ$^{53-55}$ ta^{0} pi$^{53-55}$ tsʅ^{0} 较浓而成形的鼻涕。"带"韵母弱化，"脓"韵腹疑受"鼻"同化。

鼻子痂巴 pi$^{53-55}$ tsʅ^{0} ka^{33} pa^{0} 干鼻涕。

鼻子眼儿 pi$^{53-55}$ tsʅ^{0} iɐr^{213}

鼻子尖儿 pi$^{53-55}$ tsʅ^{0} tɕiɐr^{33}

鼻子尖 pi$^{53-55}$ tsʅ^{0} tɕiæ^{33} 鼻子灵敏。

鼻子翅儿 pi$^{53-55}$ tsʅ^{0} tʂʰʅɣr^{31} 鼻翼。

鼻梁子 pi$^{53-31}$ liɑ̃$^{53-55}$ tsʅ^{0}

酒糟鼻子 tɕiou$^{213-23}$ tsɔ^{33} pi$^{53-55}$ tsʅ^{0}

齄鼻子 nɑ̃$^{31-53}$ pi^{0} tsʅ^{0}

嘴 tsuei^{213}

嘴唇 tsuei$^{213-21}$ tsʰuən^{53}

唾沫 tʰuə$^{31-53}$ mei^{0}

唾沫星子 tʰuə$^{31-53}$ mei^{0} ɕiŋ^{33} tsʅ^{0}

水喇喇 ʂuei$^{213-21}$ la^{53} la^{33} 涎水。

舌头 ʂʅ$^{53-55}$ tʰou^{0}

舌苔 ʂʅ^{53} tʰɛ^{33}

大舌头 ta$^{31-53}$ ʂʅʒ^{0} tʰou^{0}

牙 ia^{53}

门牙 mən$^{53-31}$ ia^{53}

虎牙 xu$^{213-23}$ ia^{53} 尖牙。

龅牙 pɔ^{33} ia^{0}

槽牙 tsʰɔ$^{53-55}$ ia^{0}

牙花˭ia^{53} xua^{33} 牙龈。也说"牙花˭子"。

牙栅˭子 ia^{53} tʂa$^{31-53}$ tsʅ^{0} 因虫牙或外伤形成的残留的断牙。

上膛 ʂɑ̃^{31} tʰɑ̃^{53} 上颚。

耳朵 ɚ$^{213-21}$ to^{0}

耳朵眼儿 ɚ$^{213-21}$ to^{0} iɐr^{213}

耳垂儿 ɚʅ$^{213-21}$ tʂʰuəʅ^{53}

耳髓 ɚʅ$^{213-21}$ suei^{0} 耳屎。

耳闷子 ɚʅ$^{213-23}$ mən^{33} tsʅ^{0} 太阳穴。

耳背 ɚʅ$^{213-23}$ pei^{31}

嘴巴子 tsuei$^{213-23}$ pa$^{31-53}$ tsʅ^{0}

嗓子眼儿 sɑ̃$^{213-21}$ tsʅ^{0} iɐr^{213}

嗓喉儿 sɑ̃$^{213-21}$ xour^{53} 喉结。

气嗓 tɕʰi$^{31-53}$ sɑ̃^{0} 气管。

食嗓 ʂʅ$^{53-55}$ sɑ̃^{0} 食管。

胡子 xu$^{53-55}$ tsʅ^{0}

连鬓胡子 liæ$^{53-55}$ pin^{0} xu$^{53-55}$ tsʅ^{0} 络腮胡子。

八字儿胡儿 pa^{33} tsəʅ^{31} xur^{53}

（二）手、脚、胸、背

肩膀儿 tɕiæ^{33} pʌr^{213} 也叫"膀子 pɑ̃$^{213-21}$ tsʅ^{0}"。

扇子骨 ʂæ$^{31-53}$ tsʅ^{0} ku^{213} 肩胛骨。

膀扇子 pɑ̃$^{213-23}$ ʂæ$^{31-53}$ tsʅ^{0} 肩胛所在的肩膀区域。

溜肩膀儿 liou$^{213-23}$ tɕiæ^{33} pʌr^{213} 下垂型的肩膀。

锁子骨 sua$^{213-21}$ tsʅ^{0} ku^{33} 锁骨。

胳膊 kuə^{33} pʰɛ^{0}

胳膊肘子 kuə^{33} pʰɛ^{0} tʂou$^{213-21}$ tsʅ^{0}

胳肢窝 ka²¹³⁻²¹ tʂaᵒ uə³³ "肢"字韵母
　　受前字同化。

手腕子 ʂou²¹³⁻²¹ uæ³¹⁻⁵³ tsʅᵒ

左手 tsuə²¹³⁻⁵³ ʂou²¹³

右手 iou³¹ ʂou²¹³ 老派也叫"肉⁼手ˌɻou³¹
　　ʂou²¹³"。

手指头 ʂou²¹³⁻²³ tʂʅ³³ tʰouᵒ

手指头节儿 ʂou²¹³⁻²³ tʂʅ³³ tʰouᵒ tɕiɻɻ³³

手指头缝儿 ʂou²¹³⁻²³ tʂʅ³³ tʰouᵒ fuor³¹

膙子 tɕiã²¹³⁻²¹ tsʅᵒ 手或脚上因长期
　　摩擦形成的硬皮。

大拇手指头 ta³¹⁻⁵³ mᵒ ʂou²¹³⁻²³ tʂʅ³³ tʰouᵒ

二拇手指头 əɻ³¹⁻⁵³ mᵒ ʂou²¹³⁻²³ tʂʅ³³
　　tʰouᵒ 食指。

中指 tʂoŋ³³ tʂʅ²¹³ 有书面语意味,口
　　语中无专用词语。

小拇手指头 ɕiɔ²¹³⁻²¹ mᵒ ʂou²¹³⁻²³ tʂʅ³³
　　tʰouᵒ

手指盖儿 ʂou²¹³⁻²³ tʂʅ³³ kɚr³¹

手指头肚儿 ʂou²¹³⁻²³ tʂʅ³³ tʰouᵒ tur³¹

撇子 pʰiə²¹³⁻²¹ tsʅᵒ 拳头。"攥撇子"
　　也说"攥拳儿tsuæ³¹ tɕʰyer⁵³"。

捆子 kuɛ³³ tsʅᵒ 动作量词。表示用巴
　　掌打人的动作。如:打了一捆子。

手心 ʂou²¹³⁻²³ ɕin³³

手背 ʂou²¹³⁻²³ pei³¹

腿 tʰuei²¹³

大腿 ta³¹ tʰuei²¹³

大腿根儿 ta³¹ tʰuei²¹³⁻²³ kəɻ³³

小腿儿 ɕiɔ²¹³⁻²³ tʰuəɻ²¹³

腿肚子 tʰuei²¹³⁻²³ tu³¹⁻⁵³ tsʅᵒ

胳了⁼拜⁼ kuə²¹³⁻²¹ lᵒ pɛ³¹ 膝盖。

胯骨 kʰua³¹⁻⁵³ kuᵒ

裆 tã³³

卡巴裆 kʰa²¹³⁻²¹ paᵒ tã³³ 大腿之间。

屁股 pʰi³¹⁻⁵³ xuᵒ "股"字声母因轻声
　　弱化。

腚眼儿 tiŋ³¹ iæ²¹³⁻²¹ tsʅᵒ 肛门。

屁股蛋子 pʰi³¹⁻⁵³ xuᵒ tæ³¹⁻⁵³ tsʅᵒ

屁股豚儿 pʰi³¹⁻⁵³ xuᵒ tur³³ 屁股。

腚沟子 tiŋ³¹ kou³³ tsʅᵒ 屁股沟儿。

腚呱儿 tiŋ³¹ kuʌr⁵³ 打屁股。一般用
　　于与儿童说话时。

尾巴骨 i²¹³⁻²¹ paᵒ ku³³

鸡巴 tɕi³³ paᵒ 成年人阴茎。

小鸡儿 ɕiɔ²¹³⁻²³ tɕiəɻ³³ 男童阴茎。

小雀儿 ɕiɔ²¹³⁻²³ tɕʰiɔr³³ 男童阴茎的
　　带戏谑意味的说法。

蛋包子 tæ³¹ pɔ³³ tsʅᵒ 阴囊。

蛋儿 tæ³¹ tsəɻ²¹³ 睾丸。

屄 pi³³

屪 tsʰɔ³¹

尿 soŋ⁵³ (1)精液。(2)窝囊、退缩。

脚脖子 tɕiɔ³³ puə⁵³⁻⁵⁵ tsʅᵒ

踝骨 xuɛ⁵³⁻⁵⁵ kuᵒ

脚 tɕiɔ³³

脚丫子 tɕiɔ³³⁻⁵³ ia³³ tsʅ⁰

光着脚 kuã³³ tʂɔ⁰ tɕiɔ³³

脚面 tɕiɔ³³ miæ³¹

脚心 tɕiɔ³³⁻⁵³ ɕin³³

脚尖儿 tɕiɔ³³⁻⁵³ tɕier³³

脚趾头 tɕiɔ³³⁻⁵³ tʂʅ³³ tʰou⁰

脚趾盖儿 tɕiɔ³³⁻⁵³ tʂʅ³³ kɐr³¹

脚后跟 tɕiɔ³³ xou³¹⁻⁵³ kən⁰

脚卡儿巴儿 tɕiɔ³³ kʰʌr²¹³⁻²¹ pʌr⁰ 脚趾之间。

孤拐 ku³³ kuɛ⁰ 脚腕两侧的凸起。

脚印儿 tɕiɔ³³ iəɻ³¹

鱼眼 y⁵³ iæ²¹³ 鸡眼。

心口 ɕin³³ kʰou²¹³

胸脯儿 ɕyoŋ³³ pʰur⁵³

肋条 lei³¹⁻⁵³ tʰiɔ⁰

肋叉子 lei³¹ tʂʰa³³ tsʅ⁰ 肋部。

妈妈 ma³³ ma⁰ 乳房。

奶 nɛ²¹³

肚子 tu³¹⁻⁵³ tsʅ⁰ 腹部。

小肚子 ɕiɔ²¹³⁻²³ tu³¹⁻⁵³ tsʅ⁰ 小腹。

肚脐儿 tu³¹ tɕʰiəɻ⁵³

腰 iɔ³³

后脊梁 xou³¹ tɕi³³ nã⁰ "梁"字声母异常。

大梁骨 ta³¹ liã⁵³ ku³³ 脊梁骨。

(三)其他

旋儿 ɕyɐr²¹³

俩旋儿 lia²¹³⁻⁵³ ɕyɐr²¹³

指纹 tʂʅ²¹³⁻²¹ uən⁵³ 有书面语意味。

斗 tou²¹³

簸箕 puə³¹⁻⁵³ ɕi⁰

汗毛儿 xæ³¹ mɔr⁵³

汗毛眼儿 xæ³¹ mɔ⁵³ ier²¹³

痣 tʂʅ³¹

瘊子 u³¹⁻⁵³ tsʅ⁰

骨头 ku³³ tʰou⁰

筋 tɕin³³

血 ɕiə³³

血管儿 ɕyə³³ kuɐr²¹³

脉儿 mɐr³¹

心 ɕin³³

肝 kæ³³

肺 fei³¹

胆 tæ²¹³

脾 pʰi²¹³

胃 uei³¹

肾 ʂən³¹

肠子 tʂʰã⁵³⁻⁵⁵ tsʅ⁰

大肠 ta³¹ tʂʰã⁵³

小肠儿 ɕiɔ²¹³⁻²³ tʂʰʌr⁵³

尿脬 ʂuei³³ pʰɔ⁰ 膀胱。

猛啦 məŋ²¹³⁻²¹ la⁰ 身高相较之下微高:他比我还～一点儿。

左撇子 tsuə²¹³⁻⁵³ pʰiə²¹³⁻²¹ tsʅ⁰ 也叫"左撇咧 tsuə²¹³⁻⁵³ pʰiə²¹³⁻²³ liə³³"。

十二、疾病、医疗

（一）一般用语

病嘞 piŋ³¹⁻⁵³ lɛ⁰

不得劲儿 pu³³⁻⁵³ tei³³ tɕiəʴ³¹ 不舒服。

不丁对 pu³³⁻⁵³ tiŋ³³ tuei³¹（吃得）不好。也比喻人的关系不好。

小病儿 ɕiɔ²¹³⁻²³ piʴʴr³¹

大病 ta³¹ piŋ³¹

病见轻嘞 piŋ³¹ tɕiæ³¹ tɕʰiŋ³³ lɛ⁰

病好嘞 piŋ³¹ xɔ²¹³⁻²¹ lɛ⁰

请先生 tɕʰiŋ²¹³⁻²³ ɕiæ³³ ʂəŋ⁰ 请医生。

治（病）tʂʴ³¹

看病 kʰæ³¹ piŋ³¹

开药方儿 kʰɛʴ³³ iɔ³¹ fʌr³³

偏方儿 pʰiæ³³⁻⁵³ fʌr³³

抓药 tʂua³³ iɔ³¹

买药儿 mɛ²¹³⁻²³ iər³¹

药铺 iɔ³¹ pʰu³¹ 诊所。

药房 iɔ³¹ fɑ̃⁵³ 现代的药房。

药引子 iɔ³¹ in²¹³⁻²¹ tsʴ⁰

药罐子 iɔ³¹ kuæ³¹⁻⁵³ tsʴ⁰

煎药 tɕiæ³³ iɔ³¹

药膏儿 iɔ³¹ kɔr³³

膏药 kɔ³³ iɔ⁰

药面儿 iɔ³¹ miər³¹

抹药膏儿 muɔ²¹³⁻²³ iɔ³¹ kɔr³³

上药儿 ʂɑ̃³¹ iər³¹

发汗 fa³³ xæ³¹

去火 tɕʰy³¹ xuɔ²¹³

去湿 tɕʰy³¹ ʂʴ³³

解毒 tɕiə²¹³⁻²¹ tu⁵³

消化食儿 ɕiɔ³³ xua⁰ ʂəʴ⁵³

扎针 tʂa³³⁻⁵³ tʂən³³

拔罐子 pa⁵³ kuæ³¹⁻⁵³ tsʴ⁰

赖巴儿 lɛ³¹⁻⁵³ pʌr⁰ 羸弱。

（二）内科

闹肚子 nɔ³¹ tu³¹⁻⁵³ tsʴ⁰

发烧 fa³³⁻⁵³ ʂɔ³³

起鸡皮疙瘩 tɕʰi²¹³⁻²³ tɕi³³ pʰi⁵³ ka³³ ta⁰

伤风 ʂɑ̃³³⁻⁵³ fəŋ³³

冻着 toŋ³¹⁻⁵³ tʂɔ⁰ 感冒。

咳嗽 kʰuɔ³³ sɔ⁰

着 tʂɔ⁵³ 传染。

气喘 tɕʰi³¹ tʂʰuæ²¹³

气管儿炎 tɕʰi³¹ kuɐr²¹³⁻²¹ iæ⁵³

中暑 tʂoŋ³¹ ʂu²¹³

上火 ʂɑ̃³¹ xuɔ²¹³

败火 pɛ³¹ xuɔ²¹³

积食 tɕi³³ ʂʴ⁵³

肚子疼 tu³¹⁻⁵³ tsʴ⁰ tʰəŋ⁵³

胸口疼 ɕyoŋ³³ kʰou²¹³⁻²¹ tʰəŋ⁵³

头眩 tʰou⁵³⁻⁵⁵ ɕyæ⁰ 头晕。

蒙腾 ⁻məŋ³³ tʰəŋ⁰ 头晕。

晕大乎儿的 yən³³ ta⁰ xur³³ ti⁰ 有点晕。

干哕 kæ³³ yə⁰ 恶心。

吐了 tʰu³¹⁻⁵³ lɛ⁰

疝气 ʂæ³¹ tɕʰi³¹

掉叠゠斗 tiɔ³¹ tiə⁵³⁻⁵⁵ tou⁰ 脱肛。

发疟子 fa³³ iɔ³¹⁻⁵³ tsɿ⁰

麻子 ma⁵³⁻⁵⁵ tsɿ⁰

水痘儿 ʂuei²¹³⁻²³ tour³¹

天花儿 tʰiæ³³⁻⁵³ xuʌr³³

种花儿 tʂoŋ³¹ xuʌr³³ 种痘。

伤寒 ʂɑ̃³³ xæ⁵³

黄疸 xuɑ̃⁵³ tæ²¹³

肝炎 kæ³³ iæ⁵³

肺炎 fei³¹ iæ⁵³

胃病 uei³¹ piŋ³¹

烧心 ʂɔ³³ ɕin⁰ 胃部不适。

痨病 lɔ⁵³⁻⁵⁵ piŋ⁰

撒癔症 sa³³ ni³¹⁻⁵³ tʂəŋ⁰ 梦游。

(三)外科

摔着 ʂue³³ tʂɔ⁰

碰着 pʰəŋ³¹⁻⁵³ tʂɔ⁰

蹭破唠点儿皮儿 tsʰəŋ³¹ pʰuə³¹⁻⁵³ lɔ⁰ tiər²¹³⁻²¹ pʰiəɿ⁵³

刺个口子 la⁵³⁻⁵⁵ kɤ⁰ kʰou²¹³⁻²¹ tsɿ⁰

流血 liou⁵³ ɕiə³³

淤血 y³³⁻⁵³ ɕiə³³

肿 tʂoŋ²¹³

套゠棱 tʰɔ⁵³ ləŋ⁰ 溃脓。

长痂巴儿 tʂɑ²¹³⁻²³ ka³³ pʌr⁰ 结痂。

疤瘌 pa³³ la⁰ 疤

痄煞 tʂa³¹⁻⁵³ ʂa⁰ 腮腺炎。

长疮 tʂɑ²¹³⁻²³ tʂʰuɑ̃³³

痔疮 tʂɿ³¹⁻⁵³ tʂʰuɑ̃⁰

疥 tɕiə³¹

癣 ɕyæ²¹³

泛゠ fæ³¹ 荨麻疹。

秃疮 tʰu³³ tʂʰɑ̃⁰ 斑秃。"疮"字韵头因轻声脱落。

口疮 kʰou²¹³⁻²³ tʂʰɑ̃⁰ 口腔溃疡。

痱子 fei³¹⁻⁵³ tsɿ⁰

瘊子 xou⁵³⁻⁵⁵ tsɿ⁰

痦子 u⁵³ tsɿ⁰

黑圪闹子 xei³³⁻⁵³ kɯə³³ nɔ⁰ tsɿ⁰ 雀斑。

粉刺 fən²¹³⁻²³ tsʰɿ³¹

臭胳肢窝 tʂʰou³¹ ka²¹³⁻²¹ tʂa⁰ uə³³ 狐臭。

口臭 kʰou²¹³⁻²³ tʂʰou³¹

大脖子病 ta³¹ puə⁵³⁻⁵⁵ tsɿ⁰ piŋ³¹

齉鼻子 nɑ̃³¹⁻⁵³ pi⁰ tsɿ⁰

公鸭嗓儿 koŋ³³ ia⁰ sʌr²¹³ 嗓音尖而沙哑。

哑巴叽 ia²¹³⁻²¹ pa⁰ tɕi³³ 嗓子低沉嘶哑。

独眼儿龙 tu⁵³ iɐr²¹³⁻²¹ loŋ⁵³

近视眼 tɕin³¹ ʂɿ³¹ iæ²¹³

远视眼 yæ²¹³⁻²³ ʂɿ³¹ iæ²¹³

老花眼 lɔ²¹³⁻²³ xua³³ iæ²¹³

肿眼泡儿 ku²¹³⁻²³ iæ²¹³⁻²³ pɔr³³ 泛指

因天生或因病形成的鼓眼泡儿。

斗鸡眼儿 tou³¹ tɕi³³ iɐr²¹³

怕亮儿 pʰa³¹ liʌr³¹

缠腰蛇 tʂʰæ⁵³ iɔ³³ ʂa⁵³ 带状疱疹。

吃重儿 tʂʰʅ⁵³ tʂuor³¹ 用力过猛导致肌
　肉拉伤扭伤等。

崴 uɛ²¹³

　　　（四）残疾等

抽风 tʂʰou³³⁻⁵³ fəŋ³³ 泛指癫痫、惊厥等。

风瘫 fəŋ³³ tʰæ⁰ 中风。

半身不遂 pæ³¹ ʂən³³ pu³³ suei⁵³

病秧子 piŋ³¹ iɑ̃³³ tsʅ⁰

长远病 tʂʰɑ̃⁵³ yæ²¹³⁻²¹ piŋ³¹ 泛指病因
　不明的各种长期卧床不起的病。

撞克儿 tʂuɑ³¹⁻⁵³ kʰɤr⁰ 中邪。

胖嘚嘚 pʰɑ̃³¹ tei⁵⁵ tei⁰ 对胖子的带有
　玩笑意味的称呼。

瘫 tʰæ³³

瘫子 tʰæ³³ tsʅ⁰

拐子 kuɛ²¹³⁻²¹ tsʅ⁰ 瘸子。

点脚儿 tiæ²¹³⁻²¹ tɕiɐr⁰ 一条腿只能脚
　尖着地的瘸子。

罗锅儿 luə⁵³ kuor³³

罗咕腰儿 luə⁵³⁻⁵⁵ ku⁰ iɐr³³ 因病形成
　的弯腰。

拱肩儿 koŋ³¹ tɕiɐr³³ 轻度的驼背。

聋子 loŋ⁵³⁻⁵⁵ tsʅ⁰

哑巴 ia²¹³⁻²¹ pa⁰

半哑子 pæ³¹⁻⁵³ ia⁰ tsʅ⁰ 有部分听力、
　能说简单、模糊不清的话的人。

噘巴 tɕy³³ pa⁰ 口吃。

瞎子 ɕia³³ tsʅ⁰

矬子 tsʰuə⁵³⁻⁵⁵ tsʅ⁰ 也叫"小矬个儿
　ɕiə²¹³⁻²¹ tsʰuə³³ kɤr³¹"。

矬地魔⁼子 tsʰuə⁵³ ti³¹ muə⁵³⁻⁵⁵ tsʅ⁰
　对矮子的蔑称。

傻瓜 ʂa²¹³⁻²¹ kua⁰

茶懈 niə⁵³⁻⁵⁵ ɕiə⁰ （1）困倦，精神不
　振。（2）呆傻。

实在 ʂʅ⁵³⁻⁵⁵ tsɛ⁰ （1）诚实、老实。（2）
　不聪明。

疯子 fəŋ³³ tsʅ⁰ 精神病人。

疯白瓢 fəŋ³³ pɛ⁰ pʰiɔ⁵³ 放浪不守规
　矩的人。

残胳膊 tsʰæ⁵³⁻⁵⁵ kɤ⁰ pɐr⁰ 手残疾。"膊"
　字声韵异常。

秃子 tʰu³³ tsʅ⁰

秃光光 tʰu³³ kuɑ̃³³⁻⁵³ kuɑ̃⁰ 秃头或剃
　成的光头的形象说法。

麻子 ma⁵³⁻⁵⁵ tsʅ⁰

豁子 xuə³³ tsʅ⁰ 兔唇。

兜唇儿 tou³³ tʂʰəɭ⁰ 下唇比上唇更向
　前突。"唇"字韵头脱落。

没牙老儿 mu²¹³⁻²¹ ia⁰ lər²¹³ 豁牙的人。

六指儿 liou³¹⁻⁵³ tʂəɭ⁰

小人国儿 ɕiə²¹³⁻²¹ ɻən⁵³ kuor²¹³ 侏儒。

二尾子 ȵʅ³¹⁻⁵³ i⁰ tsʅ⁰ 对双性人的蔑称。

实心子 ʂʅ⁵³⁻⁵⁵ ɕin⁰ tsʅ⁰ 先天无法进

行性行为的女性。

虚乎 ɕy³³ xuə⁰ 娇气。

十三、衣服、穿戴

（一）服装

穿着打扮儿 tʂʰuæ³³ tʂɔ⁵³ ta²¹³⁻²³ pɚ³¹

衣裳 i³³ ʂɑ̃⁰

砸衣裳 tsa⁵³ i³³ ʂɑ̃⁰ 用缝纫机做衣服。

西服儿 ɕi³³ fur⁵³

领带 liŋ²¹³⁻²³ te³¹

长袍儿 tʂʰɑ̃⁵³ pʰɔr⁵³

马褂儿 ma²¹³⁻²³ kuʌr³¹

旗袍儿 tɕʰi⁵³ pʰɔr⁵³

棉衣裳 mi⁵³⁻⁵⁵ i⁰ ʂɑ̃⁰

棉袄 miæ⁵³ nɔ²¹³

棉裤 miæ⁵³ kʰu³¹

皮袄 pʰi⁵³ nɔ²¹³

大衣 ta³¹ i³³

大氅 ta³¹ tʂʰɑ̃²¹³ 一般只有童装。

褂子 kua⁵³ tsʅ⁰ 泛指衬衫和外套。

夹袄 tɕia³³ nɔ⁰ 双层布的外套。

毛衣 mɔ⁵³ i³³

毛裤 mɔ⁵³ kʰu³¹

秋衣 tɕʰiou⁵³⁻⁵³ i³³

秋裤 tɕʰiou³³ kʰu³¹

领子 liŋ²¹³⁻²¹ tsʅ⁰ 也叫"脖领子"。

鸡心领儿 tɕi³³⁻⁵³ ɕin³³ liɤr²¹³

领肩儿 liŋ²¹³⁻²³ tɕier³³ 只有领子和肩

部的内穿简易服装，只为造成衬

衫的效果。

坎肩儿 kʰæ²¹³⁻²³ tɕier³³ 也叫"围腰儿"。

背心儿 pei³¹ ɕiəȵ³³ 泛指跨带儿背心

和 T 恤衫。

衣襟儿 i³³⁻⁵³ tɕiəȵ³³

大襟儿 ta³¹ tɕʰiəȵ³³

小襟儿 ɕiɔ²¹³⁻²³ tɕiəȵ³³

对襟儿 tuei³¹⁻⁵³ tɕiəȵ⁰

袖子 ɕiou³¹⁻⁵³ tsʅ⁰

长袖儿 tʂʰɑ̃⁵³ ɕiour³¹

半截袖儿 pæ³¹ tɕiə⁵³ ɕiour³¹

暖袖 næ²¹³⁻²³ ɕiou³¹ 用来揣手保暖的

棉袖筒。

套袖 tʰɔ³¹ ɕiou³¹

裙子 tɕʰyən⁵³⁻⁵⁵ tsʅ⁰

连衣裙儿 liæ⁵³ i³³ tɕʰyəȵ⁵³

百褶裙 pɛ³³ tʂɤ⁰ tɕʰyəȵ⁵³

裤子 kʰu³¹⁻⁵³ tsʅ⁰

单裤 tæ³³ kʰu³¹

裤衩儿 kʰu³¹ tʂʰʌr³³

　裤衩子 kʰu³¹ tʂʰa³³ tsʅ⁰

连脚裤 liæ⁵³ tɕiɔ³³ kʰu³¹

开裆裤 kʰɛ³³⁻⁵³ tɑ̃³³ kʰu³¹

连裆裤 liæ̃^{53} tã^{33} kʰu^{31}

裤裆 kʰu^{31} tã^{33}

裤腰 kʰu^{31} iɔ^{33}

裤腰带 kʰu^{31} iɔ^{33} tɛ^{31}

裤腿儿 kʰu^{31} tʰuəɻ^{213}

兜兜 tou$^{33-55}$ tou^{0} 衣服口袋。前字变调异常。

蒜疙瘩儿 suæ̃^{31} ka^{33} tʌr^{0} 中式纽扣儿的头儿。

扣鼻儿 kʰou^{31} piəɻ^{53} 中式纽扣儿的眼儿。

扣儿 kʰour^{31}

扣眼儿 kʰou^{31} iɐr^{213}

扑＝喳 pʰu^{33} tʂʰa^{0} 废弃的布片。

扑＝喳条子 pʰu^{33} tʂʰa^{0} tʰiɔ$^{53-55}$ tsɿ^{0} 废弃的布条。

光腚油子 kuã^{33} tiŋ^{31} iou$^{53-55}$ tsɿ^{0} 裸体。

脱唠光腚油子 tʰuə^{33} lo^{0} kuã^{33} tiŋ^{31} iou$^{53-55}$ tsɿ^{0} 脱光了衣服。

（二）鞋

鞋 ɕiə^{53}

拖鞋 tʰuə^{33} ɕiə^{53}

靴子 ɕyə^{33} tsɿ^{0} 棉靴子。

夹纸 tɕia^{33} tʂɿ^{0} 碎布黏贴成的硬片，是布鞋鞋底的材料。

鞋样子 ɕiə^{53} iã$^{53-55}$ tsɿ^{0} 鞋的纸质平面模型。

松紧带儿 soŋ^{53} tɕin^{33} tɐr^{31} "紧"声调

异常。

皮鞋 pʰi$^{53-31}$ ɕiə^{53}

毡窝儿 tʂæ̃$^{33-53}$ uor^{33} 毡鞋。

布儿鞋 pur^{31} ɕiə^{53}

草靴 tsʰɔ$^{213-23}$ ɕyə^{33} 冬天穿的厚草鞋。

鞋底儿 ɕiə^{53} tiəɻ^{213}

纳鞋底儿 na^{31} ɕiə^{53} tiəɻ^{213}

麻线 ma^{53} ɕiæ̃^{31} 纳鞋底儿的线。

凉鞋 liã$^{53-31}$ ɕiə^{53}

鞋帮儿 ɕiə^{53} pʌr^{33}

靴子鞡儿 ɕyə^{33} tsɿ^{0} iɔr^{31}

鞋楦 ɕiə^{53} ɕyæ̃^{31}

鞋拔子 ɕiə^{53} pa$^{53-55}$ tsɿ^{0}

油鞋 iou$^{53-31}$ ɕiə^{53} 雨鞋。

鞋带儿 ɕiə^{53} tɐr^{31}

鞋窠乐＝子 ɕiə^{53} kʰɯə^{33} lɯə^{53} tsɿ^{0} 鞋的内部。

活困＝儿 xuə^{53} kʰuəɻ^{31} 活扣。

死困＝儿 sɿ$^{213-23}$ kʰuəɻ^{31} 死扣。

死疙瘩 sɿ$^{213-21}$ kɯə^{53} ta^{33} 死结。

差八儿咧 tʂʰa^{33} pʌr^{0} liə^{213} 鞋穿反了。

袜子 ua$^{31-53}$ tsɿ^{0}

洋线袜子 iã^{31} ɕiæ̃^{31} ua$^{31-53}$ tsɿ^{0} 旧式的针织袜子。

丝袜儿 sɿ^{33} uʌr^{31}

长袜子 tʂʰã$^{33-53}$ ua$^{31-53}$ tsɿ^{0}

短袜子 tuæ̃$^{213-23}$ ua$^{31-53}$ tsɿ^{0}

袜桩儿 ua^{31} tʂuʌr^{33} 袜子套住腿部的

部分。

袜筒儿 ua^{31} t^{h}uor^{213} 袜子套住脚的
　　部分。

裹脚布 kuə$^{213-23}$ tɕiɔ^{33} pu^{31} 也叫"裹
　　脚条子 kuə$^{213-21}$ tɕiɔ^0 t^{h}iɔ$^{53-55}$ tsʅ^0"。

尖儿鞋 tɕieɚ^{33} ɕiə^{53} 小脚老太太穿的鞋。

帽子 mɔ$^{31-53}$ tsʅ^0

皮帽子 p^{h}i^{53} mɔ$^{31-53}$ tsʅ^0

礼帽儿 li$^{213-23}$ mɔr^{31}

瓜皮帽儿 kua^{33} p^{h}i^{53} mɔr^{31}

大盖儿帽儿 ta^{31} kɛr^{31} mɔr^{31} 军帽、警
　　帽等有帽檐的制式帽子。

草帽儿 ts^{h}ɔ$^{213-23}$ mɔr^{31}

帽檐儿 mɔ^{31} iɐr^{53}

前进帽儿 tɕ^{h}iæ^{53} tɕin^{31} mɔr^{31}

　　（三）装饰品

首饰 ʂou$^{213-23}$ ʂʅ^{31}

头绳儿 t^{h}ou$^{53-31}$ ʂʅɤr^{53}

发卡 fa^{31} tɕ^{h}ia^{213}

镯子 tʂuə$^{53-55}$ tsʅ^0

戒指 tɕiə$^{31-53}$ tʂʅ^0

　　镏子 liou$^{31-53}$ tsʅ^0

项链儿 ɕiɑ^{31} liɐr^{31}

锁子 suə$^{213-21}$ tsʅ^0 挂在小儿脖子上
　　的锁状首饰，有祈求平安的含
　　义。现代也用叠成蝴蝶形的纸

币代替。

隔针儿 kɯə^{53} tʂəʅ^{33} 尖头儿的曲别
　　针儿。

别针儿 piə^{53} tʂəʅ^{33} 大头针儿。

簪子 tsæ^{33} tsʅ^0

耳坠儿 əʅ$^{213-23}$ tʂuəʅ^{31}

耳环 əʅ$^{213-23}$ xuæ^{53}

胭脂 iæ^{33} tʂʅ^0

粉 fən^{213}

油儿 iouɚ^{53} 泛指液体状的化妆品和
　　护肤品。

搓油儿 ts^{h}uə^{33} iouɚ^{53}

扎裹儿 tʂa^{33} kuor^0 装饰品。

　　（四）其他穿戴用品

围裙 uei$^{213-21}$ tɕ^{h}yən^0

架啦包 ka$^{31-53}$ la^0 pɔ^{33} 围嘴儿。

褡子 tɕiə$^{31-53}$ tsʅ^0

围脖儿 uei$^{53-31}$ puor^{53}

盖头 kɛ$^{31-53}$ t^{h}ou^0

手套儿 ʂou$^{213-23}$ t^{h}ɔr^{31}

眼镜儿 iæ$^{213-23}$ tɕiŋɤr^{31}

伞 sæ^{213}

蓑衣 suə^{33} i^0

雨衣 y$^{213-23}$ i^{33}

手表 ʂou$^{213-23}$ piɔ^{213}

十四、饮食

(一)伙食

吃饭 tʂʰ̩³³ fæ³¹

早起饭 tsɔ²¹³⁻²¹ tɕʰi⁰ fæ³¹

晌午饭 ʂɑ̃²¹³⁻²¹ xuə⁰ fæ³¹

后晌饭 xou⁵³ xɑ̃⁰ fæ³¹ "晌"字声母因轻声弱化。

打尖 ta²¹³⁻²³ tɕiæ³³

吃的 tʂʰ̩³³ ti⁰ 泛指食物。

零碎 liŋ⁵³⁻⁵⁵ suei⁰ 零食。

点心 tiæ²¹³⁻²¹ ɕin⁰

夜宵儿 iə³¹ ɕiɔɻ³³

吃夜宵儿 tʂʰ̩³³ iə³¹ ɕiɔɻ³³

糖母˭墩˭儿 tʰɑ̃⁵³⁻⁵⁵ m⁰ təɻ³¹ 糖葫芦。

(二)米食

米饭 mi²¹³⁻²³ fæ³¹

投米 tʰou⁵³ mi²¹³ 淘米。

捞干饭 lɔ⁵³ kæ³³ fæ³¹

乱乎儿饭 luæ³¹⁻⁵³ xuɻ⁰ fæ³¹ 稠而黏的稀饭。

焖饭 mən³¹ fæ³¹

剩饭 ʂəŋ³¹ fæ³¹

糊嘞 xu⁵³⁻⁵⁵ lɛ⁰

馊嘞 sou³³ lɛ⁰

味儿嘞 uɚ³¹⁻⁵³ lɛ⁰ 因变质而散发臭味儿。

丝囊 sɻ³³ nɑ̃⁰ 面食因变质而出现霉丝。

飞囊 fei³³ nɑ̃⁰ 面食因泡水而散软变质。

嘎喳 ka³³ tʂa⁰ 熬玉米粥时黏结在锅底的面块。

嘎巴儿 ka³³ pʌɻ⁰ 锅巴。

粥 tʂou³³ 可泛指各类粥,但通常默认为玉米粥。

熬粥 nɔ⁵³ tʂou³³

澥里˭ ɕiə³¹⁻⁵³ li⁰ 玉米粥因搅拌或久放变面和水分离。

饭汤 fæ³¹ tʰɑ̃³³ 米汤。

粽子 tʂoŋ³¹⁻⁵³ tsɻ⁰

切糕 tɕʰia³³⁻⁵³ kɔ³³ 用糯米、糖和红枣蒸制成的甜点,一般整个放在方木板上售卖,边卖边切。

(三)面食

面 miæ³¹ 面粉。

面条儿 miæ³¹ tʰiɔɻ⁵³

挂面 kua³¹ miæ⁰

冷汤 ləŋ²¹³⁻²³ tʰɑ̃³³ 拌面。一般做法是面条煮熟后过冷水,用几种炒菜和麻酱、蒜泥等拌在一起后食用,是主要的正餐品种。

热挑儿 ʐuə³¹tʰiɔɻ²¹³ 不过冷水的冷汤。

擀冷汤 kæ²¹³⁻²³ ləŋ²¹³⁻²³ tʰɑ̃³³ 擀做冷汤用的面条。

煮汤 tʂu²¹³⁻²³ tʰɑ̃³³ 煮面条儿。

卤子 lu²¹³⁻²¹ tsʅ⁰ 将调好的鸡蛋打入菜汤中做成的菜品，一般用来拌面。

热汤 ɻua³¹ tʰɑ̃³³ 汤面。

汤条儿 tʰɑ̃³³ tʰiɔr⁵³ 煮熟的面条。

片儿汤 pʰier³¹ tʰɑ̃³³ 用面片儿做成的汤面。

疙瘩汤 ka³³ ta⁰ tʰɑ̃³³ 面疙瘩煮成的汤。

茶汤 tʂʰa⁵³⁻⁵⁵ tʰən⁰ 用面粉做成的粥。"汤"字韵母异常。

籴儿籴儿汤 kʌr⁵³⁻⁵⁵ kʌr⁰ tʰɑ̃³³ 用菱形的玉米面块煮成的汤面。

蒸干的 tʂən³³⁻⁵³ kæ³³ ti⁰

馒头 mæ⁵³⁻⁵⁵ tʰou⁰ 也叫"饽饽 puə³³ puə⁰"。

高桩儿馒头 kɔ⁵³ tʂuʌr³³ mæ⁵³⁻⁵⁵ tʰou⁰ 高的近圆锥形的馒头。

包子 pɔ³³ tsʅ⁰

团子 tuæ⁵³⁻⁵⁵ tsʅ⁰ 玉米面皮儿的包子。馅儿一般用干菜、茴香等制成。

馃子 kuə²¹³⁻²¹ tsʅ⁰ 油条。

炸糕 tʂa⁵³ kɔ³³ 油炸的糖馅儿小饼。

烧饼 ʂɔ³³ pin⁰ 名词。多层。制作烧饼的过程因烧饼种类不同分别叫作"打烧饼、烙烧饼"。

火烧 xuə²¹³⁻²¹ ʂɔ⁰ 名词。单层烧饼。

饼 pin²¹³ 烙饼。

死面饼 sʅ²¹³⁻²³ miæ³¹ pin²¹³

发面饼 fa³³ miæ³¹ pin²¹³

揣面 tʂʰuɛ³³ miæ³¹ 往湿面团里加揉干面。

焖饼 mən³³ pin²¹³

烩饼 xuei³¹ pin²¹³

煎饼 tɕiæ³³ pin⁰ 用凸形的煎饼锅烙成的小米面饼，中间薄、边缘厚。

鸡蛋饽饽 tɕi³³ tæ³¹ puə³³ puə⁰ 用鸡蛋和面粉搅拌后烙制的软而薄的饼。

饼子 pin²¹³⁻²¹ tsʅ⁰ 椭圆形的玉米饼，贴在铁锅中部蒸熟。

贴饼子 tiə³³ pin²¹³⁻²¹ tsʅ⁰

烀饼 xu³³ pin⁰ 烙制的玉米饼。

杀饼子 ʂa³³ pin²¹³⁻²¹ tsʅ⁰ 把饼子切成块儿，用酱油、醋等凉拌着吃。

窝头 uə³³ tʰou⁵³

捧子 pʰən²¹³⁻²¹ tsʅ⁰ 蒸制的玉米面食，外形因为双手捧压而成山形。

拿⁻构⁻ na⁵³⁻⁵⁵ kou⁰ 用野菜或槐花、榆钱等拌玉米面蒸制的散状面食。

卷子 tɕyæ²¹³⁻²¹ tsʅ⁰ 花卷或方形馒头。

枣儿卷子 tsɔr²¹³⁻²³ tɕyæ²¹³⁻²¹ tsʅ⁰

干的 kæ³³ ti⁰ 馒头、包子、卷子的统称。

熯锅 tʂua³¹ kuə³³ 把馒头放到锅里的箅子上准备蒸。

花糕 xua³³ kɔ⁰ 用面粉和枣蒸制的面食。用大小不一的厚圆面片层叠成圆锥形，间隔以枣。一般过年前蒸制,过年时每餐饭后留一个花糕放在锅里"压锅"。

年糕 niæ⁵³ kɔ³³ 用黍子面等黏面和枣蒸制的窝头。一般过年时制作。不带枣的叫"瞎年 ɕia³³ niæ⁵³"。

饺子 tɕio³³ tsʅ⁰ 一般指水饺,也可指包成饺子形状的包子。

馅儿 ɕiɚ³¹

剂子 tɕi⁵³ tsʅ⁰

擀剂子 kæ²¹³⁻²³ tɕi⁵³ tsʅ⁰

包饺子 pɔ⁵³ tɕio³³ tsʅ⁰ (1)制作饺子的全过程。(2)专指将饺子皮儿放上馅儿之后把饺子皮儿对折沿边缘捏合在一起,形成半月形饺子的过程。

挤饺子 tɕi²¹³⁻²³ tɕio³³ tsʅ⁰ 将饺子皮儿放上馅儿之后双手把饺子皮儿向中央挤压粘合,形成贝壳形饺子。

粥饺子 tʂou⁵³ tɕio³³ tsʅ⁰ 饺子和玉米粥混在一起煮成的面食。也叫"饺子粥"。

煎饺子 tɕiæ⁵³ tɕio³³ tsʅ⁰ 吃剩的饺子下顿再吃时用油煎制。动宾或定中结构。

饺子汤儿 tɕio³³ tsʅ⁰ tʰʌr³³

埠面 pu⁵³⁻⁵⁵ miæ⁰ 擀饺子皮或面条时洒在面皮间或案板上防止粘连的干面,多用玉米面。

合子 xuə⁵³⁻⁵⁵ tsʅ⁰ (1)用两个圆形饺子皮夹馅儿,捏合边缘形成的圆形饺子,一般在大年初三时制作食用。(2)圆形的烙制成的馅儿饼。

馄饨 xuən⁵³⁻⁵⁵ tuən⁰

蛋糕 tæ³¹ kɔ³³ 馒头大小的圆形蛋糕。槽子糕 tsʰɔ⁵³⁻⁵⁵ tsʅ⁰ kɔ³³ 蛋糕的旧称。

元儿宵 yɚ⁵³ ɕio³³ 元宵。

月饼 yə³¹⁻⁵³ piŋ⁰

饼干儿 piŋ²¹³⁻²³ kɚr³³

面肥 miæ³¹ fei⁵³ 发酵用的面团儿。也叫"肥面 fei⁵³⁻⁵⁵ miæ⁰"。

片粉 pʰiæ³¹⁻⁵³ fən⁰ 本地特产的一种厚粉皮。

(四)肉、蛋

肉片儿 ɻou³¹ pʰiɚr³¹

肉丝儿 ɻou³¹ sɚr³³

肉末儿 ɻou³¹ muor³¹

肉皮 ɻou³¹ pʰi⁵³

白肉 pɛ⁵³ ɻou³¹ 宴席上的白色蒸肉。

红肉 xoŋ⁵³ ɻou³¹ 宴席上的红色蒸肉。

拽子肉 tʂuɛ²¹³⁻²¹ tsʅ⁰ ɻou³¹ 东坡肉。

丝丝肉儿 sʅ³³ sʅ⁰ ɻour³¹ 瘦肉。

方子肉 fɑ̃³³ tsʅ⁰ ɻou³¹ 切成大方块炖熟的猪肉。

紧 tɕin²¹³ 用沸水焯猪肉使其半熟并去腥,以备制作炒菜。

肘子 tʂou²¹³⁻²¹ tsʅ⁰

猪蹄儿 tʂu³³ tʰiəɻ⁵³ 也叫"猪爪儿 tʂu³³ tʂuʌr²¹³"。

里脊 li²¹³⁻²³ tɕi³³

腊肉 la³¹⁻⁵³ ɻou⁰ 腌肉。一般过年时将方块猪肉炖熟后腌制。

孬=头 nɔ³³ tʰou⁰ 爱吃肉。

蹄筋儿 tʰi⁵³ tɕiəɻ³³

口条儿 kʰou²¹³⁻²¹ tʰiɔr⁵³ 猪舌头。

杂碎 tsa⁵³⁻⁵⁵ suei⁰ 猪牛羊的内脏。

肺 fei³¹

肠子 tʂʰɑ̃⁵³⁻⁵⁵ tsʅ⁰

排骨 pʰɛ⁵³ ku³³

牛肚儿 niou⁵³ tur²¹³ 光滑的和带毛的。

肝货=kæ³³ xuə⁰ 猪肝。

腰子 iɔ³³ tsʅ⁰

坨儿 tʰuor⁵³ 肉汤粘结凝固后形成的胶状食品。

落锅 lɔ³¹ kuə³³ 炖肉过火造成肉煮烂到汤里。

鸡杂儿 tɕi³³ tsʌr⁵³

鸡噗嘴 tɕi³³ pʰu⁵³⁻⁵⁵ tʂʰʅ⁰ 鸡肫。

猪血 tʂu³³⁻⁵³ ɕiə³³

血豆腐 ɕiə³³ tou³¹⁻⁵³ fu⁰

鸡血 tɕi³³⁻⁵³ ɕiə³³

炒鸡蛋 tʂʰɔ²¹³⁻²¹ tɕi³³ tæ³¹

荷包儿蛋 xuə⁵³⁻⁵⁵ pɔr⁰ tæ³¹

卧鸡蛋 uə³¹ tɕi³³ tæ³¹ 将鸡蛋破皮后整体倒入沸腾的汤中，使其整体

煮熟。

煮鸡蛋 tʂu²¹³⁻²³ tɕi³³ tæ³¹

冲鸡蛋 tʂʰoŋ³³⁻⁵³ tɕi³³ tæ³¹ 把沸水倒入生鸡蛋中使其形成鸡蛋汤。

鸡蛋糕儿 tɕi³³ tæ³¹ kɔr³³ 鸡蛋调进少量水之后蒸熟成的食品。

松花儿蛋 soŋ³³⁻⁵³ xuʌr³³ tæ³¹

咸鸡蛋 ɕiæ⁵³ tɕi³³ tæ³¹

咸鸭蛋 ɕiæ⁵³ ia³³ tæ³¹

灌肠儿 kuæ³¹ tʂʰʌr⁵³ 香肠。

（五）菜

菜 tsʰɛ³¹

素菜 su³¹ tsʰɛ³¹

肉菜 ɻou³¹ tsʰɛ³¹ 荤菜。

咸菜 ɕiæ⁵³⁻⁵⁵ tsʰɛ⁰

小菜儿 ɕiɔ²¹³⁻²³ tsʰɐr³¹

豆腐 tou³¹⁻⁵³ fu⁰

豆腐皮儿 tou³¹⁻⁵³ fu⁰ piəɻ⁵³

豆腐干儿 tou³¹⁻⁵³ fu⁰ kɐr³³

豆腐泡儿 tou³¹⁻⁵³ fu⁰ pʰɔr³¹

豆腐脑儿 tou³¹⁻⁵³ fu⁰ nɔr²¹³

豆浆 tou³¹ tɕiɑ̃³³

豆腐乳 tou³¹⁻⁵³ fu⁰ ɻu²¹³

粉丝 fən²¹³⁻²³ sʅ³³

粉条儿 fən²¹³⁻²¹ tʰiɔr⁵³

面筋 miæ³¹⁻⁵³ tɕin⁰

芡 tɕʰiæ³¹ 芡粉。

木耳 mu³¹⁻⁵³ əɻ⁰

银耳 in⁵³ əɻ²¹³

金针菇 tɕin³³⁻⁵³ tʂən³³ ku³³

海参 xɛ²¹³⁻²³ ʂən³³

海带 xɛ²¹³⁻²³ tɛ⁰

杀 ʂa³³ 用酱油、醋等腌制、凉拌。

（六）油盐作料

味儿 uəɻ³¹ 包括吃和闻的滋味。

色儿 ʂɐr²¹³ 颜色。

大油 ta³¹ iou⁵³ 猪油。

长果油 tʂʰɑ̃⁵³ kuor²¹³⁻²¹ iou⁵³ 花生油。

菜籽儿油 tsʰɛ³¹ tsəɻ²¹³⁻²¹ iou⁵³

香油 ɕiɑ̃³³ iou⁵³ 芝麻油。

哈喇子味儿 xa³³ la⁰ tsʐ⁰ uəɻ³¹ 食用油
　　变质后的味道。

盐 iæ⁵³

大盐 ta³¹ iæ⁵³ 粗盐。

盐面儿 iæ⁵³ miæ³¹ 精盐。

硝盐 ɕio²¹³⁻²¹ iæ⁰ 从盐碱地里的土熬
　　制出的盐。"硝"声调异常。

清酱 tɕʰiŋ³³ tɕiɑ̃³¹ 酱油。

麻酱 ma⁵³ tɕiɑ̃³¹ 芝麻酱。

甜面酱 tʰiæ⁵³ miæ³¹ tɕiɑ̃³¹

豆瓣儿酱 tou³¹ pɐr³¹ tɕiɑ̃³¹

酱 tɕiɑ̃³¹ 一般指毛酱。

毛酱 mɔ⁵³ tɕiɑ̃³¹ 用黄豆和玉米制作
　　的黄酱。

辣椒酱 la³¹ tɕio³³ tɕiɑ̃³¹

醋 tsʰu³¹ 有婉称"忌讳 tɕi³¹⁻⁵³ xuei⁰"。

料酒 lio³¹ tɕiou²¹³

红糖 xoŋ⁵³⁻³¹ tʰɑ̃⁵³

白糖 pɛ⁵³⁻³¹ tʰɑ̃⁵³

冰糖 piŋ³³ tʰɑ̃⁵³

糖块儿 tʰɑ̃⁵³ kʰuɐr³¹

糖稀 tʰɑ̃⁵³ ɕi³³ 麦芽糖。

作料儿 tsuə³³ lior³¹

大料 ta³¹ lio³¹ 八角。

桂皮 kuei³¹ pʰi⁵³

花椒 xua⁵³ tɕio³³

胡椒粉 xu⁵³ tɕio³³ fən²¹³

（七）烟、茶、酒

烟 iæ³³

烟叶儿 iæ³³ iɤɻ³¹

烟丝 iæ³³⁻⁵³ sʐ³³

烟卷儿 iæ³³ tɕyɐr²¹³

旱烟 xæ³¹ iæ³³

烟袋锅儿 iæ³³ tɛ⁰ kuor³³

烟袋油儿 iæ³³ tɛ⁰ iour⁵³

烟灰 iæ³³⁻⁵³ xuei³³

火镰 xuə²¹³⁻²¹ liæ⁰

火石 xuə²¹³⁻²¹ ʂʐ⁵³

火绒子 xuə²¹³⁻²¹ ɻoŋ⁵³⁻⁵⁵ tsʐ⁰

大取"材"儿 ta³¹ tɕʰy²¹³⁻²¹ tsʰɐr⁰ 破开
　　的苘麻杆蘸上硫磺制成的引火
　　工具。

茶水 tʂʰa⁵³ ʂuei²¹³

茶叶 tʂʰa⁵³⁻⁵⁵ iə⁰

开水 $k^hɛ^{33}$ $ʂuei^{213}$

沏茶 $tɕ^hi^{33}$ $tʂ^ha^{53}$

倒茶 $tɔ^{31}$ $tʂ^ha^{53}$

白酒 $pɛ^{53}$ $tɕiou^{213}$

米酒 mi^{213-23} $tɕiou^{213}$

黄酒 $xuã^{53}$ $tɕiou^{213}$

十五、红白大事

（一）婚姻、生育

亲 $tɕ^hin^{33}$ 亲事：说了一门～。

当媒人 $tã^{33}$ mei^{53-55} $ȵəʅ^0$ 做媒。

说婆婆家 $ʂuə^{33}$ $p^huə^{53-55}$ $p^huə^0$ $tɕiɛ^0$ 给女孩儿说媒。

说媳妇儿 $ʂuə^{33-53}$ $ɕi^{33}$ $fəʅ^0$ 给男孩儿说媒。

相 $ɕiã^{33}$ 相亲。

长相儿 $tʂã^{213-23}$ $ɕiʌr^{31}$

岁数儿 $suei^{31-53}$ $ʂuʅ^0$ 年龄。

认门儿 $ʅəʅ^{31}$ $məʅ^{53}$ 定亲后女方和家人到男方家正式做客，识认门户。

定亲 $tiŋ^{31}$ $tɕ^hin^{33}$

定礼 $tiŋ^{31-53}$ li^{213}

日子儿 $ʅʅ^{31-53}$ $tsəʅ^0$ 喜期。

请客 $tɕ^hiŋ^{213-23}$ $tɕ^hiə^{33}$ 办喜事前主家邀请亲友、同一红白理事会的人来商议办事细节。

喜酒儿 $ɕi^{213-23}$ $tɕiour^{213}$

嫁妆 $tɕia^{31-53}$ $tʂuã^0$

陪送 p^hei^{53-55} $soŋ^0$ 嫁妆的旧称。

催妆 $tsʰuei^{33}$ $tʂuã^0$ 婚礼前一天。

寻 $ɕin^{53}$ 娶和嫁的统称。

娶 $tɕ^hy^{213}$ （1）娶。（2）嫁（不能带宾语）。

娶媳妇儿 $tɕ^hy^{213-23}$ $ɕi^{33}$ $fəʅ^0$

聘闺女 p^hin^{31} $kuei^{33}$ ny^0

结婚 $tɕiə^{33-53}$ $xuən^{33}$

迎亲 in^{53} $tɕ^hin^{33}$

送亲 $soŋ^{31}$ $tɕ^hin^{33}$

接客 $tɕiə^{33-53}$ $tɕ^hiə^{33}$

送客 $soŋ^{31}$ $tɕ^hiə^{33}$

轿 $tɕiɔ^{31}$

拜天地 $pɛ^{31}$ $t^hiæ^{33}$ ti^{31}

新郎官儿 $ɕin^{33}$ $lã^{53}$ $kuɐr^{33}$

新媳妇儿 $ɕin^{33-53}$ $ɕi^{33}$ $fəʅ^0$

新房 $ɕin^{33}$ $fã^{53}$

交杯酒 $tɕiɔ^{33-53}$ pei^{33} $tɕiou^{213}$

压车头的 ia^{33-53} $tʂʰʅə^{33}$ t^hou^{53-55} ti^0 迎送亲的队伍中名义上负责压车（不空车）的人。

挂门帘的 kua^{31} $mən^{53-55}$ $liæ^0$ ti^0 送亲队伍中负责给新房挂门帘的人，一般由新娘的弟弟或晚辈担任。

压炕头的 ia^{33} $k^hã^{31}$ t^hou^{53-55} ti^0 婚礼时男方选出的一直在新房炕头

儿坐着的有威望的老年男性。

上拜 ʂɑ̃³¹ pɛ³¹ 中午婚宴结束后在堂屋前新人对长辈亲属磕头的仪式，一般按亲属关系远近排序。

拜钱 pɛ³¹⁻⁵³ tɕʰiæ⁰ 上拜时长辈给的钱。

喜榜 ɕi²¹³⁻²³ pɑ̃²¹³ 张贴在婚礼现场的礼金名单。

道喜 tɔ³¹ ɕi²¹³ 亲友向主家祝贺新婚。

吃饽饽菜 tʂʅ³³⁻⁵³ puə³³ puə⁰ tsʰɛ³¹ 参加喜宴。旧时经济落后，一般仅婚礼时有馒头和炒菜可吃，故名。

陪客 pʰei⁵³ tɕʰiə³³

逗猴 tou³¹ xou⁵³ 开玩笑。

逗媳妇儿 tou³¹ ɕi³³ fəʅ⁰ 新郎的弟弟或晚辈和新娘子开玩笑的行为。

三日 sæ³³ ʅʅ⁰ 婚礼后第三天女方关系很近的亲属来探望新娘的活动。现在一般会和婚礼合并举行，叫"当日三 (tɑ̃³¹ ʅʅ³¹ sæ³³)"。

忙活人 mɑ̃⁵³⁻⁵⁵ xuə⁰ ɻəȵ⁵³ 红白事上的工作人员。

回门 xuei⁵³⁻³¹ məȵ⁵³ 按献县习俗婚礼后第四天进行。

拜新年 pɛ³¹ ɕin³³ niæ⁵³ 新结的姻亲第一次拜年。

躺下嘞 tʰɑ̃²¹³⁻²¹ ɕiə⁰ lə⁰ 怀孕的婉称。

孕妇 yən³¹ fu³¹

小产 ɕiɔ²¹³⁻⁵³ tʂʰæ⁰

生孩子 ʂən³³ xɛ⁵³⁻⁵⁵ tsʅ⁰

拾 ʂʅ⁵³ 生孩子的婉称。

接生 tɕiə³³⁻⁵³ ʂən³³

衣 ni³³ 胎盘。

顺生 ʂuən³¹ ʂən³³ 胎儿头先娩出。

立生 li³¹ ʂən³³ 胎儿脚先娩出。

坐月子 tsuə³¹ yə³¹⁻⁵³ tsʅ⁰

孬日子 nɔ³³ ʅʅ³¹⁻⁵³ tsʅ⁰ 出生后 1～6 天的时间，因新生儿易生病，故名。

七天 tɕʰi⁵³ tʰiæ³³ 出生后第七天。外人允许探望。

十二晌 ʂʅ⁵³ ɚʅ³¹ ʂɑ̃²¹³ 孩子出生后第十二天举行的庆祝活动。

满月 mæ²¹³⁻²¹ yə⁰

出月子 tʂʰu³³ yə⁵³ tsʅ⁰

百岁儿 pɛ²¹³⁻²³ suəʅ³¹ 出生后一百天举行的庆祝活动。

挪挪窝儿 nuə²¹³⁻²¹ nuə⁰ uɔr³³ 满月这天产妇带着孩子到另外的地方活动。

头胎 tʰou⁵³ tʰɛ³³

对巴儿 tuei³¹⁻⁵³ pʌr⁰ 双胞胎。

做唠去 tuə⁵³ lɔ⁰ tɕʰi³¹ 打胎。

墓生儿 mu³¹⁻⁵³ ʂɻʅ⁰ 遗腹子。

吃妈妈 tʂʰʅ³³⁻⁵³ ma³³ ma⁰ 吃奶。

妈妈头儿 ma³³ ma⁰ tʰour⁵³ 乳头。

尿炕 niɔ³¹ kʰɑ̃³¹

恩养 nən³³ iɑ̃⁰ 养育。

圣 ʂəŋ³¹ 动词,娇惯。

（二）寿辰、丧葬

生日 ʂəŋ³³ ȵʅ⁰

过生日 kuə³¹ ʂəŋ³³ ȵʅ⁰

拜寿 pɛ³¹ ʂou³¹

寿星 ʂou³¹⁻⁵³ ɕiŋ⁰

丧事儿 sã³³ ʂʅ³¹ 也叫“白事儿”。

喜丧 ɕi²¹³⁻²³ sã³³ 高寿的人过世。

佐·钱 tsuə²¹³⁻²¹ tɕʰiæ⁰ 用树枝条穿起
　　的条形烧纸串,挂在丧事主家的
　　门外。

倒气儿 tɔ⁵³ tɕʰiɚ³¹

死嘞 sʅ²¹³⁻²¹ lɛ⁰

灵床子 liŋ⁵³⁻³¹ tʂʰuã²¹³⁻²¹ tsʅ⁰

棺材 kuæ³³ tsʰɛ⁰

牌位儿 pʰɛ⁵³⁻⁵⁵ uəʅ⁰

罩 tʂɔ³¹ 棺材的轿子形外罩。

寿材 ʂou³¹ tsʰɛ⁵³

寿衣 ʂou³¹ i³³

到头纸 tɔ³¹ tʰou⁵³ tʂʅ²¹³

吊纸 tiɔ³¹ tʂʅ²¹³ 吊唁。因吊唁都要
　　烧纸,故名。

纸客 tʂʅ²¹³⁻²¹ tɕʰiə⁰ 有人来吊唁时主
　　持行礼的人。

来客嘞 lɛ⁵³ tɕʰiə³³ lɛ⁰ （1）来客人了。

（2）有人来吊唁时,纸客对守灵
　　的亲属喊“来客嘞”,提醒其以哀
　　哭迎接。

动客 toŋ³¹ tɕʰiə³³ 红白事时给亲友消
　　息邀其参加。

周礼 tʂou³³ li²¹³ 参加亲戚的葬礼。

行礼 ɕiŋ⁵³ li²¹³ 出殡前参加葬礼的亲
　　友磕头向遗体告别。

入殓 y³¹ liæ³¹

灵棚 liŋ⁵³⁻³¹ pʰəŋ⁵³

守灵 ʂou²¹³⁻²¹ liŋ⁵³

趴灵 pʰa³³ liŋ⁵³ 近亲属守灵。

守孝 ʂou²¹³⁻²³ ɕiɔ³¹

戴孝 tɛ³¹ ɕiɔ³¹

孝箍子 ɕiɔ³¹ ku³³ tsʅ⁰ 长条形白布,
　　白事时女性亲属系在头上。

孝帽子 ɕiɔ³¹ mɔ³¹⁻⁵³ tsʅ⁰ 白布做成的
　　道冠形白帽,白事时男性亲属戴
　　在头上。近亲属还要加上孝箍子。

孝袍子 ɕiɔ³¹ pʰɔ⁵³⁻⁵⁵ tsʅ⁰

孝衣 ɕiɔ³¹ i³³

报庙儿 pɔ³¹ miɚ³¹ 人死后亲属在晚
　　上集体到村中庙宇里报告、烧纸
　　的活动。无庙宇的到三岔路口
　　报庙儿。

辞灵儿 tsʰʅ⁵³⁻³¹ liɣʅ⁵³ 出殡前一天
　　举行的遗体告别仪式。

孝子 ɕiɔ³¹ tsʅ²¹³

出殡 tʂʰu³³ pin³¹

送殡 soŋ³¹ pin³¹ 送葬。

开圹 kʰɛ³³ kʰuã³¹ 挖墓穴。

打窝子 ta²¹³⁻²³ uə³³ tsʅ⁰　"开圹"的通俗的说法。

丧棒 sã³³ pã³¹

幡儿 fɐr³³

打幡儿 ta²¹³⁻²³ fɐr³³

花圈 xua³³⁻⁵³ tɕʰyæ³³

烧纸 ʂɔ³³ tʂʅ⁰ 名词。

坟 fən⁵³

圆坟儿 yæ⁵³⁻³¹ fəɻ⁵³ 出殡后第三天亲属到坟前整理培土。

坟圈子 fən⁵³ tɕʰiæ³¹⁻⁵³ tsʅ⁰ "圈"字介音异常。

拔坟 pa⁵³ fən⁵³ 迁坟。

碑 pei³³ 泛指各种碑。无专门词表示"墓碑"。

上坟 ʂã³¹ fən⁵³

寻短见 ɕyən⁵³ tuæ²¹³⁻²³ tɕiæ³¹

上吊 ʂã³¹ tiɔ³¹

死人骨头 sʅ²¹³⁻²³ ʐən⁵³ ku³³ tʰou⁰

（三）迷信

老天爷 lɔ²¹³⁻²³ tʰiæ³³ iə⁵³

灶王爷 tsɔ³¹⁻⁵³ uã²¹³⁻²¹ iə⁵³

佛 fuə⁵³

菩萨 pʰu⁵³⁻⁵⁵ sa⁰

观世音 kuæ³³ ʂʅ³¹ in³³

鬼 kuei²¹³

魂儿 xuəɻ⁵³

神仙 ʂən⁵³⁻⁵⁵ ɕiæ⁰

土地庙 tʰu²¹³⁻²³ ti³¹ miɔ³¹

关帝庙 kuæ³³ ti³¹ miɔ³¹

阎王爷 iæ⁵³⁻⁵⁵ uã⁰ iə⁵³

小鬼儿 ɕiɔ²¹³⁻⁵³ kuəɻ²¹³

麻=胡儿 ma⁵³ xour³³ 传说中夜里专门抓小孩儿的鬼怪，一般只在吓唬小孩儿时用。

闹鬼 nɔ³¹ kuei²¹³

闹凶 nɔ³¹ ɕyoŋ³³ 闹鬼。

鬼火儿 kuei²¹³⁻²³ xuor²¹³

托生 tʰɔ³³ sən⁰ "生"字声母异常。

上供 ʂã³¹ koŋ³¹

供献儿 koŋ³¹⁻⁵³ ɕiɐr⁰ 供品。

蜡钎子 la³¹ tɕʰiæ³³ tsʅ⁰ 烛台。

蜡 la³¹ 蜡烛。

线儿香 ɕiɐr³¹ ɕiã³³

香炉 ɕiã³³ lu⁵³

烧香 ʂɔ³³⁻⁵³ ɕiã³³

庙会 miɔ³¹ xuei³¹

念经 niæ³¹ tɕiŋ³³

看风水 kʰæ³¹ fəŋ³³ ʂuei⁰

算卦 suæ³¹ kua³¹

算卦的 suæ³¹ kua³¹⁻⁵³ ti⁰

相面的 ɕiɔ³¹ miæ³¹⁻⁵³ ti⁰

香头 ɕiã³³ tʰou⁰ 巫婆和神汉的统称，无分称。也叫"看香的"。

许愿 ɕy²¹³⁻²³ yæ³¹

还愿 xuæ⁵³ yæ³¹

十六、日常生活

（一）衣

穿衣裳 tʂʰuæ³³⁻⁵³ i³³ ʂɑ̃⁰

咧咧着怀儿 liə³³ liə⁰ tʂɔ⁰ xuɐr⁵³ 不系
　上衣扣子。

脱衣裳 tʰuə³³⁻⁵³ i³³ ʂɑ̃⁰

脱鞋 tʰuə³³ ɕiə⁵³

量衣裳 liɑ̃⁵³ i³³ ʂɑ̃⁰

做衣裳 tsou³¹ i³³ ʂɑ̃⁰

贴边儿 tʰiə³³⁻⁵³ piɐr³³ 缝在衣服里子
　边上的窄条。

绷 pəŋ³³ 缝

纳鞋底子 na³¹ ɕiə⁵³ ti²¹³⁻²¹ tsʅ⁰

钉扣儿 tiŋ³¹ kʰour³¹

绣花儿 ɕiou³¹ xuʌr³³

打补丁 ta²¹³⁻²³ pu²¹³⁻²¹ tiŋ⁰

做被子 tsou³¹ pei³¹⁻⁵³ tsʅ⁰

筹꞊衣裳 tʂʰou⁵³ i³³ ʂɑ̃⁰ 洗衣裳。

筹꞊一货꞊ tʂʰou⁵³ i³³ xuə³¹ 洗一次。

投 tʰou⁵³ 用清水漂洗。

晒衣裳 ʂɛ³¹ i³³ ʂɑ̃⁰

晾衣裳 liɑ̃³¹ i³³ ʂɑ̃⁰

浆衣裳 tɕiɑ̃³¹ i³³ ʂɑ̃⁰

熨衣裳 yən³¹ i³³ ʂɑ̃⁰

浆线 tɕiɑ̃³¹ ɕiæ³¹ 用米汤等使线挺直。

（二）食

点火 tæ²¹³⁻²³ xuə²¹³

做饭 tsou³¹ fæ³¹

投米 tʰou⁵³ mi²¹³ 淘米。

发面 fa³³ miæ³¹

和面 xuə⁵³ miæ³¹

揉面 iou⁵³ miæ³¹

擀汤 kæ²¹³⁻²³ tʰɑ̃³³ 擀面条。

蒸馒头 tʂəŋ³³ mæ⁵³⁻⁵⁵ tʰou⁰

择菜 tʂɛ⁵³ tsʰɛ³¹

整治菜 tʂəŋ²¹³⁻²³ tʂʅ⁰ tsʰɛ³¹ 做菜。

烀 xu³³ 半蒸半煮。

燜 tʰəŋ³³ 烧水用蒸汽加热。

做汤 tsou³¹ tʰɑ̃³³

饭做好嘞 fæ³¹ tsou³¹ xɔ²¹³⁻²¹ lɛ⁰

生 ʂəŋ³³

咔嚓 kʰa³³ tʂʰa⁰ 用小火长时间煮。

开饭 kʰɛ³³ fæ³¹

盛饭 tʂʰəŋ⁵³ fæ³¹

吃饭 tʂʰʅ³³ fæ³¹

夹菜 tɕia³³ tsʰɛ³¹

折 tʂʅ³³ 将分散的饭菜或汤水收集
　到一处。

挃汤 ue²¹³⁻²³ tʰɑ̃³³

澄 təŋ³¹ （1）沥水。（2）放稳容器
　将液体里的固体沉底。

撇 pʰiə³³ 捞汤水表面的东西。

吃早起饭 tʂʰʅ³³ tsɔ²¹³⁻²¹ tɕʰi⁰ fæ³¹

吃晌午饭 tʂʰʅ^{33} ʂɑ̃$^{213-21}$ xuə^{0} fæ^{31}

吃后晌饭 tʂʰʅ^{33} xou^{53} xɑ̃^{0} fæ^{31}

饭时儿 fæ^{31} ʂəɻ^{53} 吃饭的时间。

垫巴 tiæ$^{31-53}$ pa^{0}

塞 sɛ^{33} 吃饱后再硬吃一点儿。

吃零碎 tʂʰʅ^{33} lin$^{53-55}$ suei^{0} 吃零食。

使筷子 ʂʅ$^{213-21}$ kʰuɛ$^{31-53}$ tsʅ^{0}

肉不烂 ɻou^{31} pu^{33} læ^{31}

嚼不动 tɕiɔ$^{53-55}$ pu^{0} toŋ^{31}

噎住嘞 iə^{33} tʂu^{0} lɛ^{0}

打嗝儿 ta$^{213-23}$ kəɻ^{31} "嗝"韵母异常。

撑着嘞 tʂʰəŋ^{33} tʂɔ^{0} lɛ^{0}

嘴里没味儿 tsuei$^{213-21}$ ni^{0} mei^{33} uəɻ^{31}

喝茶水 xuə^{33} tʂʰa^{53} ʂuei^{213}

喝酒 xuə^{33} tɕiou^{213}

抽烟 tʂʰou^{53} iæ^{33}

饿嘞 uə^{53} lɛ^{0}

淘瓮 tʰɔ^{53} uəŋ^{31} 将瓮里的水淘干净然后刷洗。

（三）住

起 tɕʰi^{213} 起床。

洗手 ɕi$^{213-23}$ ʂou^{213}

洗脸 ɕi$^{213-23}$ liæ^{213}

漱口 ʂu^{31} kʰou^{213}

刷牙 ʂua^{33} ia^{53}

梳头 ʂu^{33} tʰou^{53}

梳辫子 ʂu^{33} piæ^{53} tsʅ^{0}

挽纂儿 uɑ̃$^{213-23}$ tsuɐr^{213}

铰手指盖儿 tɕiə$^{213-23}$ ʂou$^{213-21}$ tʂʅ^{33} kɐr^{31}

铰脚趾盖儿 tɕiə$^{213-23}$ tɕiə$^{33-53}$ tʂʅ^{33} kɐr^{31}

剪指甲 tɕiæ$^{213-23}$ tʂʅ^{33} tɕiə^{0} 较新派的说法。

推头 tʰuei^{33} tʰou^{53} 理发。

剃头 tʰi^{31} tʰou^{53}

掏耳朵 tʰɔ^{33} əɻ$^{213-21}$ tɔ^{0}

洗澡儿 ɕi$^{213-23}$ tsɔr^{213}

擦身子 tsʰa$^{33-53}$ ʂən^{33} tsʅ^{0}

尿尿 niɔ^{31} niɔ^{31}

尿泡 niɔ^{31} pʰɔ^{33} 一般指儿童尿尿。

拉屎 la^{33} ʂʅ^{213}

解手儿 tɕiə^{33} ʂour^{213} 大小便的委婉说法。"解"声调异常,下同。

解小手儿 tɕiə^{33} ɕiə$^{213-53}$ ʂour^{213} 小便。

解大手儿 tɕiə^{33} ta^{31} ʂour^{213} 大便。

凉快儿凉快儿 liɑ̃$^{53-55}$ kʰuɐr^{0} liɑ̃$^{53-55}$ kʰuɐr^{0} 乘凉。

晒太阳 ʂɛ^{31} tʰɛ^{31} iɑ̃^{0}

烤火 kʰɔ$^{213-23}$ xuə^{213}

点灯 tiæ$^{213-23}$ təŋ^{33}

吹灯 tʂʰuei$^{33-53}$ təŋ^{33} 吹灭油灯或蜡烛。

拉灯 la$^{33-53}$ təŋ^{33} 关掉电灯。

歇儿歇儿 ɕiɻr$^{33-53}$ ɕirr^{0}

打盹儿 ta$^{213-23}$ tuəɻ^{213}

打哈欠儿 ta$^{213-23}$ xuə^{33} tɕʰiɐr^{0}

困嘞 kʰuən³¹⁻⁵³ lɛ⁰

务⁼炕 u³¹ kʰɑ̃³¹ 铺炕或铺床。

躺下 tʰɑ̃²¹³⁻²¹ ɕiə⁰

睡着嘞 ʂuei³¹ tʂɔ⁵³⁻⁵⁵ lɛ⁰

打呼噜儿 ta²¹³⁻²³ xu³³ lur⁰

睡不着 ʂuei³¹⁻⁵³ pu⁰ tʂɔ⁵³

睡晌觉 ʂuei³¹ ʂɑ̃²¹³⁻²¹ tɕiɔ⁰

平躺着 pʰiŋ⁵³ tʰɑ̃²¹³⁻²¹ tʂɔ⁰

侧躺着 tsʰɯ̃ɑ³¹ tʰɑ̃²¹³⁻²¹ tʂɔ⁰

趴着睡 pʰɑ³³ tʂɔ⁰ ʂuei³¹

被窝儿 pei³¹ uor³³

被摞儿 pei³¹ luor⁵³

偎窝子 uei³³⁻⁵³ uə³³ tʂʅ⁰ 睡懒觉。

落到了脖子 lɔ⁵³ tɔ⁰ lɔ⁰ puə⁵³⁻⁵⁵ tʂʅ⁰
　　落枕。

抽筋儿 tʂʰou³³⁻⁵³ tɕiəɻ³³

别指 piə³¹⁻⁵³ tʂʅ⁰ 手或脚抽筋。

腿肚子转筋 tʰuei²¹³⁻²¹ tu⁵³ tsʅ⁰ tʂuæ³¹
　　tɕin³³

奔⁼ pən³³ 指甲或针折断。

做梦 tsou³¹ məŋ³¹

说梦话 ʂuə³³ men³¹⁻⁵³ xua⁰

熬夜儿 nɔ⁵³ iʏr³¹

（四）行

上洼 ʂɑ̃³¹ ua³³ 下地干活儿。

上工 ʂɑ̃³¹ koŋ³³

收工 ʂou³³⁻⁵³ koŋ³³

出去嘞 tʂʰu³³ tɕʰi⁰ lɛ⁰

家走 tɕia³³ tsou²¹³⁻²¹ 回家去。

家来 tɕia³³ lɛ⁵³ 回家来。

逛悠 kuɑ̃⁵³ iou⁰

溜达 liou³³ ta⁰

十七、讼事

打官司 ta²¹³⁻²³ kuæ³³ sʅ⁰

告状 kɔ³¹ tʂuɑ̃³¹

原告儿 yæ⁵³ kɔr³¹

被告儿 pei³¹ kɔr³¹

状子 tʂuɑ̃³¹⁻⁵³ tsʅ⁰

问案儿 uən³¹ nɐr³¹

过堂 kuə³¹ tʰɑ̃⁵³

证人 tʂəŋ³¹⁻⁵³ ɻən⁰

人证 ɻən⁵³ tʂəŋ³¹

物证 u³¹ tʂəŋ³¹

刑事 ɕiŋ⁵³ ʂʅ³¹

民事 min⁵³ ʂʅ³¹

家务事 tɕia³³ u³¹ ʂʅ³¹

律师 ly³¹ ʂʅ³³

服 fu⁵³

不服 pu³³ fu⁵³

上诉 ʂɑ̃³¹ su³¹

宣判 ɕyæ³³ pʰæ³¹

招 tʂɔ³³

口供 kʰou²¹³⁻²³ koŋ³¹

供 koŋ³¹

同伙儿 tʰoŋ⁵³ xuor²¹³

犯法 fæ³¹ fa²¹³

犯罪 fæ³¹ tsuei³¹

保 pɔ²¹³

取保 tɕʰy²¹³⁻²³ pɔ²¹³

抓 tsua³³

押 ia³³

囚车 tɕʰiou⁵³ tʂʰʅə³³

清官儿 tɕʰiŋ³³⁻⁵³ kuɚ³³

赃官 tsã³³⁻⁵³ kuæ³³

收礼 ʂou³³ li²¹³ 受贿。

送礼 soŋ³¹ li²¹³ 行贿。

罚钱 fa⁵³ tɕʰiæ⁵³

砍脑袋 kʰæ²¹³⁻²³ nɔ²¹³⁻²¹ tɛ⁰

枪毙 tɕʰiã³³ pi³¹

手铐子 ʂou²¹³⁻²³ kʰɔ³¹⁻⁵³ tsʅ⁰

脚镣子 tɕiɔ³³ liɔ³¹⁻⁵³ tsʅ⁰

绑起来 pã²¹³⁻²¹ tɕʰi⁰ lɛ⁵³

关起来 kuæ³³ tɕʰi⁰ lɛ⁵³

坐法院 tsuə³¹ fa³³ yæ³¹ 坐牢。

探监 tʰæ³¹ tɕiæ³³

立字据 li³¹ tsʅ³¹ tɕy³¹

画押 xua³¹ ia³³

摁手印儿 nən³¹ ʂou²¹³⁻²³ iəɻ³¹

税 ʂuei³¹

租 tsu³³

地契 ti³¹ tɕʰi³¹

交税 tɕiɔ³³ ʂuei³¹

执照儿 tʂʅ⁵³ tʂɔr³¹

告示 kɔ³¹⁻⁵³ ʂʅ⁰

通知 tʰoŋ³³⁻⁵³ tʂʅ³³

路条儿 lu³¹ tʰiɔr⁵³

命令 miŋ³¹ liŋ³¹

印 in³¹ 官方图章。

上任 ʂã³¹ ɻən³¹

卸任 ɕiə³¹ ɻən³¹

罢免 pa³¹ miæ²¹³

传票儿 tsʰuæ⁵³ pʰiɔr³¹

十八、交际

应酬 iŋ³¹⁻⁵³ tʂʰou⁰

走动 tsou²¹³⁻²³ toŋ³¹

看人儿 kʰæ³¹ ɻəɻ⁵³ 去看望人。

请客 tɕʰiŋ²¹³⁻²³ kʰɯæ³¹ 请吃饭。

招待 tʂɔ³³ tɛ³¹

拿东西 na⁵³ toŋ³³ ɕi⁰ 送礼。

礼 li²¹³

人儿情 ɻəɻ⁵³ tɕʰiŋ⁵³

待客 tɛ³¹ tɕʰiə³³

送 soŋ³¹

谢谢 ɕiə³¹ ɕiə⁰

不客气 pu³³ kʰɯæ³¹⁻⁵³ tɕʰi⁰

信 ςin^{31}

信瓢儿 ςin^{31} $i\Lambda r^{53}$

信封儿 ςin^{31} $fuor^{33}$

打信 ta^{213-23} ςin^{31} 寄信。

请帖 $t\varsigma^h in^{213-23}$ $t^h i\vartheta^{33}$

下请帖 ςia^{31} $t\varsigma^h in^{213-23}$ $t^h i\vartheta^{33}$

做席 $tsou^{31}$ ςi^{53} 准备宴席。

摆席 $p\varepsilon^{213-21}$ ςi^{53}

上桌儿 $\varsigma\tilde{a}^{31}$ $t\varsigma uor^{33}$ 在宴席上有正式
　　座位。

吃席 $t\varsigma^h\eta^{33}$ ςi^{53} 吃宴席。

一桌儿席 i^{53} $t\varsigma uor^{33}$ ςi^{53}

酒场儿 $t\varsigma iou^{213-23}$ $t\varsigma^h\Lambda r^{213}$

入席 $\jmath u^{31}$ ςi^{53}

开席 $k^h\varepsilon^{33}$ ςi^{53}

上菜 $\varsigma\tilde{a}^{31}$ $ts^h\varepsilon^{31}$

回手 $xuei^{53}$ ςou^{213} 上菜时请坐着的
　　客人略闪身躲避。

斟酒 $t\varsigma\vartheta n^{33}$ $t\varsigma iou^{213}$

劝酒 $t\varsigma^h y\tilde{\varepsilon}^{31}$ $t\varsigma iou^{213}$

敬酒 $t\varsigma in^{31}$ $t\varsigma iou^{213}$

干杯 $k\tilde{\varepsilon}^{33-53}$ pei^{33}

不对付 pu^{33} $tuei^{31-53}$ fu^0 不和。

　　不丁对 pu^{33-53} tin^{33} $tuei^0$

冤家 $y\tilde{\varepsilon}^{33}$ $t\varsigma ia^0$

冤 $y\tilde{\varepsilon}^{33}$

插言 $t\varsigma^h a^{33}$ $i\tilde{\varepsilon}^{53}$ 插话。

挑理 $t^h i\vartheta^{33}$ li^{213}

拿架子 na^{53} $t\varsigma ia^{31-53}$ $ts\eta^0$

装傻 $t\varsigma u\tilde{a}^{33}$ ςa^{213}

出洋相 $t\varsigma^h u^{33}$ $i\tilde{a}^{53}$ $\varsigma i\tilde{a}^{31}$

丢人 $tiou^{33}$ $\jmath\vartheta n^{53}$

巴结 pa^{33} $t\varsigma i\vartheta^0$

串门儿 $t\varsigma^h u\tilde{\varepsilon}^{31}$ $m\vartheta\jmath^{53}$

套近乎儿 $t^h\mathfrak{o}^{31}$ $t\varsigma in^{31-53}$ xur^0

看得起 $k^h\tilde{\varepsilon}^{31-53}$ ti^0 $t\varsigma^h i^{213}$

看不起 $k^h\tilde{\varepsilon}^{31-53}$ pu^0 $t\varsigma^h i^{213}$

合伙儿 $xu\mathrm{w}\vartheta^{53}$ $xuor^{213}$

答应 ta^{33} in^0

不答应 pu^{33-53} ta^{33} in^0

撵出去 $ni\tilde{\varepsilon}^{213-21}$ $t\varsigma^h u^0$ $t\varsigma^h i^0$

十九、商业、交通

(一)经商行业

牌子 $p^h\varepsilon^{53-55}$ $ts\eta^0$

广告儿 $ku\tilde{a}^{213-23}$ $k\mathfrak{o}r^{31}$

门脸儿 $m\vartheta n^{53}$ $li\varepsilon r^{213}$

摆摊儿 $p\varepsilon^{213-23}$ $t^h\varepsilon r^{33}$

做买卖 $tsou^{31}$ $m\varepsilon^{213-23}$ $m\varepsilon^0$

旅馆 ly^{213-23} $ku\tilde{\varepsilon}^{213}$

饭馆儿 $f\tilde{\varepsilon}^{31}$ $kuer^{213}$

下馆子 ςia^{31} $ku\tilde{\varepsilon}^{213-21}$ $ts\eta^0$

跑堂儿的 $p^h\mathfrak{o}^{213-21}$ $t^h\Lambda r^{53-55}$ ti^0

杂货铺儿 tsa⁵³⁻⁵⁵ xuə⁰ pʰur³¹

茶馆儿 tʂʰa⁵³ kuɐr²¹³

理发店儿 li²¹³⁻²³ fa³³ tiɐr³¹

理发 li²¹³⁻²³ fa³³

推头 tʰuei³³ tʰou⁵³

刮脸 kua³³ liæ²¹³

刮胡子 kua³³ xu⁵³⁻⁵⁵ tsʅ⁰

肉杠 ɻou³¹ kɑ̃³¹ 肉铺。

宰猪 tsɛ²¹³⁻²³ tʂu³³

油坊 iou⁵³⁻⁵⁵ fɑ̃⁰

当铺 tɑ̃³¹ pʰu³¹

租房 tsu³³ fɑ̃⁵³

典 tiæ²¹³ 抵押:把房子～出去。

煤荐 mei⁵³ tɕiæ³¹ 煤店。

蜂窝儿煤 fəŋ³³⁻⁵³ uor³³ mei⁵³

做花儿 tsou³¹ xuʌr³³ 绣花,后专指手
　　工制作补花制品。

　　　(二)经营、交易

开张 kʰɛ³³⁻⁵³ tʂɑ̃³³

歇业 ɕiə³³ iə³¹

柜台 kuei³¹ tʰɛ⁵³

开价儿 kʰɛ³³ tɕiʌr³¹

还价儿 xuæ⁵³ tɕiʌr³¹

便宜 pʰiæ⁵³⁻⁵⁵ i⁰

贵 kuei³¹

包圆儿 po³¹ yɐr⁵³

买卖好 mɛ²¹³⁻²³ mɛ⁰ xɔ²¹³

买卖不好 mɛ²¹³⁻²³ mɛ⁰ pu³³ xɔ²¹³

工钱 koŋ³³ tɕʰiæ⁰

本儿 pəɻ²¹³

保本儿 po²¹³⁻²³ pəɻ²¹³

赚钱 tʂuæ³¹ tɕʰiæ⁵³

赔本儿 pʰei⁵³ pəɻ²¹³

路费 lu³¹ fei³¹

利息 li³¹⁻⁵³ ɕi⁰

时气好 ʂʅ⁵³⁻⁵⁵ tɕʰi⁰ xɔ²¹³

该 kɛ³³ 欠

差 tʂʰa³¹

押金 ia³³⁻⁵³ tɕin³³

倒腾 tɔ³³ tʰəŋ⁰ 贩卖。

外抠 uɛ³¹ kʰuɛ²¹³ 外快。

　　　(三)账目、度量衡

账房儿 tʂɑ̃³¹ fʌr⁵³

开销 kʰɛ³³⁻⁵³ ɕiɔ³³

入账 ɻu³¹ tʂɑ̃³¹ 记收入的账。

出账 tʂʰu³³ tʂɑ̃³¹ 记付出的账。

该账 kɛ³³ tʂɑ̃³¹ 欠账。

要账 iɔ³¹ tʂɑ̃³¹

发票 fa³³ pʰiɔ³¹

收据 ʂou³³ tɕy³¹

存款 tsʰuən⁵³ kʰuæ²¹³

整钱 tʂəŋ²¹³⁻²³ tɕʰiæ⁵³

零钱 liŋ⁵³ tɕʰiæ⁵³

票儿 pʰiɔr³¹ 纸币。

钢墩儿 kɑ̃³³⁻⁵³ tuəɻ³³ 硬币。

铜子儿 tʰoŋ⁵³ tsəɻ²¹³

大钱儿 ta³¹ tɕʰiɐr⁵³ 铜钱。

洋钱 iɑ̃³¹ tɕʰiæ⁵³

一分钱 i³³⁻⁵³ fən³³ tɕʰiæ⁵³

一毛钱 i³³ mɔ²¹³⁻²³ tɕʰiæ⁵³

一块钱 i³³ kʰuɛ³¹ tɕʰiæ⁵³

十块钱 ʂɻ⁵³ kʰuɛ³¹ tɕʰiæ⁵³

一百块钱 i³³ pɛ²¹³⁻²³ kʰuɛ⁰ tɕʰiæ⁵³

一张票儿 i³³⁻⁵³ tʂɑ̃³³ pʰiɔr³¹

一个铜子儿 i³³ kɤ⁰ tʰoŋ⁵³ tsəɻ²¹³

算盘儿 suæ³¹ pʰɐr⁵³

戥子 təŋ²¹³⁻²¹ tsɻ⁰

秤 tʂʰəŋ³¹

磅秤 pɑ̃³¹ tʂʰəŋ³¹

秤盘儿 tʂʰəŋ³¹ pʰɐr⁵³

秤星儿 tʂʰəŋ³¹ ɕiɻɤr³³

秤杆儿 tʂʰəŋ³¹ kɐr²¹³

秤钩子 tʂʰəŋ³¹ kou³³ tsɻ⁰

秤砣 tʂʰəŋ³¹ tʰuə⁵³

秤毫 tʂʰəŋ³¹ xɔ⁵³ 提秤杆用的绳套。

秤高 tʂʰəŋ³¹ kɔ³³

秤低 tʂʰəŋ³¹ ti³³

（四）交通

铁轨 tʰiə³³ kuei²¹³

火车 xuə²¹³⁻²³ tʂʰɻə³³

火车站 xuə²¹³⁻²³ tʂʰɻə³³ tʂæ³¹

公路 koŋ³³ lu³¹

汽车 tɕʰi³¹ tʂʰɻə³³

客车 kʰɯə³¹ tʂʰɻə³³

货车 xuə³¹ tʂʰɻə³³

公交车 koŋ³³ tɕiɔ³³⁻⁵³ tʂʰɻə³³

小轿车儿 ɕiɔ²¹³⁻²³ tɕiɔ³¹ tʂʰɻɤr³³

摩托 muə⁵³⁻⁵⁵ tʰuə⁰

三轮儿 sæ³³ luəɻ⁵³

车子 tʂʰɻə³³ tsɻ⁰ 自行车。

后衣架儿 xou³¹ i³³ tɕiʌr³¹ 自行车的
　后座。

大车 ta³¹ tʂʰɻə³³ 较大的马车。

船 tʂʰuæ⁵³

帆 fæ³³

舵 tuə³¹

橹 lu²¹³

桨 tɕiɑ̃²¹³

篙 kɔ²¹³

跳板 tʰiɔ³¹ pæ²¹³ 上下船用。

渔船 y⁵³ tʂʰuæ⁵³

轮船 luən⁵³ tʂʰuæ⁵³

过摆渡 kuə³¹ pɛ²¹³⁻²³ tu⁰ 坐船过河。

渡口 tu³¹ kʰou²¹³

务⁼住嘞 u³¹⁻⁵³ tʂu⁰ lɤ⁰ 车陷在泥或沟里。

二十、文化教育

（一）学校

学儿 ɕiɔɹ⁵³ 学校。

上学儿 ʂɑ̃³¹ ɕiɔɹ⁵³

放学儿 fɑ̃³¹ ɕiɔɹ⁵³

逃学儿 tʰɔ⁵³⁻³¹ ɕiɔɹ⁵³

育红班儿 y³¹ xoŋ⁵³ pɐr³³ 幼儿园。20世纪六七十年代说法。

　　幼儿园 iou³¹ əɹ̩⁵³ yæ̃⁵³ 新说法。

小学儿 ɕiɔ²¹³⁻²¹ ɕiɔɹ⁵³

中学 tʂʰoŋ³³ ɕiɔ⁵³

大学 ta³¹ ɕiɔ⁵³

私塾 sʐ̩³³ ʂu⁵³

学费 ɕiɔ⁵³ fei³¹

放假 fɑ̃³¹ tɕia³¹

麦假 mɛ³¹ tɕia³¹ 麦收时放的约两周的假期。

伏假 fu⁵³ tɕia³¹ 暑假。

寒假 xæ̃⁵³ tɕia³¹

请假 tɕʰiŋ²¹³⁻²³ tɕia³¹

（二）教室、文具

教室 tɕiɔ³¹ ʂʐ̩³³ 也叫"课堂 kʰɯ̃ə³¹ tʰɑ̃⁵³"。

上课儿 ʂɑ̃³¹ kʰɯrɹ³¹

下课儿 ɕia³¹ kʰɯrɹ³¹

讲台 tɕiɑ̃²¹³⁻²¹ tʰɛ⁵³

黑板 xei³³ pæ²¹³

粉笔 fən²¹³⁻²³ pei³³

板擦儿 pæ²¹³⁻²³ tsʰʌr³³

花名册儿 xua³³ miŋ⁵³ tʂʰɐr³³

戒尺 tɕiɛ³¹ tʂʰʅ²¹³

教鞭 tɕiɔ³¹ piæ̃³³

本儿 pəɹ²¹³ 泛指各种本子。

缉本儿 tɕʰi³³ pəɹ²¹³ 用针线或订书机订本子。

缉书儿机 tɕʰi³³ ʂur⁵³ tɕi³³ 订书机。

笔记本儿 pi²¹³⁻²³ tɕi³¹ pəɹ²¹³

课本儿 kʰɯ̃ə³¹ pəɹ²¹³

铅笔 tɕʰiæ̃³³⁻⁵³ pei³³

橡皮 ɕiɑ̃³¹ pʰi⁵³

铅笔刀儿 tɕʰiæ̃³³⁻⁵³ pei³³ tɔr³³

圆规 yæ̃⁵³ kuei³³

三角板儿 sæ̃³³ tɕiɔ⁰ pɐr²¹³

钢笔 kɑ̃³³⁻⁵³ pei³³

毛笔 mɔ⁵³ pei³³

笔帽儿 pei³³ mɔr³¹

笔筒子 pei³³ tʰoŋ²¹³⁻²¹ tsʐ̩⁰

砚台 iæ̃³¹⁻⁵³ tʰɛ⁰

研墨 iæ̃⁵³ muə³¹

墨盒儿 mei³¹ xurr⁵³

墨汁儿 mei³¹ tsəɹ³³

墨水儿 mei³¹ ʂuəɹ²¹³ 钢笔用的。

书包 ʂu³³⁻⁵³ pɔ³³

纸 tʂʐ̩²¹³

白纸 pɛ⁵³ tʂʅ²¹³

草纸 tsʰɔ²¹³⁻²³ tʂʅ²¹³ 粗糙的黄色草纸。

（三）读书识字

念书的 niæ³¹ ʂu³³ ti⁰

认字儿的 ɻən³¹ tsəɻ³¹⁻⁵³ ti⁰

不认字儿的 pu³³ ɻən³¹ tsəɻ³¹⁻⁵³ ti⁰

念书 niæ³¹ ʂu³³

背书 pei³¹ ʂu³³

考场 kʰɔ²¹³⁻²³ tʂʰɑ̃²¹³

入场 ɻu³¹ tʂʰɑ̃²¹³

考试 kʰɔ²¹³⁻²³ ʂʅ³¹

卷子 tɕyæ³¹⁻⁵³ tsʅ⁰

满分儿 mæ²¹³⁻²³ fəɻ³³

零分儿 liŋ⁵³ fəɻ³³

毕业 pi³¹ iə³¹

文凭 uən⁵³⁻⁵⁵ pʰiŋ⁰

（四）写字

大楷 ta³¹ kʰɛ²¹³

小楷 ɕiɔ²¹³⁻²³ kʰɛ²¹³

连笔字儿 liæ⁵³ pei³³ tsəɻ³¹

字帖 tsʅ³¹ tʰiə³³

写白字儿 ɕiə²¹³⁻²¹ pɛ⁵³ tsəɻ³¹

草稿儿 tsʰɔ²¹³⁻⁵³ kɔr²¹³

打稿儿 ta²¹³⁻²³ kɔr²¹³

誊 tʰəŋ⁵³

一点儿 i³³ tier²¹³

一横 i³³ xəŋ⁵³

一竖儿 i³³ ʂur³¹

一撇儿 i³³ pʰiɤʔr²¹³

一捺儿 i³³ nʌr³¹

勾儿 kour³³

一画儿 i³³ xuʌr³¹

偏旁儿 pʰiæ³³ pʰʌr⁵³

立人儿 li³¹ ɻəɻ⁵³

双立人儿 ʂuæ³³ li³¹ ɻəɻ⁵³

弓长张 koŋ³³ tʂʰɑ̃⁵³ tʂɑ̃³³

立早儿章 li³¹ tsɔr²¹³⁻²³ tʂɑ̃³³

宝盖儿 pɔ²¹³⁻²³ kɐr³¹

秃宝盖儿 tʰu³³ pɔ²¹³⁻²³ kɐr³¹

穴宝盖儿 ɕyə³³ pɔ²¹³⁻²³ kɐr³¹

竖心儿 ʂu³¹ ɕiəɻ³³

犬毛儿 tɕʰyæ²¹³⁻²¹ mɔr⁵³ 指"犭"旁。

单耳刀儿 tæ³³ əɻ²¹³⁻²³ tɔr³³ 指"卩"旁。

双耳刀儿 ʂuæ³³ əɻ²¹³⁻²³ tɔr³³ 指"阝"旁。

反文儿 fæ²¹³⁻²¹ uəɻ⁵³

提土儿 tʰi⁵³ tʰur²¹³

竹字头儿 tʂu³³ tsʅ³¹ tʰour⁵³

火字旁儿 xuə²¹³⁻²³ tsʅ³¹ pʰʌr⁵³

四点水儿 sʅ³¹ tier²¹³⁻²³ ʂuəɻ²¹³

三点水儿 sæ³³ tier²¹³⁻²³ ʂuəɻ²¹³

两点水儿 liɑ̃²¹³⁻⁵³ tier²¹³⁻²³ ʂuəɻ²¹³

病字旁儿 piŋ³¹ tsʅ³¹ pʰʌr⁵³

走之儿 tʰou²¹³⁻²³ tʂəɻ³³

绞丝儿 tɕiɔ²¹³⁻²³ səɻ³³

提手儿 tʰi⁵³ ʂour²¹³

草字头儿 tsʰɔ²¹³⁻²³ tsʅ³¹ tʰour⁵³

二十一、文体活动

（一）游戏、玩具

风筝 fəŋ³³ tʂəŋ⁰

八卦 pa³³ kua³¹ 八卦形风筝。

鼻儿 piəʅ⁵³ 整体取柳枝或杨枝的一小段嫩皮，刮去一端外皮做成的可吹响的小管儿。

拧鼻儿 niŋ²¹³⁻²¹ piəʅ⁵³ 做鼻儿时取下嫩枝外皮的过程。

吹鼻儿 tʂʰuei³³ piəʅ⁵³

藏妈"户"儿 tsʰã⁵³ ma³³ xur³¹ 捉迷藏。

眯"着 m³³ tʂɔ⁰ 捉迷藏时，躲避或闭眼以等待对方藏好。

猴"儿了 xour⁵³⁻⁵⁵ lɛ⁰ 捉迷藏时，藏好之后给别人的口头暗号，表示已藏好。

踢毽儿 tʰi³³ tɕiɐr³¹

撞拐 tʂʰuã³¹ kuɛ²¹³

□子儿 tʂʰua³³ tsəʅ²¹³ 用猪、羊膝盖骨或石子儿，扔起其一，做规定动作后再接住。

弹球儿 tʰæ⁵³ tɕʰiour⁵³

打杂儿杂儿 ta²¹³⁻²¹ kʌr⁵³⁻⁵⁵ kʌr⁰ 抽陀螺。

打出溜滑儿 ta²¹³⁻²³ tʂʰu³³ liou⁰ xuʌr⁵³ 在冰上助跑后站住向前滑动。

撇啪儿 pʰiə³³⁻⁵³ pʰʌr³³ 打水漂儿。

打啪儿 ta²¹³⁻²³ pʰʌr³³ 一种游戏，用叠成正方形的纸片儿拍打地面使旁边的纸片儿翻起而取胜。

簸簸箕 puə³¹ puə³¹⁻⁵³ ɕi⁰ 两人双手互握，边唱儿歌边按节奏摆动手臂、各自转身(不松手)。

撂方儿 liɔ³¹ fã³³ 在地上画好方形网格线，用石子儿或其他临时找到的小物品做棋子，轮流摆放在线的交点上，自己一方棋子呈方形或放满整条线时可吃对方一子，最后占据较多点的一方取胜。

成龙 tʂʰəŋ⁵³ loŋ⁵³ 撂方时棋子占满网格中的一条线。

成方 tʂʰəŋ⁵³ fã³³ 撂方时棋子占满一个正方形。

跳房儿 tʰiɔ³¹ fʌr⁵³

拿搅儿 na⁵³ tɕiɐr²¹³ 翻绳游戏。

盘脚腩 pʰæ⁵³ tɕiɔ³³ næ⁵³ 大人和低龄儿童玩的边说儿歌边顺序拍打脚的游戏。

划拳 xua⁵³ tɕʰyæ⁵³

泼"谜儿 pʰuə³³ məʅ³¹ 出谜语。

猜谜儿 tsʰe³³ məʅ³¹ 猜谜语。

不倒翁 pu³³ tɔ²¹³⁻²³ uəŋ³³

牌九 pʰɛ⁵³ tɕiou²¹³

麻将 ma⁵³ tɕiɑ̃³¹

和 xu⁵³ 打麻将或打牌时打赢。

落听 lɔ³¹ tʰiŋ³¹ 打麻将时只差一张
　　就和牌。

扑克儿 pʰu⁵³⁻⁵⁵ kʰʌʳ⁰

老牛拉大车 lɔ²¹³⁻²¹ niou⁵³ la³³ ta³¹ tʂʰʐə³³
　　一种扑克游戏,双方分别放牌,
　　出现相同牌即收走两牌和之间
　　的牌,最后得到全部牌的取胜,
　　一般为低龄儿童游戏。

升级 ʂəŋ³³⁻⁵³ tɕi³³

黑牌 xei³³ pʰɛ⁵³ 老纸牌。窄长方形。

斗牌 tou³¹ pʰɛ⁵³ 打牌。

梭˭儿 suor³³ 打黑牌或扑克时,和牌
　　所需要的单张牌(非成对的),一
　　般事先约定某类花色。

掷色子 tʂʐ³³⁻⁵³ ʂɛ³³ tsʐ⁰

牛子 niou⁵³⁻⁵⁵ tsʐ⁰ 骨牌。

顶牛儿 tiŋ²¹³⁻²¹ niour⁵³ 一种骨牌游戏。

炮仗 pʰɔ³¹⁻⁵³ tʂʰɑ̃⁰ 鞭炮。"仗"声母
　　因轻声异常。

放炮仗 fɑ̃³¹ pʰɔ³¹⁻⁵³ tʂʰɑ̃⁰

二亲˭脚 ɚ³¹ tɕʰin⁵³ tɕiɔ³³ 二踢脚。

敌˭敌˭金儿 ti⁵³⁻⁵⁵ ti⁰ tɕiɚ̯³³ 手持的老
　　式小烟花,形状如鞭炮引信。

花 xua³³ 烟花。

放花 fɑ̃³¹ xua³³

鞭落儿 piæ³³ lɔr³¹ 成挂的鞭中未响

的鞭。

过亲家儿 kuə³¹ tɕʰin³³⁻⁵³ tɕiʌr³³ 过
　　家家。

玩钱儿 uæ⁵³⁻³¹ tɕʰiɚr⁵³ 赌博。

玩搅 uæ⁵³ tɕiɔ²¹³ 玩输了不认账。

（二）体育

象棋 ɕiɑ̃³¹ tɕʰi⁵³

下棋 ɕia³¹ tɕʰi⁵³

将 tɕiɑ̃³¹ 一般和"帅"统称为"老
　　头儿"。

帅 ʂuɛ³¹

士 ʂʐ³¹

象 ɕiɑ̃³¹ "相"同音。

车 tɕʰy³³

马 ma²¹³

炮 pʰɔ³¹

兵 piŋ³³

卒 tsu⁵³

拱卒 koŋ²¹³⁻²¹ tsu⁵³

支士 tʂʐ³³ ʂʐ³¹

落士 lɔ³¹ ʂʐ³¹

飞象 fei³³ ɕiɑ̃³¹

落象 lɔ³¹ ɕiɑ̃³¹

憋象眼儿 piə³³ ɕiɑ̃³¹ iɚr²¹³

隔着马腿儿 kuɯ⁵³⁻⁵⁵ tʂɔ⁰ ma²¹³⁻²³ tʰɚr²¹³

将 tɕiɑ̃³³ 动词,将军。

围棋 uei⁵³ tɕʰi⁵³

黑子儿 xei³³ tsɚr²¹³

白子儿 pɛ⁵³ tsəʅ²¹³

和棋 xuɯɔ⁵³ tɕʰi⁵³

拔河 pa⁵³ xuɯɔ⁵³

凫水 fu³¹ ʂuei²¹³

仰凫儿凫儿 iɑ̃²¹³⁻²¹ fur⁰ fur⁰ 仰泳。

狗刨儿 kou²¹³⁻²³ pʰɔr⁵³

扎猛儿 tsa³³ muor²¹³ 潜水。

打球儿 ta²¹³⁻²³ tɕʰiour⁵³

乒乓球儿 pʰiŋ³³⁻⁵³ pʰɑ̃³³ tɕʰiour⁵³

篮球儿 læ⁵³ tɕʰiour⁵³

排球儿 pʰɛ⁵³ tɕʰiour⁵³

足球儿 tsu³³ tɕʰiour⁵³

羽毛球儿 y²¹³⁻²¹ mɔ⁵³ tɕʰiour⁵³

跳远儿 tʰiɔ³¹ yɐr²¹³

跳高儿 tʰiɔ³¹ kɔr³³

（三）武术、舞蹈

张跟头 tʂɑ̃³³⁻⁵³ kən³³ tʰou⁰ 翻跟头。

栽大葱 tsɛ⁵³ ta³¹ tsʰoŋ³³ 倒立。

□腰 nou⁵³ iɔ³³ 向后弯腰。

打墙戳儿 ta²¹³⁻²³ tɕʰiɑ̃⁵³ tʂʰuor³³ 靠着墙倒立。

耍狮子 ʂua²¹³⁻²³ ʂʅ³³ tsʅ⁰

高跷 kɔ³³⁻⁵³ tɕʰiɔ³³

耍大刀 ʂua²¹³⁻²³ ta³¹ tɔ³³

扭秧歌儿 niou²¹³⁻²³ iɑ̃³³ kɤr⁰

扑蝴蝶 pʰu³³ xu⁵³⁻⁵⁵ tʰiə⁰ 一种舞蹈，一人持杆子挑着纸蝴蝶，一人扮演傻姑娘扑蝴蝶，有锣鼓点伴奏。

跳舞 tʰiɔ³¹ u²¹³

（四）戏剧

小木偶儿 ɕiɔ²¹³⁻²³ mu³¹ nour²¹³ 木偶戏，也指现代动画片儿。

肚肚戏儿 tu³¹⁻⁵³ tu⁰ ɕiəʅ³¹ 皮影戏。

大戏 ta³¹ ɕi³¹

京剧 tɕiŋ³³ tɕy³¹

评剧 pʰiŋ⁵³ tɕy³¹

梆子 pɑ̃³³ tsʅ⁰

话剧 xua³¹ tɕy³¹

戏院 ɕi³¹ yæ³¹

戏台 ɕi³¹ tʰɛ⁵³

戏子 ɕi³¹⁻⁵³ tsʅ⁰ 老派说法。包括演员、伴奏员等。

演员 iæ²¹³⁻²³ yæ⁵³

变戏法儿 piæ³¹ ɕi³¹ fʌr³³

说书 ʂuə³³⁻⁵³ ʂu³³

花脸 xua³³ liæ²¹³

小丑儿 ɕiɔ²¹³⁻²³ tʂʰour²¹³

跑龙套的 pʰɔ²¹³⁻²¹ loŋ⁵³ tʰɔ³¹⁻⁵³ ti⁰

二十二、动作

（一）一般动作

站 tʂæ³¹ 也说"立"。

蹲 tuən³³

躺 tʰɑ̃²¹³

趴 pʰa³³

坐 tsuə³¹

跪 kuei³¹

摔跤 ʂuɛ³³⁻⁵³ tɕiɔ³³ 跌倒。

爬起来 pʰa⁵³⁻⁵⁵ tɕʰi⁰ lɛ⁰

爬嚓起来 pʰa⁵³⁻⁵⁵ tʂʰa⁰ tɕʰi²¹³⁻²¹ lɛ⁰ 费力地爬起来。

讲⁼抽 tɕiɑ̃²¹³⁻²¹ tʂʰou⁰ 虫子乱钻乱晃，比喻人躺着翻转晃动。

顾⁼用 ku³¹⁻⁵³ yoŋ⁰ 虫子蠕动，也比喻人轻微的活动。

顾⁼秋 ku³¹⁻⁵³ tɕʰiou⁰ 轻微地活动。

鼓哒 ku²¹³⁻²¹ ta⁰ 摆弄。

嘎悠 ka⁵³ iou⁰ 晃动。

就就着 tɕiou³¹⁻⁵³ tɕiou⁰ tʂɔ⁰ 蜷缩着。

得⁼塞 tei³³ sei⁰（1）冷得发抖。（2）缩着脖子。

出溜 tʂʰu³³ liou⁰ 滑

摇头儿 iɔ⁵³ tʰour⁵³

点头儿 tiæ²¹³⁻²¹ tʰour⁵³

抬头儿 tʰe⁵³ tʰour⁵³

低头儿 ti³³ tʰour⁵³

回头儿 xuei⁵³ tʰour⁵³

扭头儿 niou²¹³⁻²¹ tʰour⁵³

扒头儿 pa³³ tʰour⁵³ 探头。

不⁼棱⁼脑袋 pu³³ ləŋ⁰ nɔ²¹³⁻²¹ tɛ⁰ 快速摇头。

披松 pʰei³³ soŋ⁰（头发）披散。

挂哒着脸 kua³¹⁻⁵³ ta⁰ tʂɔ⁰ liæ²¹³ 沉着脸。

脸转过去 liæ²¹³⁻²¹ tʂuæ³¹⁻⁵³ kuə⁰ tɕʰi⁰

抽抽探探 tʂʰou³³⁻⁵³ tʂʰou³³ tʰæ³¹ tʰæ³¹ 探头探脑。

睁眼 tʂəŋ³³ iæ²¹³

瞪眼 təŋ³¹ iæ²¹³

合眼 xuə⁵³ iæ²¹³

挤么眼儿 tɕi²¹³⁻²¹ mə⁰ iɐr²¹³ 快速眨眼示意。

眨么眼儿 tʂa²¹³⁻²¹ mə⁰ iɐr²¹³

隔⁼棱眼儿 kuɯ⁵³⁻⁵⁵ ləŋ⁰ iɐr²¹³ 睁一眼闭一眼。

眯缝着眼 mi³³ fəŋ⁰ tʂɔ⁰ iæ²¹³ 眯着眼。

碰见 pʰəŋ³¹⁻⁵³ tɕiæ⁰

看 kʰæ³¹

瞅 tʂʰou²¹³ 短暂地看。

盯 tiŋ³³

斜棱 ɕiə⁵³⁻⁵⁵ ləŋ⁰ 斜眼看。

列⁼棱 liə³¹⁻⁵³ ləŋ⁰ 带有责备地斜眼看。

瞎□嘛 ɕia³³ sa⁵³⁻⁵⁵ ma⁰ 四处乱看。

叭嚓 pa³³ tʂʰa⁰ 偷偷摸摸地看。

眼珠儿乱转 iæ²¹³⁻²³ tʂur³³ luæ³¹ tʂæ³¹

流泪儿 liou⁵³ ləʅ³¹

尿叽 niɔ³¹⁻⁵³ tɕi⁰ 对要哭的动作的蔑称。

张嘴 tʂɑ̃³³ tsuei²¹³

抿嘴 min²¹³⁻²³ tsuei²¹³

合上嘴 xuə⁵³⁻⁵⁵ ʂɑ̃⁰ tsuei²¹³

努嘴儿 nu²¹³⁻²³ tsuəȵ²¹³

嘬嘴 tɕyə³³ tsuei²¹³

呲牙 tshʅ³³ ia⁵³

咧嘴 liə²¹³⁻²³ tsuei²¹³

含 xən⁵³

舔 thiæ²¹³

嘬 tsuə³³ 吮吸。

嚼嚓 tɕiɔ⁵³⁻⁵⁵ tʂhaᵒ 嚼的动作，带蔑视意味。

裹 kuə²¹³ 婴儿咬住奶头吮吸的动作。

举手 tɕy²¹³⁻²³ ʂou²¹³

摆手儿 pɛ²¹³⁻²³ ʂour²¹³

撒手 sa³³ ʂou²¹³

伸手 ʂən³³ ʂou²¹³

动手儿 toŋ³¹ ʂour²¹³

支巴儿 tʂʅ³³ pʌrᵒ 站着扭打。

滚唠蛋嘞 kuən²¹³⁻²¹ lɔᵒ tæ³¹⁻⁵³ lɛᵒ 躺着扭打。

□呱子 khuɛ³³ ka⁵³⁻⁵⁵ tsʅᵒ 拍手。

□ khuɛ³³ 拍

挖 ua³³ 挖掘。

挖 ua²¹³ 用勺状物挖起：把墙～下去唠一大块。

挖挠儿 ua²¹³⁻²³ nɔr⁵³ 幼儿弯曲五指的动作。

挖挠儿机 ua²¹³⁻²³ nɔr⁵³ tɕi³³ 挖土机。

背着手儿 pei³¹⁻⁵³ tʂɔᵒ ʂour²¹³

叉着手儿 tʂha³³ tʂɔᵒ ʂour²¹³

抱着夹儿 pɔ³¹⁻⁵³ tʂɔᵒ tɕiʌr³³ 双臂交叉抱在胸前。

揣着手 tʂhɛ³³ tʂɔᵒ ʂou²¹³ 双手互插到袖筒里。

拨拉 pa³³ laᵒ

捂着 u²¹³⁻²¹ tʂɔᵒ

摩挲 ma³³ saᵒ

摸索 mɔ³³ sɔᵒ 乱摸。

胡¨啦 xu⁵³⁻⁵⁵ laᵒ 用手扫。

挠嚓 nɔ⁵³⁻⁵⁵ tʂhaᵒ 挠，带蔑视意味。

抠嚓 khou²¹³ tʂhaᵒ 抠，带蔑视意味。

抹嚓 muə²¹³⁻²¹ tʂhaᵒ 抹，带蔑视意味。

指攘 tʂʅ²¹³⁻²¹ nɑ̃ᵒ 指，带蔑视意味。

日¨鼓 ʐʅ³¹⁻⁵³ kuᵒ 瞎捣鼓以致弄得乱糟糟的。

瞎鼓哒 ɕia³³ ku²¹³⁻²¹ taᵒ 瞎捣鼓。

作鼓 tsuə³³ kuᵒ 制作、修理：～出来一个机子。

捣鼓 tɔ³³ kuᵒ 贩卖。

戏磨 ɕi³¹⁻⁵³ məᵒ 宠物或儿童粘人。

欺哄 tɕhi³³ xoŋ³³ 挨靠别人的身体。

抠骚 khou³³ sɔᵒ 抠。

挣歪 tʂən⁵³ uɛᵒ 挣扎。

掫 tsuɔ³³ 向上向前抬。

扦 tʂhou³³ 向上扶。

推搡 thuei³³ sɑ̃ᵒ

□ lɛ²¹³ 用力攥住猛地拉过来。

扽 tən³¹ 猛地拉绳子或线。

敌⁼ti⁵³ 捏住向外拔。

摁 nən³¹

剋 kʰei³³（1）用指甲挖。（2）刻：～个戳儿。

掐 tɕʰia³³

捏 niə³³ 泛指捏：～着一张纸。

捏 niə³¹ 捏着用力压：～死了个虫子。

捻 niæ²¹³

摽 piə³¹ 抓住从上垂下的长条物：摽着一根儿绳子上来。

扬 ʐɑ̃⁵³

把脚⁼ pa²¹³⁻²¹ tɕiɔ⁰ 把屎把尿。

扶着 fu⁵³⁻⁵⁵ tʂɔ⁰

弹手指头 tʰæ⁵³ ʂou²¹³⁻²¹ tʂʅ³³ tʰou⁰

攥撇子 tsuæ³¹ pʰiə²¹³⁻²¹ tsʅ⁰ 攥拳。

揢 kʰua³¹ 刮或用刀削。

跺哒 tuə²¹³⁻²¹ ta⁰ 反复跺脚。

蹦跶 pən⁵³ ta⁰ 反复跳跃。

噘咧 tɕyə³³ liə⁰ 因不高兴而暴躁。

□棱 sɛ²¹³⁻²¹ lən⁰（1）推搡。（2）言语攻击。

踱棱 tʂuɛ²¹³⁻²¹ lən⁰ 走路摇摆。

将将 tɕiɔ⁵³⁻⁵⁵ tɕiɔ⁰ 让人（一般是儿童）坐在自己双肩上。

能能着脚儿 nən⁵³⁻⁵⁵ nən⁰ tʂɔ⁰ tɕiɔr³³ 只用脚尖着地。

奔⁼ pən³³ 踢

扁 piæ²¹³ 踩

踏 tʂʰa²¹³ 在泥水里走。

跛嚓 pa⁵³ tʂʰa⁰ 乱走。

踮着脚尖儿 tiæ³³ tʂɔ⁰ tɕiɔ³³⁻⁵³ tɕiər³³

跷二郎腿 tɕʰiɔ³¹ əʐ³¹ lɑ̃⁵³ tʰuei²¹³

驱 tɕʰy³³ 脚贴地向前踢：把那个板凳儿往前～一点儿。

捩八 la⁵³ pa⁰ 分开双腿。

蜷哄⁼ tɕʰyæ⁵³⁻⁵⁵ xoŋ⁰ 蜷缩。

抖喽腿 tou²¹³⁻²¹ lou⁰ tʰuei²¹³

踢 tʰi³³

猫腰儿 mɔ⁵³ iɔr³³

伸腰 ʂən³³⁻⁵³ iɔ³³

撑腰 tʂʰən³³⁻⁵³ iɔ³³

扭哒 niou²¹³⁻²¹ ta⁰ 扭

张 tʂɑ̃³³ 向后摔。

撅屁股 tɕyə³³ pʰi³¹⁻⁵³ xu⁰

侧棱 tʂɛ³³ lən⁰ 歪斜。

侧歪 tʂɛ³³ uɛ⁰（1）歪斜。（2）半躺稍休息。

砸哒 tsa⁵³⁻⁵⁵ ta⁰ 捶

得⁼tei³³ 用拳头向前击打。

撍 ɕin²¹³

抽曩鼻子 tʂʰou³³ nɑ̃⁰ pi⁵³⁻⁵⁵ tsʅ⁰

夫曩 fu³³ nɑ̃⁰ 鼻子因鼻涕多而喘息声音大。

打嚏喷 ta²¹³⁻²¹ tʰi³¹⁻⁵³ fən⁰

闻 uan⁵³

看不上 kʰæ³¹⁻⁵³ pu⁰ ʂɑ̃³¹

哭 kʰu³³

抽哒 tʂʰou³³ ta⁰ 抽泣。

嗷号儿 ɔ³³ xɔr⁰ 男性吊唁关系较远的人时发出的仪式性哀叫声。

扔 ɻəŋ³³

说 ʂuə³³

跑 pʰɔ²¹³

走 tsou²¹³

着 tʂɔ³³ 放。也说"搁 kɔ³³"。

掺 tʂʰæ³³ ～水

拾掇 ʂʅ⁵³⁻⁵⁵ ʨɔ⁰

作鼓 tsuə³³ ku⁰ 摆弄、制作。

剋索 kʰei³³ sɔ⁰ 研究、制作精细的器物。

选 ɕyæ²¹³

提喽 ti³³ lou⁰

拾起来 ʂʅ⁵³⁻⁵⁵ ʨʰi⁰ lɛ⁵³

弭唠 mi²¹³⁻²¹ lɔ⁰ 把字擦掉。

丢 tiou³³

落 la³¹ 遗放、丢下。

找着嘞 tʂɔ²¹³⁻²¹ tʂɔ⁰ lɛ⁰

藏 tsʰɑ̃⁵³

码起来 ma²¹³⁻²¹ ʨʰi⁰ lɛ⁵³

晃荡 kuɑ̃³¹⁻⁵³ tɑ̃⁰ 摇晃盛有液体的容器。"晃"声母异常。

支棱 tʂʅ³³ ləŋ⁰ 伸展。

窝 uə³³

剌 la⁵³ 割

塞 sei³³ 填充。

楔 ɕiə³³（1）砸，使嵌入。（2）扔出小物件砸。

呼＝ xu³³（1）覆盖：这块地着草～着嘞。（2）扔小物件击打：拿坷垃～他！

缅 miæ²¹³ 挽（裤腿）。

糟践 tsɔ³³ ʨiæ⁰ 糟蹋。

祸祸 xuə⁵³ xuə⁰ 毁坏，败坏。

攡腾＝ xuə³³ tʰəŋ⁰ 搅

袭 ɕi⁵³ 长相、脾气沿袭长辈特征：他长得～他爸爸。

赓受 ʨʰiŋ⁵³⁻⁵⁵ ʂou⁰ 继承。

赓头 ʨʰiŋ⁵³ tʰou⁵³ 双手作揖，用来对晚辈的磕头表示接受和还礼。

捞回来 lɔ²¹³⁻²¹ xuei⁰ lɛ⁵³ 把失去的再找补回来。

打个顿儿 ta²¹³⁻²³ kuə³¹ təɻ³¹ 等一会儿。"顿"韵母异常。

桥＝ ʨʰiɔ⁵³ 具有（某种气味）：～香蕉味儿，～味儿（有难闻的气味儿）。

打混搅 ta²¹³⁻²³ xuən³¹ ʨiɔ²¹³ 捣乱。

挨个儿 nɛ³³ kɯɻ³¹ 排队。

伙里 xuə²¹³⁻²¹ li⁰ 混合，合伙：他俩～着做买卖。

晒干唠 ʨʰi³³⁻⁵³ kæ³³ lɔ⁰ 用身体或沙土等使织物干燥。

把干 pa²¹³⁻²³ kæ³³ 能吸收水分：这个药面儿能～。

畽凉 $tɕʰi^{33}$ $liɑ̃^{0}$ 略微风干。

蹂 $tsʰou^{33}$ 风吹使变凉。

呲喽 $tsʰʅ^{33}$ lou^{0} 让风微吹使变干。疑即"蹂"的分音词。

抹 ma^{33} 撤职:官儿着上边儿给～嘞。

(二)心理活动

知道 $tʂʅ^{33}$ $tɔ^{0}$

懂嘞 $toŋ^{213-21}$ $lɛ^{0}$

会嘞 $xuei^{31-53}$ $lɛ^{0}$

认得 $ʐən^{31-53}$ ti^{0}

不认得 pu^{33} $ʐən^{31-53}$ ti^{0}

认字儿 $ʐən^{31}$ $tsəɻ^{31}$

想想 $ɕiɑ̃^{213-53}$ $ɕiɑ̃^{0}$

估摸着 ku^{33} $mə^{0}$ $tʂɔ^{0}$

想法儿 $ɕiɑ̃^{213-23}$ $fʌɻ^{33}$ 想办法。

猜 $tsʰɛ^{33}$

算准唠 $suɛ^{31}$ $tʂuən^{213-21}$ $lɔ^{0}$

顾罗 ku^{31-53} $luə^{0}$ 应对:事儿太多,～不过来。

当的 $tɑ̃^{31-53}$ ti^{0} 以为。

黑上 xei^{33} $xɑ̃^{0}$ 认准了(做某事)。

相信 $ɕiɑ̃^{33}$ $ɕin^{31}$

注意 $tʂu^{31}$ i^{31}

害怕 $xɛ^{31}$ $pʰa^{31}$

吓着嘞 $ɕia^{31-53}$ $tʂɔ^{0}$ $lɛ^{0}$

着急 $tʂɔ^{53-31}$ $tɕi^{53}$

惦记 $tiɛ^{31-53}$ $tɕi^{0}$

放心 $fɑ̃^{31}$ $ɕin^{33}$

盼着 $pʰæ^{31-53}$ $tʂɔ^{0}$

巴不得 pa^{33} pu^{0} ti^{0} 也说"巴不得儿的(pa^{33} pu^{0} $təɻ^{213-21}$ ti^{0})"。

记着 $tɕi^{31-53}$ $tʂɔ^{0}$

忘嘞 $uɑ̃^{31-53}$ $lɛ^{0}$

想起来嘞 $ɕiɑ̃^{213-21}$ $tɕʰi^{0}$ $lɛ^{53-55}$ $lɛ^{0}$

眼红 $iæ̃^{213-21}$ $xoŋ^{53}$ 嫉妒。

腻歪 ni^{31-53} $uɛ^{0}$ 厌恶。

恨 $xən^{31}$

□得慌 $suən^{53}$ ti^{0} $xɑ̃^{0}$ 感到丢脸。

偏心眼儿 $pʰiæ^{33-53}$ $ɕin^{33}$ $iɐr^{213}$

不识逗 pu^{33} $ʂʅ^{53}$ tou^{31} 不懂得开玩笑。

不吃闲儿 pu^{33-53} $tsʰʅ^{33}$ $ɕier^{53}$ 闲不下来。

憋气 $piə^{33}$ $tɕʰi^{31}$

生气 $ʂəŋ^{33}$ $tɕʰi^{31}$

疼 $tʰən^{53}$ 心疼,爱惜:～人儿,～东西。

待⁻见 $tɛ^{31}$ $tɕiæ^{31}$ 喜欢。

沆乎 $xɑ̃^{31-53}$ xu^{0} 不注意,马虎:你答应了这个事儿就别～。

惯着 $kuæ^{31-53}$ $tʂɔ^{0}$ 娇惯。

宠着 $tʂʰoŋ^{213-21}$ $tʂɔ^{0}$

凑合 $tsʰou^{31-53}$ $xuə^{0}$

就哒 $tɕiou^{31-21}$ ta^{0} 凑合,妥协。

逞着 $tʂʰəŋ^{213-21}$ $tʂɔ^{0}$ 骄纵。

跟谁置气 $kən^{33}$ xei^{53} $tʂʅ^{31}$ $tɕʰi^{31}$ 生谁的气。

冲肺管子 $tʂʰoŋ^{33}$ fei^{31} $kuæ^{213-21}$ $tsʅ^{0}$ 暴怒的形象说法。

向 ɕiã^{53} 偏向。

记毒儿 tɕi^{31} tur^{53} 绝交。

宾服儿 pin^{33} fur^{0} 从内心真的服气。

识足 ʂʐ^{53} tɕy^{33} 满足。

嘬瘪子 tsuə^{33} piə$^{213-21}$ tsʐ^{0} 遇到困难。

嘬死瘪子 tsuə^{33} sʐ$^{213-23}$ piə$^{213-21}$ tsʐ^{0} 遇到难以解决的大困难。

倒血霉 tɔ$^{213-23}$ ɕiə^{33} mei^{53}

占向‾ 赢 tʂæ^{31} ɕiã^{53} iŋ^{0} 占便宜。

弯弯绕儿 uæ̃^{33} uæ̃^{0} ˌʐɻ^{31} 坏心眼儿：这孩子实诚，没那么些个～。

气得夫儿夫儿的 tɕʰi$^{31-53}$ ti^{0} fur$^{33-53}$ fur^{33} ti^{0} 气得咬牙切齿喘粗气。

得唠意嘞 tei^{0} lɔ^{0} i$^{31-21}$ lɛ^{0} 碰到好运气。

(三)语言动作

说话儿 ʂuə^{33} xuʌr^{31}

拉韬儿 la$^{33-53}$ tʰɔr^{33} 聊天。

接茬儿 tɕiə^{33} tʂʰʌr^{53}

不言语声儿 pu^{33} niæ$^{53-55}$ y^{0} ʂʐɻr^{33} 不做声。

不言不语儿 pu^{33} niæ^{53} pu^{33} iur^{213} 不说话。

打哈儿哈儿 ta$^{213-23}$ xʌr^{33} xʌr^{0} 嬉皮笑脸地敷衍。

花迷掉嘴儿 xua^{33} mi^{53} tiɔ^{31} tsuəʐ^{213} 花言巧语。

吭哧憋抖 kʰəŋ^{33} tʂʰʐ piə^{33} tou^{0} 支支吾吾，嘟嘟囔囔。

糊弄 xu^{53} ləŋ^{0} "弄"声母异常。

说给 ʂuə^{33} kei^{0} 告诉。必须接间接宾语。～他。

学舌 ɕiə$^{53-31}$ ʂʐə^{53}

告诉 kɔ$^{31-53}$ səŋ^{0} 复述。一般不接宾语。别跟他～。"诉"韵母异常。

抬杠 tʰɛ^{53} kã^{31}

犟嘴儿 tɕiã^{31} tsuəʐ^{213}

吃嚷 kuə^{33} nã^{0} 吵架。

嘟囔 tu^{33} nã^{0}

打仗 ta$^{213-23}$ tʂã^{31} 言语争吵和动手都可称打仗。

骂 ma^{31}

骂街 ma^{31} tɕiə^{33}

挨骂 nɛ^{53} ma^{31}

瞎咧咧 ɕia$^{33-53}$ liə^{33} liə^{0} 胡说。

嘚嘞 tuə^{33} lə^{0} 令人讨厌的说话行为。

嘱咐 tsu$^{213-21}$ fu^{0}

翻‾ 哒 fæ^{33} ta^{0} 责备、训斥，对象一般是儿童。

呲哒 tsʰʐ^{33} ta^{0} 责备、训斥。

挨呲哒 nɛ^{53} tsʰʐ^{33} ta^{0} 挨批评。

唠叨 lɔ^{33} tɔ^{0} 不带宾语。

叨唠 tɔ^{33} lɔ^{0} 唠叨，可带宾语。

叫 tɕiɔ^{31} 喊。～他来。

嚷 ʐã^{213}

贱贱贱贱的 tɕiæ$^{31-53}$ tɕiæ^{0} tɕiæ$^{31-53}$ tɕiæ^{0} ti^{0} 说话嗲声嗲气的。

托人弄脸 tʰuə^{33} ɻuɛɻ^{53} nəŋ^{31} liæ^{213} 托关系办事。

反沟 fæ$^{213\text{-}23}$ kou^{33} 反悔,不认账。

虚哄 ɕy^{33} xoŋ^{0} 表面性的热情、客气。

二十三、位置

上边儿 ʂɑ̃$^{31\text{-}21}$ peɻ^{0}

下边儿 ɕia$^{31\text{-}21}$ peɻ^{0}

地下 ti$^{31\text{-}53}$ ɕiə^{0}

近处儿里 tɕin$^{31\text{-}53}$ tʂʰur^{0} ni^{0}

远处儿里 yæ$^{213\text{-}23}$ tʂʰur^{0} ni^{0}

天上 tʰiæ^{33} xɑ̃^{0}

山上 ʂæ^{33} xɑ̃^{0}

道儿上 tɔr$^{31\text{-}53}$ xɑ̃^{0}

当街 tɑ̃$^{33\text{-}53}$ tɕiə^{33}

墙上 tɕʰiɑ̃$^{53\text{-}55}$ xɑ̃^{0}

门上 mən$^{53\text{-}55}$ xɑ̃^{0}

桌子上 tʂuə^{33} tsʅ^{0} xɑ̃^{31}

椅子上 i$^{213\text{-}21}$ tsʅ^{0} xɑ̃^{31}

边儿上 pieɻ^{33} xɑ̃^{0}

里头 li$^{213\text{-}21}$ tʰou^{0}

外头 uɛ$^{31\text{-}53}$ tʰou^{0}

手里 ʂou$^{213\text{-}21}$ ni^{0}

心里 ɕin^{33} ni^{0}

洼里 ua^{33} ni^{0} 野外。

地儿里 tiəɻ$^{31\text{-}53}$ ni^{0} 用在市、县名后,表示在某市、县地域内的意思:这已经到唠河间~嘞。

大门外儿边儿 ta^{31} mən^{53} uɐɻ^{31} peɻ^{0}

门儿外儿边儿 məɻ^{53} uɐɻ^{31} peɻ^{0}

墙外儿边儿 tɕʰiɑ̃^{53} uɐɻ^{31} peɻ^{0}

窗户外儿边儿 tʂʰuɑ̃^{33} xu^{0} uɐɻ^{31} peɻ^{0}

车上 tʂʰʅ^{33} xɑ̃^{0}

车外儿边儿 tʂʰʅ^{33} uɐɻ^{31} peɻ^{0}

车前边儿 tʂʰʅ^{33} tɕʰiæ^{53} peɻ^{0}

车后边儿 tʂʰʅ^{33} xou^{31} peɻ^{0}

前边儿 tɕʰiæ$^{53\text{-}55}$ peɻ^{0}

后边儿 xou^{31} peɻ^{0}

山前边儿 ʂæ^{33} tɕʰiæ$^{53\text{-}55}$ peɻ^{0}

山后边儿 ʂæ^{33} xou^{31} peɻ^{0}

房后 fɑ̃^{53} xou^{31}

半悬空里 pæ^{31} ɕyæ^{53} kʰoŋ^{33} ni^{0} 半空中。

黑咕影儿里 xei^{33} ku^{31} iɻɻ$^{213\text{-}21}$ ni^{0} 黑影里。

浮头儿 fu$^{53\text{-}31}$ tʰour^{53} 表面。

紧 tɕin^{213} 最:～上边儿,～底下,～里头,～外边儿。

从今往后 tsʰoŋ^{53} tɕin^{33} uɑ̃$^{213\text{-}23}$ xou^{31}

打这儿以后 ta$^{213\text{-}23}$ tʂɻr^{33} i$^{213\text{-}23}$ xou^{31}

东 toŋ^{33}

西 ɕi^{33}

南 næ^{53}

北 pei^{213}

东南 toŋ^{33} næ^{53}

东北 toŋ³³ pei²¹³

西南 ɕi³³ næ̃⁵³

西北 ɕi³³ pei²¹³

道边儿上 tɔ³¹ piɚ³³ xɑ̃⁰ 路边。

当么间儿 tɑ̃³³ mə⁰ tɕiɚ³¹ 中间。

床底下 tʂʰuɑ̃⁵³ ti²¹³⁻²¹ ɕiə⁰

楼底下 lou⁵³ ti²¹³⁻²¹ ɕiə⁰

脚底下 tɕiɔ³³ ti²¹³⁻²¹ ɕiə⁰

碗底儿 uæ̃²¹³⁻²³ tiəʐ²¹³

锅底 kuə³³ ti²¹³

瓮底儿 uəŋ³¹ tiəʐ²¹³

旁边儿 pʰɑ̃⁵³ pɚ³³

跟前儿 kən³³ tɕʰiɚ²¹³ "前"声调异常。

圆遭儿 yæ̃⁵³ tsɔr³³ 周围:～放了老些个柴火。

哪下儿 na²¹³⁻²³ xɚ³¹

左边儿 tsuə²¹³⁻²³ pɚ³³

右边儿 iou³¹ pɚ³³

里环儿 li²¹³⁻²³ xuɐr⁵³ 牲畜前进方向的左边。

外环儿 uɛ³¹ xuɐr⁵³ 牲畜前进方向的右边。

往里走 uɑ̃²¹³⁻²³ li²¹³⁻²³ tsou²¹³

往外走 uɑ̃²¹³⁻²³ uɛ³¹ tsou²¹³

往东走 uɑ̃²¹³⁻²³ toŋ³³ tsou²¹³

往西走 uɑ̃²¹³⁻²³ ɕi³³ tsou²¹³

往回走 uɑ̃²¹³⁻²³ xuei⁵³ tsou²¹³

往前走 uɑ̃²¹³⁻²³ tɕʰiæ̃⁵³ tsou²¹³

往东 uɑ̃²¹³⁻²³ toŋ³³……以东。

往西 uɑ̃²¹³⁻²³ ɕi³³……以西。

往南 uɑ̃²¹³⁻²³ næ̃⁵³……以南。

往北 uɑ̃²¹³⁻²³ pei²¹³……以北。

以里 i²¹³⁻²³ li²¹³……以内。

往外 uɑ̃²¹³⁻²³ uɛ³¹……以外。

二上 əʐ³¹⁻⁵³ xɑ̃⁰ 过程中:别在～又变唠卦。

二十四、代词等

俺 næ̃²¹³

我 uə²¹³ "俺"和"我"的区别在于前者更富土语色彩,后者不接"们"。

你 ni²¹³

他 tʰa²¹³

俺们 næ̃²¹³⁻²¹ mən⁰

咱们 tsæ̃⁵³⁻⁵⁵ mən⁰

你们 ni²¹³⁻²¹ mən⁰

他们 tʰa²¹³⁻²³ mən⁰

我的 uə²¹³⁻²¹ ti⁰

[人家] niə⁵³

个人 kuɐ³¹ ʐən⁵³ 自己:他～去。

家 tɕia³³ 家伙，必须用在"这、那"之
　后：这～，那～。

行=子 xɑ̃⁵³⁻⁵⁵ tsʅ⁰ 东西，对人或事物
　的蔑称。

娃儿 uʌr⁵³ 玩意儿，泛指各类东西：
　这～挺好。

大家伙儿 ta³¹ tɕia³³ xuor²¹³

谁 xei⁵³

这个₁ tʂʅə²¹³⁻²³ kɯə³¹ 也说 tʂʅə³¹⁻⁵³ kə⁰。
　一般单独使用，指称较近的具体
　目标，一般配合身体动作。

这个₂ tʂʅə³¹ kɯə³¹ 一般用在名词前：
　～东西。

那个₁ na²¹³⁻²³ kɯə³¹ 一般单独使用，
　指称较远的具体目标，一般配合
　身体动作。

那个₂ na³¹ kɯə³¹ 一般用在名词前：
　～东西。

哪个 na²¹³⁻²³ kɯə³¹

这些个 tʂʅə³¹ ɕi³³ kə⁰

那些个 na³¹ ɕi³³ kə⁰

哪些个 na²¹³⁻²³ ɕi³³ kə⁰

这里 tʂʅə³¹⁻⁵³ ni⁰ 也说 "这儿见 tʂʅr³³
　tɕiæ⁰、这儿下儿 tʂʅr³³ xɐr⁰"。

那里 na³¹⁻⁵³ ni⁰ 也说 "那儿见 nʌr³³
　tɕiæ⁰、那儿下儿 nʌr³³ xɐr⁰"。

哪里 na²¹³⁻²¹ ni⁰ 也说 "哪下儿 na²¹³⁻²³
　xɐr³³"。

这么（高）tʂʅə³¹⁻⁵³ m⁰

这么着（做）tʂʅə³¹⁻⁵³ m⁰ tʂo⁵³

那么（高）na³¹⁻⁵³ m⁰

那么着（做）na³¹⁻⁵³ m⁰ tʂo⁵³

怎么（做）tsən²¹³⁻²¹ m⁰

怎么办 tsən²¹³⁻²¹ mə⁰ pæ³¹

为么 uei⁵³ muə³¹ 为什么

么 muə³¹ 也说 "什么 ʂən⁵³⁻⁵⁵ mə⁰"。

么儿 muor³¹ 东西。泛指一切事物。

多少（钱）tuə³³ ʂo⁰

多（久、高、大、厚、重）tuə³³/tuə²¹³

俺俩 næ²¹³⁻²³ lia²¹³

咱俩 tsæ⁵³ lia²¹³

你俩 ni²¹³⁻⁵³ lia²¹³

他俩 tʰa²¹³⁻⁵³ lia²¹³

两口子 liɑ̃²¹³⁻⁵³ kʰou²¹³⁻²¹ tsʅ⁰ 夫妻俩。

娘儿俩 niʌr⁵³ lia²¹³

爷儿俩 iɻʌr⁵³ lia²¹³

哥儿俩 kɯɻr³³ lia²¹³

姐儿俩 tɕiɻʌr²¹³⁻⁵³ lia²¹³

人儿们儿 ɻɚʅ⁵³⁻⁵⁵ məʅ⁰ 人们，大家
　伙儿。

妯娌们 tʂou⁵³⁻⁵⁵ li⁰ mən⁰

们 mən⁰ 不用于非人词语。

二十五、形容词

强 tɕʰiɑ⁵³ 好：这个比那个～点儿。

邪 ɕiə⁵³（1）厉害，略有讽刺意味。
（2）邪门儿。

不浪荡 pu³³ lɑ³¹⁻⁵³ tɑ⁰ 不错：这件衣
裳真不～。

不累赘 pu³³ lei⁵³⁻⁵⁵ tʂuei⁰ 不错。

差不多儿 tʂʰa³³ pu⁰ tuor³³

不怎么样 pu³³ tsən²¹³⁻²¹ m⁰ iɑ³¹

不管事儿 pu³³ kuæ²¹³⁻²³ ʂəʐ³¹ 不顶事。

不碍紧儿 pu³³ nɛ³¹ tɕiəʐ²¹³ 不要紧。

不碍的 pu³³ nɛ³¹⁻⁵³ ti⁰ 没关系。一般
在劝慰儿童时使用。

不大离儿 pu³³ ta³¹ liəʐ⁵³ 差不多。

不大离儿不大离儿地 pu³³ ta³¹ liəʐ⁵³
pu³³ ta³¹ liəʐ⁵³⁻⁵⁵ ti⁰ 自我感觉良好
的样子，含贬义。

不跟劲 pu³³⁻⁵³ kən³³ tɕin³¹ 鞋不舒服。

不适闲 pu³³⁻⁵³ ʂʐ³³ ɕier⁵³ 不停歇。

不得手儿 pu³³⁻⁵³ tei³³ ʂour²¹³ 不方便：
这个西瓜忒大，～拿着。

次 tsʰʐ³¹ 差，不好。

凑合 tsʰou³¹⁻⁵³ xuo⁰

二五眼 əʐ³¹ u²¹³⁻²³ iæ²¹³ 凑合，一般
偏差。

俊 tsuən³¹ 俊俏，美丽，男女均可使
用，但多用于女性。

丑 tʂʰou²¹³

挡呛 tɑ²¹³⁻²³ tɕʰiɑ³¹ 管用。

要紧儿 iɔ³¹ tɕiəʐ²¹³

热闹 ʐuə³¹⁻⁵³ nɔ⁰

严 iæ⁵³ 满：这孩子把褥子尿～嘞。

英⁻可⁻ in³³ kʰɤ⁰ 结实，坚固。

结实 tɕiə³³ ʂʐ⁰（1）坚硬。（2）身体
健康。

戒在 tɕiə³¹⁻⁵³ tsɛ⁰ 在饮食、穿衣等生
活细节方面小心细致：这老太太
过得可～嘞。

膒 tɕʰy⁵³ 小气。

硬 in³¹

软 ʐuæ²¹³

干净 kæ³³ tɕiŋ⁰

埁 tʂʰən²¹³ 不干净。

咸 ɕiæ⁵³

寡 kua²¹³ 不咸。

香 ɕiɑ³³

臭 tʂʰou³¹

酸 suæ³³

甜 tʰiæ⁵³

苦 kʰu²¹³

辣 la³¹

糨 tɕiɑ³¹ 稠：粥忒～了。

稀 ɕi³³

密 mei³¹

肥 fei⁵³ 指动物:鸡挺～。

胖 pʰã³¹ 指人。

瘦 ʂou³¹ 指人、动物、肉食等均可说瘦。

大发 ta³¹⁻⁵³ fa⁰ 非常多。

舒贴 ʂu³³ tʰiə⁰ （1）舒服。（2）平整。

符儿 fur³³ （放置）妥帖。

呔咳 tʰɤ³³ xɛ⁰ 舒服,含贬义。

难受 næ⁵³ ʂou³¹

杀得慌 ʂɔ³³ ti⁰ xã³³ 有刺激性的粉末或液体让皮肤产生烧灼感。

腼腆 miæ²¹³⁻²¹ tʰiæ⁰

僵 tɕiã³³ 端架子、爱挑理,不尊重人。

听说 tʰiŋ³³⁻⁵³ ʂuə³³ 乖:小孩儿真～。

皮 pʰi⁵³ 调皮。

臁 tʂʰuɛ³¹ 笨拙。

费力 fei³¹ li³¹ 小孩儿淘气爱哭。

小性儿 ɕiɔ²¹³⁻²³ ɕiˀʏʅ³¹ 易为小事生气或难过。

真棒 tʂən³³ pã³¹ 非常帅气好看:这小伙子～。

不行 pu³³ ɕiŋ⁵³ 形容人:那人儿～。

缺德 tɕʰyə³³ tuə⁵³

机灵 tɕi³³ liŋ⁰

巧 tɕʰiɔ²¹³ 她有一双～手。

糊涂 xu⁵³⁻⁵⁵ tʰu⁰

死心眼儿 sʅ²¹³⁻²³ ɕin³³ iɐr²¹³

脓包 noŋ⁵³ pɔ³³ 窝囊无能的人。

小气 ɕiɔ²¹³⁻²³ tɕʰi³¹

豁门儿嘞 xuɔ³³ məʅ⁰ lɛ⁰ 豁出去了。

屁股沉 pʰi³¹⁻⁵³ xu⁰ tʂʰən⁵³ 客人久坐不告辞。

大方 ta³¹⁻⁵³ fã⁰

整个地 tʂən²¹³⁻²³ kuə³¹⁻⁵³ ti⁰

碍事不啦脚地 nɛ³¹ ʂʅ³¹ pu³³ la⁵³ tɕiɔ³³ ti⁰ 碍事。

勺二勺道 ʂɔ⁵³⁻⁵⁵ əʅ⁰ ʂɔ⁵³⁻⁵⁵ tɔ⁰ 冒冒失失。

没眼落力地 mei³³ iæ²¹³⁻²³ la³¹ li³¹⁻⁵³ ti⁰ 没眼力。

细细绺绺地 ɕi³¹⁻⁵³ ɕi⁰ liou²¹³⁻²¹ liou⁰ ti⁰ 猥琐。

娘娘们儿们儿地 nia⁵³⁻⁵⁵ nia⁰ məʅ⁵³ məʅ³³ ti⁰ 男子行为带有女性特征,含贬义。

哩哩拉拉 li⁵³⁻⁵⁵ li⁰ la⁵³⁻⁵⁵ la⁰ 汁液不停滴落,也形容行为断断续续。

浑 xuən⁵³ ～身是汗。

凸 tʰu³³

凹 ua³³

凉快儿 liã⁵³⁻⁵⁵ kʰuɐr⁰

背静 pei³¹⁻⁵³ tɕiŋ⁰ 僻静。

活动 xuə⁵³⁻⁵⁵ toŋ⁰ 不稳固。

颠哒 tiæ³³ ta⁰ 颠簸。

地道 ti³¹⁻⁵³ tɔ⁰

圪洁 kuɔ³³ tɕiə⁰ 整洁。

齐洁 tɕʰi⁵³⁻⁵⁵ tɕiə⁰ 整齐。

纵曠 tsoŋ³¹⁻⁵³ nɑ̃⁰ 起皱。

暴ᵈ 腾 pɔ⁵³ tʰəŋ⁰ 尘土飞扬。

称心 tʂʰən³¹ ɕin³³

精 tɕiŋ³³ 精明。

不是个 pu³³ ʂʅ³¹ kɯə³¹ 不是对手。

晚 uæ̃²¹³

多 tuə³³

少 ʂɔ²¹³

大 ta³¹

小 ɕiə²¹³

长 tʂʰɑ̃⁵³

短 tuæ̃²¹³

宽 kʰuæ̃³³

窄 tʂɛ³³

窄憋 tʂɛ³³ piə⁰ 狭窄。

厚 xou³¹

薄 pɔ⁵³

深 ʂən³³

浅 tɕʰiæ̃²¹³

高 kɔ³³

低 ti³³

矬 tsʰuə⁵³

正 tʂən³¹

歪 ue³³

斜么 ɕiə⁵³⁻⁵⁵ muə⁰ 斜

笪喽 tɕiə²¹³⁻²¹ lou⁰ 歪斜。

红 xoŋ⁵³

蓝 læ̃⁵³

绿 ly³¹

白 pɛ⁵³

灰 xuei³³

黄 xuɑ̃⁵³

青 tɕʰiŋ³³

紫 tsʅ²¹³

黑 xei³³

二十六、副词、介词等

得 ti³³ 得、应该：他结婚我～去。

刚 kɑ̃³³ 我～来，没赶上。

正好儿 tʂən³¹ xɔr²¹³ ～十块钱；～我在那儿。

强 tɕʰiɑ̃²¹³ 勉强（达到）：～赶上火车。

正 tʂən³¹ 不大不小，～合适。

净 tɕiŋ³¹ ～吃米，不吃面。

有点儿 iou²¹³⁻²¹ tiɐr⁰ 天～冷。

怕是 pʰa³¹ ʂʅ³¹ 也许：～要下雨。

躺儿 xour³³ 程度特别高：～甜。

恐怕 pʰəŋ⁵³⁻⁵⁵ pʰa⁰ "恐"声母受后字同化。

没的 mu⁵³⁻⁵⁵ ti⁰ 难道（表揣测）：～是他说的呀？

敢子 kæ̃²¹³⁻²¹ tsʅ⁰ 敢情。

备不住 pei³¹⁻⁵³ pu⁰ tʂu³¹ 也许：明天～

要下雨。

办不得 pæ³¹⁻⁵³ pu⁰ ti⁰ 比不得：～你啊。

怨不得 yæ³¹⁻⁵³ pu⁰ ti⁰ 怪不得。

越紧着 yə³¹ tɕin²¹³⁻²¹ tʂɔ⁰ 与形容词
　组成短句，接在否定祈使句后，
　表示对方被禁止的行为会导致
　形容词所描述的状况发生：别开
　窗户了，～冷呢。

赶等着 kæ²¹³⁻²³ təŋ²¹³⁻²¹ tʂɔ⁰ 等到：～
　我有钱喽再说。

提另地 tʰi⁵³ liŋ³¹⁻⁵³ ti⁰ 特意地：不用
　～来一趟。

好容地 xɔ²¹³⁻²¹ yoŋ⁵³⁻⁵⁵ ti⁰ 好容易：～
　大老远地来嘞，先别走嘞。

马˝放˝儿 ma²³ fʌr³¹ 哪怕：你不用来
　一趟，～说句话我都照办。

肯是 kʰən²¹³⁻²³ ʂʅ³¹ 可能是。

只嫌 tsʅ³³ ɕiæ⁵³：别说话嘞！～不闹
　腾啊！

皆为 tɕiə⁵³⁻⁵⁵ uei⁰ 皆因为：～是你，
　我才说的，别人我还不管呢。

差点儿 tʂʰa³¹ tier²¹³ ～摔喽。

非得……不 fei³³⁻⁵³ ti³³ …… pu³³ 非
　得到九点不开会。

马上 ma²¹³⁻²³ ʂɑ̃³¹ ～就来。

立时 li³¹ ʂʅ⁵³ 立即：他说了句话儿
　～就走嘞。

翘早儿 tɕʰiɔ³¹ tsɔr²¹³ 趁早，有警告

意味：你～把钱都还上。

眼看 iæ̃²¹³⁻²³ kʰæ³¹ ～就到期了。

仗着 tʂɑ̃³¹⁻⁵³ tʂɔ⁰ 幸亏：～你来嘞，要
　不然我们就走错了。

合着 xuə⁵³⁻⁵⁵ tʂɔ⁰ 原来，表示出乎意
　料：还以为你带队呢，～你不去啊！

当面儿 tɑ̃³³ miɚr³¹ 有话～说。

背地儿里 pei³¹ tiəɻ³¹⁻⁵³ ni⁰ 不要～说。

一块儿 i³³ kʰuɚr³¹ 咱们～去。

旋 ɕyæ³¹ ～吃～拿。也说 suæ³¹。

喝˝儿五˝儿一˝的 xuɚɻ³³ uɻ⁰ i³³ ti⁰ 一
　般情况下的：～事儿他不管。

顺便儿 ʂuən³¹ piɚr³¹ 请他～给我买
　本书。

就日 tɕiou³¹ ɻʅ³¹ 顺便：你去取钱的
　时候～把菜买喽。

爽利 ʂuæ²¹³⁻²³ li³¹ 干脆：～把车也开走。

得故意儿地 tei²¹³⁻²¹ ku⁰ iəɻ³³ ti⁰ 故意
　地：～捣乱。

大估量 ta³¹ ku⁰ liɑ̃³³ 估计着。

一扑纳心儿地 i³³ pʰu²¹³⁻²³ na³¹ ɕiəɻ³³
　ti⁰ 心无旁骛地，一心一意地。

一工劲儿地 i³³⁻⁵³ koŋ³³ tɕiəɻ³¹⁻⁵³ ti⁰ 一
　直不停地：她也不说话儿，就是
　～干活儿。

着实 tʂɔ²¹³⁻²¹ ʂʅ⁰ 彻底地：～扫扫。

着实里 tʂɔ²¹³ ʂʅ⁵³⁻⁵⁵ ni⁰ 十分彻底地：
　～洗洗。

顶数 tiŋ²¹³⁻⁵³ ʂu²¹³ ～他岁数大。

好生 xɔ²¹³⁻²¹ səŋ⁰ 好好地：～坐着。"生"声母异常。

搁幸 kɔ³³ ɕin³¹ 也许。

搁得儿 kɔ³³ təɻ⁰ 终于：我防唠他半年也没防住，～着他把我那钱抢唠去嘞。

挨着牌儿地 nɛ³³ tʂɔ⁰ pʰɚ⁵³⁻⁵⁵ ti⁰ 挨个儿：把这些个数学题～着他说说。

你们 ni²¹³⁻⁵³ mən⁰ 非代词，出现在"都 V 了＋你们＋数量结构＋了"句式中，表示程度超出常规。如"都写唠你们三天嘞（还没写完呢）"。

到了儿 tɔ³¹ liɚ²¹³ 他～走唠没有，你得问清楚唠。

地根儿里 ti³¹ kəɻ³³ ni⁰ 压根儿

搭⁼等⁼子 ta³³ təŋ²¹³⁻²¹ tsɿ⁰ 反倒：本来指着他给说说呢，一求他，他～走嘞。

赌气子 tu²¹³⁻²¹ tɕʰi³¹⁻⁵³ tsɿ⁰ 副词，表示"一赌气干脆"的意思：他一听这个～不去嘞。

压根儿 ia³¹ kəɻ³³ 他～就不知道。

忒 tʰuei³³ 特别：这人～好。

吧儿吧儿地 pʌɻ³¹ pʌɻ³³ ti⁰ 不得已而持续做某事的样子：～等唠一天。

小四十子 ɕiɔ²¹³⁻²³ sɿ³¹ sʅ⁵³⁻⁵⁵ tsɿ⁰ 接

近四十：这人已经～嘞。一般用于此类结构中的数词是十的整数倍，在四十到八十之间。

通共 tʰoŋ³³ koŋ³¹ 统共：～才十个人。

滥 læ³¹ 都：名角儿一出来～叫好儿。

别 piə⁵³ 慢慢儿走，～跑。

白 pɛ⁵³ （1）不要钱：～吃。（2）无效：～跑一趟。

就 tsou³¹ 你不叫我去，我～去。

瞎 ɕia³³ ～说。

先 tɕʰiæ³³ 你～走，我随后就来。

先头儿 tɕʰiæ³³ tʰour⁵³ 他～不知道，后来才听人说的。

另外 liŋ³¹ uɛ³¹ ～还有一个人。

着 tʂɔ²¹³ 被：～狗咬唠一口。

把 pa²¹³ ～门关上。

对 tuei³¹ 你～他好，他就～你好。

济着 tɕi³¹⁻⁵³ tʂɔ⁰ 紧着，优先：～你的事儿做。

冲着 tʂʰoŋ³¹⁻⁵³ tʂɔ⁰ 他老是～我笑。

杠⁼着 kɑ³¹⁻⁵³ tʂɔ⁰ 轮到、应该：～你值日了。

上 ʂɑ³¹ ～哪儿去？

到 tɔ³¹ ～哪天为止？

的 ti⁰ 到：扔～水里。

头 tʰou⁵³ 在……之前：～吃饭，洗手。

在 tɛ²¹³ ～哪里住？

从 tsʰoŋ⁵³ ～哪里走？

从打 tsʰoŋ⁵³ ta²¹³ ～他走唠之后我一直不放心。

照 tʂɔ³¹

着 tʂɔ²¹³ 让：～我看不算错。

使 ʂʅ²¹³ 你～毛笔写。

捋着 ly²¹³⁻²¹ tʂɔ⁰ ～这条大道一直走。

朝 tʂʰɔ⁵³ ～后头看看。

替 tʰi³¹ 你～我写封信。

给 kei²¹³ （1）～大家伙儿办事。（2）把门儿～关上了。

给我 kei²¹³⁻²¹ uə⁰ 你～把这碗饭吃干净唠！

和 xɑ̃³¹ 这个～那个一样。

跟 kən³³ ～他打听一下。

跟……叫 kən³³……tɕiɔ³¹ 有些个地分儿跟白薯叫山药。

拿……当 na⁵³……tɑ̃³³ 有些个地分儿拿麦秸当柴火烧。

接小儿 tɕiɔ³³ ɕiɔr²¹³ 从小儿：他～就能吃苦。

朝外 tʂʰɔ⁵³ uɛ³¹ 老王钱多，不～拿。

赶 kæ²¹³ 你得天黑以前～到唠。

不……会飞 pu³³……xuei³¹ fei³³ 不……才怪。

唱子 tʂʰɑ̃⁵³ tsʅ⁰ 后缀，用于动词后，如"来～、写～、买～、洗～"等，表示做一回该动作不容易：来～，吃唠饭再走吧！洗～洗干净唠吧。

处儿里 tʂʰur⁰ ni⁰ 后缀，用在"长、宽"后，表示长度、宽度：长～。

属儿 ʂur⁰ 后缀，用在形容词后，表示类型，如"这个胖属儿"表示"这种胖"。

二十七、量词

把 pa²¹³ 一把（椅子）。

块儿 kʰuɐr³¹ 一块儿（奖章）。

本儿 pəɻ²¹³ 一本儿（书）。

笔 pei³³ 一笔（款）。

匹 pʰi³³ 一匹（马）。

头 tʰou⁵³ 一头（牛）。

封 fəŋ³³ 一封（信）。

服 fu³¹ 一服（药）。

味 uei³¹ 一味（药）。

档子 tɑ̃³¹⁻⁵³ tsʅ⁰ 一档子（事）。

朵儿 tuor²¹³ 一朵（花）。

顿 tuən³¹ 一顿（饭）。

条 tʰiɔ⁵³ 一条（手巾）。

辆 liɑ̃⁵³ 一辆（车）。

柱 tʂu³¹ 一柱（香）。

枝儿 tʂəɻ³³ 一枝儿（花儿）。

张 tʂɑ̃³³ 一张（桌子）。

桌儿 tʂuor³³ 一桌儿（酒席）。

场 tʂʰɑ̃²¹³ 一场(雨)。

出儿 tʂʰur³³ 一出儿(戏)。

床 tʂʰuɑ̃⁵³ 一床(被子)。

身儿 ʂəɻ³³ 一身儿(棉衣)。

杆 kæ²¹³ 一杆(枪)。

根儿 kəɻ³³ 一根儿(头发)。

棵 kʰɯə³³ 一棵(树)。

粒儿 liəɻ³¹ 一粒儿(米)。

块 kʰuɛ³¹ 一块(砖)。

口儿 kʰour²¹³ 一口儿(人)。

架 tɕia³¹ 一架(飞机)。

间 tɕiæ³³ 一间(屋子)。

处儿 tʂʰur³¹ 一处儿(房)。

件儿 tɕier³¹ 一件儿(衣裳)。

溜儿 liour³¹ 一溜儿(字)。

篇 pʰiæ³³ 一篇(文章)。

段儿 tuɐr³¹ 一段儿(文章)。

片 pʰiæ³¹ 一片(好心)。

片儿 pʰier³¹ 一片儿(肉)。

面 miæ³¹ 一面(旗)。

层 tsʰəŋ⁵³ 一层(纸)。

股儿 kur²¹³ 一股儿(香味)。

座 tsuə³¹ 一座(桥)。

盘儿 pʰɐr⁵³ 一盘儿(棋)。

门儿 məɻ⁵³ 一门儿(亲)。

刀 tɔ³³ 一刀(纸)。

沓儿 tʌr⁵³ 一沓儿(纸)。

瓮 uəŋ³¹ 一瓮(水)。

碗 uæ²¹³ 一碗(饭)。

杯 pei³³ 一杯(茶)。

把 pa²¹³ 一把(米)。

把儿 pʌr²¹³ 一把儿(萝卜)。

包儿 pɔr³³ 一包儿(花生)。

卷儿 tɕyɐr²¹³ 一卷儿(纸)。

捆子 kʰuən²¹³⁻²¹ tsʅ⁰ 一捆子(行李)。

挑儿 tʰiɔr³³ 一挑儿(水)。

排 pʰɛ⁵³ 一排(桌子)。

进 tɕin³¹ 一进(院子)。

挂 kua³¹ 一挂(鞭炮)。

句 tɕy³¹ 一句(话)。

个 kɯə³¹ 一个(人)。

双 ʂuɑ̃³³ 一双(鞋)。

对 tuei³¹ 一对(花瓶)。

副 fu³¹ 一副(眼镜)。

套 tʰɔ³¹ 一套(书)。

伙儿 xuor²¹³ 一伙儿(人)。

帮子 pɑ̃³³ tsʅ⁰ 一帮子(人)。

批 pʰi³³ 一批(货)。

拨儿 puor³³ 一拨儿(人)。

个 kɯə³¹ 一个。

起儿 tɕʰiəɻ²¹³ 好几起儿(事)。

窝儿 uor³³ 一窝儿(小鸡)。

嘟噜儿 tu³³ lur⁰ 一嘟噜儿(葡萄)。

拃 tʂa²¹³ 大拇指与中指张开的长度。

虎口 xuə²¹³⁻²¹ kou⁰ 大拇指与食指张
　开的长度，"虎"韵母异常，"口"

　　声母异常。

庹 tʰɔ³³ 两臂平伸两手伸直的长度。

指 tʂʅ²¹³ 一指(长)。

脸 liæ²¹³ 一脸(土)。

身 ʂən³³ 一身(土)。

肚子 tu⁵³ tsʅ⁰ 一肚子(气)。

顿 tuən³¹ (吃)一顿。

趟 tʰɑ̃³¹ (走)一趟。

下儿 ɕiʌɻ³¹ (打)一下儿。

眼 iæ²¹³ (看)一眼。

口 kʰou²¹³ (吃)一口。

会儿 xuəɻ²¹³ (谈)一会儿。也说"会子 xuei²¹³⁻²¹ tsʅ⁰"。

阵 tʂən³¹ 一阵(雨)。

场 tʂʰɑ̃²¹³ (闹)一场。

面儿 mieɻ³¹ (见)一面儿。

尊 tsuən³³ 一尊(佛像)。

扇 ʂæ³¹ 一扇(门)。

幅 fu³¹ 一幅(画)。

面 miæ³¹ 一面(墙)。

瓣儿 peɻ³¹ 一瓣儿(花瓣)。

个 kuə³¹ 一个(地方)。

部 pu³¹ 一部(书)。

班 pæ³³ 一班(车)。

和 xuə³¹ 这衣服要洗好几~(即要洗好几水)。

堆 tuei³³ 一堆(雪)。

列 liə³¹ 一列(火车)。

连串儿 liæ⁵³ tʂʰuɐɻ³¹ 一连串儿(问题)。

路 lu³¹ 一路(公共汽车)。

组儿 tsuɻ²¹³ 一组儿(家具)。

撮儿 tsuoɻ²¹³ 一撮儿(毛)。

轴儿 tʂouɻ⁵³ 一轴儿(线)。

绺儿 liouɻ²¹³ 一绺儿(头发)。

手儿 ʂouɻ²¹³ (写)一手儿(好字)。

笔 pei³³ (写)一笔(好字)。

任 ɻən³¹ (做)一任(官)。

盘儿 pʰeɻ⁵³ (下)一盘儿(棋)。

桌 tʂuə³³ (请)一桌(客)。

圈儿 tɕʰyeɻ³³ (打)一圈儿(麻将)。

台 tʰɛ⁵³ (唱)一台(戏)。

点儿 tieɻ²¹³ 一点儿(面粉)。

滴嗒儿 ti³³ tʌɻ⁰ 一滴嗒儿(雨)。

盒儿 xuɯɻ⁵³ 一盒儿(洋火儿)。

匣子 ɕia⁵³⁻⁵⁵ tsʅ⁰ 一匣子(手饰)。

箱子 ɕiɑ̃³³ tsʅ⁰ 一箱子(衣裳)。

抽儿抽儿 tʂʰouɻ³³ tʂʰouɻ⁰ 一抽儿抽儿文件(即一抽屉文件)。

筐 kʰuɑ̃³³ 一筐(菠菜)。

壶 xu⁵³ 一壶(茶)。

锅 kuə³³ 一锅(饭)。

屉 tʰi³¹ 一屉(包子)。

盘儿 pʰeɻ⁵³ 一盘儿(水果)。

碟儿 tiɣɻɻ⁵³ 一碟儿(小菜)。

碗 uæ²¹³ 一碗(饭)。

杯 pei³³ 一杯(茶)。

盅儿 tʂuor³³ 一盅儿(烧酒)。

瓢 pʰiɔ⁵³ 一瓢(汤)。

勺儿 ʂɔr⁵³ 一勺儿(汤);一勺儿(酱油)。

一两个 i³³ liɑ̃²¹³⁻²³ kuɑ³¹

百十来个 pɛ³³ ʂʅ⁰ lɛ⁵³ kuɑ³¹

千数儿人儿tɕʰiæ³³ ʂur³¹ ɻɚ̃⁵³ 千把人。

万数儿块钱 uæ³¹ ʂur³¹ kʰuɛ³¹ tɕʰiæ⁵³ 万把块钱。

一里来地儿 i³³ li²¹³⁻²³ lɛ⁵³ tiɚ̃³¹ 一里多路。

一二里地儿 i³³ ɚ̃³¹ li²¹³⁻²³ tiɚ̃³¹

一两亩 i³³ liɑ̃²¹³⁻⁵³ mu²¹³

篮子 læ⁵³⁻⁵⁵ tsʅ⁰ 一篮子(梨)。

篓子 lou²¹³⁻²¹ tsʅ⁰ 一篓子(鸡蛋)。

炉子 lu⁵³⁻⁵⁵ tsʅ⁰ 一炉子(灰)。

袋子 tɛ³¹⁻⁵³ tsʅ⁰ 一袋子(干粮)。

池子 tʂʰʅ⁵³⁻⁵⁵ tsʅ⁰ 一池子(水)。

瓶子 pʰiŋ⁵³⁻⁵⁵ tsʅ⁰ 一瓶子(醋)。

罐子 kuæ³¹⁻⁵³ tsʅ⁰ 一罐子(荔枝)。

坛子 tʰæ⁵³⁻⁵⁵ tsʅ⁰ 一坛子(酒)。

桶 tʰoŋ²¹³ 一桶(汽油)。

盆 pʰən⁵³ 一盆(洗澡水)。

冲 tʂʰoŋ³³ 整副纸牌的量词:一～扑克儿。

铺儿 pʰur³³ 一些纸牌玩法中按数字顺序形成的组合:一～牌。

一抠嚓儿 i³³ kʰou³³ tʂʰʌr⁰ 很少的一点儿,大约盛满一嘴:～肉。

一剋嚓儿 i³³ kʰei³³ tʂʌr 极少的一点儿,形容像指甲缝那么一点儿:～面。

一丢儿丢儿 i³³ tiour³³ tiour⁰ 一丢儿丢儿(地儿)。

一咕噜儿 i³³ ku³³ lur⁰ 一咕噜儿(绳儿)。

一幸⁼ i³³ ɕiŋ³¹ 一层:全唠～砖。

一堡儿 i³³ fʌr⁵³ 一批:这～生的闺女多;这～感冒没那么厉害。

二十八、数字等

一号儿 i³³ xɔr³¹ (指日期,下同)。

二号儿 ɚ̃³¹ xɔr³¹

十号儿 ʂʅ⁵³ xɔr³¹

初一 tʂʰu³³⁻⁵³ i³³

初二 tʂʰu³³ ɚ̃³¹

初十 tʂʰu³³ ʂʅ⁵³

老大 lɔ²¹³⁻²³ ta³¹

老二 lɔ²¹³⁻²³ ɚ̃³¹

老十 lɔ²¹³⁻²³ ʂʅ⁵³

老小 lɔ²¹³⁻²³ ɕiɔ²¹³

大哥 ta³¹ kuə³³

二哥 ɚ̃³¹ kuə³³

一个 i³³ kuə³¹

俩 lia²¹³

仨 sa³³

四啊 sɿ³¹⁻⁵³ za⁰

五啊 u²¹³⁻²¹ ua⁰

六啊 liou³¹⁻⁵³ ua⁰

七啊 tɕʰi³³ ia⁰

八个 pa³³ kuə³¹

九啊 tɕiou²¹³⁻²¹ ua⁰

十啊 ʂʅ⁵³⁻⁵⁵ ɿa⁰

第一 ti³¹ i³³

第二 ti³¹ ɚ³¹

第三 ti³¹ sæ³³

第十 ti³¹ ʂʅ⁵³

第一个 ti³¹ i³³ kuə³¹ 也说"头一个"。

第二一个 ti³¹ ɚ³¹ i³³ kuə³¹ 第二个。

第三个 ti³¹ sæ³³ kuə³¹

第四个 ti³¹ sɿ³¹ kuə³¹

第五个 ti³¹ u²¹³⁻²³ kuə³¹

第六个 ti³¹ liou³¹ kuə³¹

第七个 ti³¹ tɕʰi³³ kuə³¹

第八个 ti³¹ pa³³ kuə³¹

第九个 ti³¹ tɕiou²¹³⁻²³ kuə³¹

第十个 ti³¹ ʂʅ⁵³ kuə³¹

一 i³³

二 ɚ³¹

三 sæ³³

四 sɿ³¹

五 u²¹³

六 liou³¹

七 tɕʰi³³

八 pa³³

九 tɕiou²¹³

十 ʂʅ⁵³

十一 ʂʅ⁵³ i³³

二十 ɚ³¹ ʂʅ⁵³

二十一 ɚ³¹ ʂʅ⁵³ i³³

三十 sæ³³ ʂʅ⁵³

三十一 sæ³³ ʂʅ⁵³ i³³

四十 sɿ³¹ ʂʅ⁵³

四十一 sɿ³¹ ʂʅ⁵³ i³³

五十 u²¹³⁻²³ ʂʅ⁵³

五十一 u²¹³⁻²³ ʂʅ⁵³ i³³

六十 liou³¹ ʂʅ⁵³

六十一 liou³¹ ʂʅ⁵³ i³³

七十 tɕʰi³³ ʂʅ⁵³

七十一 tɕʰi³³ ʂʅ⁵³ i³³

八十 pa³³ ʂʅ⁵³

八十一 pa³³ ʂʅ⁵³ i³³

九十 tɕiou²¹³⁻²³ ʂʅ⁵³

九十一 tɕiou²¹³⁻²³ ʂʅ⁵³ i³³

一百 i³³ pɛ²¹³

一千 i³³⁻⁵³ tɕʰiæ³³

一百一 i³³ pɛ²¹³⁻²³ i³³ 一百一十。

一百一十个 i³³ pɛ²¹³⁻²³ i³³ ʂʅ⁰ kuə³¹

一百一十一 i³³ pɛ²¹³⁻²³ i³³ ʂʅ⁵³ i³³

一百一十二 i³³ pɛ²¹³⁻²³ i³³ ʂʅ⁵³ ɚ³¹

一百二 i³³ pɛ²¹³⁻²³ ɚ³¹

一百三 i³³ pɛ²¹³⁻²³ sæ³³

一百五 i³³ pɛ²¹³⁻²³ u²¹³

一百五十个 i³³ pɛ²¹³⁻²³ u²¹³⁻²¹ ʂʅ⁰ kuɯ³¹

二百五 ȵʅ³¹⁻⁵³ pɛ⁰ u²¹³ （1）二百五十。
（2）傻子。

二百五十个 ȵʅ³¹⁻⁵³ pɛ⁰ u²¹³⁻²¹ ʂʅ⁰ kuɯ³¹

三百一 sæ³³ pɛ⁰ i³³

三百三 sæ³³ pɛ⁰ sæ³³

三百六 sæ³³ pɛ⁰ liou³¹

三百八 sæ³³ pɛ⁰ pa³³

一千一 i³³⁻⁵³ tɕʰiæ³³ i³³

一千一百个 i³³⁻⁵³ tɕʰiæ³³ i³³ pɛ⁰ kuɯ³¹

一千九 i³³⁻⁵³ tɕʰiæ³³ tɕiou²¹³

一千九百个 i³³⁻⁵³ tɕʰiæ³³ tɕiou²¹³⁻²¹
pɛ⁰ kuɯ³¹

三千 sæ³³⁻⁵³ tɕʰiæ³³

五千 u²¹³⁻²³ tɕʰiæ³³

八千 pa³³⁻⁵³ tɕʰiæ³³

一万 i³³ uæ³¹

一万二 i³³ uæ³¹ ȵʅ³¹

一万两千个 i³³ uæ³¹ liæ²¹³⁻²³ tɕʰiæ³³
kuɯ³¹

三万五 sæ³³ uæ³¹ u²¹³

三万五千个 sæ³³ uæ³¹ u²¹³⁻²³ tɕʰiæ³³
kuɯ³¹

零 liŋ⁵³

二斤 ȵʅ³¹ tɕin³³

二两 ȵʅ³¹ liæ²¹³

二钱 liæ²¹³⁻²³ tɕʰiæ⁵³

二分 ȵʅ³¹ fən³³

二厘 ȵʅ³¹ li⁵³

两丈 liæ²¹³⁻²³ tʂæ³¹

二尺 ȵʅ³¹ tʂʰʅ²¹³

二寸 ȵʅ³¹ tsʰuən³¹

二分 ȵʅ³¹ fən³³

二里 ȵʅ³¹ li²¹³

两担 liæ²¹³⁻²³ tæ³¹

二亩 ȵʅ³¹⁻⁵³ mu⁰

几啊? tɕi²¹³⁻²¹ ia⁰ 几个?

老些个 lɔ²¹³⁻²³ ɕi³³ kuɯ³¹ 好些个。

好几呀 xɔ²¹³⁻⁵³ tɕi²¹³⁻²¹ ia⁰ 好几个。

好一点儿 xɔ²¹³⁻²³ i³³ tiɚ²¹³

大一点儿 ta³¹ i³³ tiɚ²¹³

一点儿 i³³ tiɚ²¹³

大点儿 ta³¹ tiɚ²¹³

十好几个 ʂʅ⁵³ xɔ²¹³⁻⁵³ tɕi²¹³⁻²¹ kuɯ³¹
比十个多。

一百多个 i³³ pɛ²¹³⁻²³ tuə³³ kuɯ³¹

十啦个儿 ʂʅ⁵³⁻⁵⁵ la⁰ kuɚr³¹ 不到十个。

千数几个 tɕʰiæ³³ ʂuɚ³¹ kuɯ³¹

百十个儿 pɛ³³ ʂʅ⁰ kuɚr³¹

一头二百的 i³³ tʰou⁵³ ȵʅ³¹ pɛ²¹³⁻²¹ ti⁰
一两百。

半啦 pæ³¹ la²¹³ 半个。

半边落块的 pæ³¹ piæ³³ la³¹ kʰuɛ³¹⁻⁵³
ti⁰ 残缺不全的。

一半儿 i³³ pɐr³¹

两半儿 liɑ̃²¹³⁻²³ pɐr³¹

大半儿 ta³¹ pɐr³¹

多一半儿 tuə³³ i³³ pɐr³¹ 一大半儿。

一个半 i³³ kɯə³¹ pæ̃³¹

上下 ʂɑ̃³¹ ɕia³¹

左右 tsuə²¹³⁻²³ iou³¹

一来二去 i³³ lɛ⁵³ ɚ̩³¹ tɕʰi³¹

一干二净 i³³⁻⁵³ kæ̃³³ ɚ̩³¹ tɕiŋ³¹

一刀两断 i³³⁻⁵³ tɔ³³ liɑ̃²¹³⁻²³ tuæ̃³¹

三番两次 sæ̃³³⁻⁵³ fæ̃³³ liɑ̃²¹³⁻²³ tsʰʅ³¹

三年二年 sæ̃³³ niæ̃⁵³ ɚ̩³¹ niæ̃⁵³

三年两年 sæ̃³³ niæ̃⁵³ liɑ̃²¹³⁻²³ niæ̃⁵³

三年五载 sæ̃³³ niæ̃⁵³ u²¹³⁻²³ tsɛ²¹³

三天两头儿 sæ̃³³⁻⁵³ tʰiæ̃³³ liɑ̃²¹³⁻²³ tʰour⁵³

三长两短 sæ̃³³ tʂʰɑ̃⁵³ liɑ̃²¹³⁻²³ tuæ̃²¹³

三言两语 sæ̃³³ iæ̃⁵³ liɑ̃²¹³⁻²³ y²¹³

三心二意 sæ̃³³⁻⁵³ ɕin³³ ɚ̩³¹ i³¹

四平八稳 sʅ³¹ pʰiŋ⁵³ pa³³ uən²¹³

四通八达 sʅ³¹ tʰoŋ³³ pa³³ ta⁵³

四面八方 sʅ³¹ miæ̃³¹ pa³³⁻⁵³ fɑ̃³³

四邻八家 sʅ³¹ lin⁵³ pa³³⁻⁵³ tɕia³³

五花八门儿 u²¹³⁻²³ xua³³ pa³³ məɚ̩⁵³

七上八下 tɕʰi³³ ʂɑ̃³¹ pa³³ ɕia³¹

乱七八糟 læ̃³¹ tɕʰi³³ pa³³⁻⁵³ tsɔ³³

七拼八凑 tɕʰi³³⁻⁵³ pʰin³³ pa³³ tsʰou³¹

七嘴八舌 tɕʰi³³ tsuei²¹³⁻²³ pa³³ ʂʅə⁵³

千辛万苦 tɕʰiæ̃³³⁻⁵³ ɕin³³ uæ̃³¹ kʰu²¹³

千真万确 tɕʰiæ̃³³⁻⁵³ tʂən³³ uæ̃³¹ tɕʰyə³¹

千军万马 tɕʰiæ̃³³⁻⁵³ tɕyən³³ uæ̃³¹ ma²¹³

千家万户儿 tɕʰiæ̃³³⁻⁵³ tɕia³³ uæ̃³¹ xur³¹

千言万语 tɕʰiæ̃³³ iæ̃⁵³ uæ̃³¹ y²¹³

甲 tɕia²¹³

乙 i²¹³

丙 piŋ²¹³

丁 tiŋ³³

戊 u³¹

己 tɕi²¹³

庚 kən³³

辛 ɕin³³

壬 ɹən⁵³

癸 kuei²¹³

子 tsʅ²¹³

丑 tʂʰou²¹³

寅 in⁵³

卯 mɔ²¹³

辰 tʂʰən⁵³

巳 sʅ³¹

午 u²¹³

未 uei³¹

申 ʂən³³

酉 iou²¹³

戌 ɕy³³

亥 xɛ³¹

二十九、固定用语

（一）感叹语和客气话

我那天爷 uə²¹³⁻²³ na³¹ tʰiæ³³ iə⁵³ 女性使用的惊叹语。

娘儿哎 niɐr²¹³⁻²³ ε⁰ 女性使用的惊叹语。"娘儿"的韵母异常。

我禽 uə²¹³⁻²³ tsʰə³¹ 男性使用的惊叹语。

你这娃"儿 ni²¹³⁻²³ tʂʅɤ³¹⁻⁵³ uʌr⁵³ 遇到不如意的情况时的感叹语。

哟呵 io³³ xuə⁵³ 表示出乎意料的感叹词。

哎 ei³³ 被叫名字或亲属称谓时答应的话。

昂 ɑ̃³¹ 表示同意或知道了。

好生着 xɔ²¹³⁻²¹ səŋ⁰ tʂ⁰ 命令晚辈好好地做某事。

你看 ni²¹³⁻²³ kʰæ²¹³ 突然发现与预期的情况不同的结果时发出的表无奈和不满的话。

麻烦你了昂 ma⁵³⁻⁵⁵ fæ⁰ ni²¹³⁻²¹ lə⁰ ɑ̃²¹³ 感谢别人时说的话（"昂"的声调随语气不同而变化，后详述）。

着你费心了昂 tʂ²¹³⁻²¹ ni⁰ fei³¹ ɕin³³ lə⁰ ɑ̃²¹³ 感谢别人时说的话。

没事儿 mei³³ ʂəʅ³¹ 对别人感谢的回答。

包出饺子来唠不? pɔ³³ tʂʰu⁰ tɕiɔ³³ tsʅ⁰ lε⁵³⁻⁵⁵ lə⁰ pu³³ 大年三十下午

见面时打招呼的话。因过年忌讳说"完"，故用"出"。

来到就是礼 lε⁵³ tɔ³¹ tsou³¹ ʂʅ³¹ li²¹³ 对来拜年要磕头的人说的客气话。

娶媳妇儿再磕吧 tɕʰy²¹³⁻²³ ɕi³³ fəʅ⁰tɕ³¹ kʰuə³³ pa⁰ 过年时对要给自己磕头的未婚小伙儿说的推辞话。

我在这儿给你拜年嘞 uə²¹³⁻²³ tɕ²¹³⁻²³ tʂʅr³³ kei²¹³⁻²¹ ni⁰ pε³¹ niæ⁵³⁻⁵⁵ lε⁰ 拜年时叫应对方后在磕头前说的话。

俺们再转转去 næ²¹³⁻²¹ mən⁰ tɕ³¹ tʂuæ³³ tʂuæ³¹⁻⁵³ tɕʰi⁰ 拜完年后对主人挽留所说的推辞话。

来唱"子多待几天呗 lε⁵³ tʂʰɑ̃³¹⁻⁵³ tsʅ⁰ tuə³³ tɕ³¹⁻⁵³ tɕi⁰ tʰiæ³³ pε⁰ 挽留客人时说的话。

多怎来 [的唉] tuə³³ tən⁰ lε⁵³⁻⁵⁵ tiε⁰ 见到回娘家来的女性晚辈说的打招呼的话。

有信儿捎不 iou²¹³⁻²³ ɕiəʅ³¹ ʂɔ³³ pu⁰ 在外村遇到与自己同村人（一般是出嫁的女性）交谈之后要走时说的表示愿意帮忙的话。

胡"啦胡"啦毛儿,吓不着儿 xu⁵³⁻⁵⁵ la⁰ xu⁵³⁻⁵⁵ la⁰ mɔr⁵³, ɕia³¹⁻⁵³ pu⁰ tʂɔr⁵³

小孩儿受惊吓后大人用手顺抚其头发时说的话。

好头 [子啊] 好头 [子啊] xɔ²¹³⁻²³ tʰou⁵³⁻⁵⁵ tsa⁰ xɔ²¹³⁻²³ tʰou⁵³⁻⁵⁵ tsa⁰ 训练婴儿自主晃动脑袋时说的话。

好挠 [子啊] 好挠 [子啊] xɔ²¹³⁻²³ nɔ⁵³⁻⁵⁵ tsa⁰ xɔ²¹³⁻²³ nɔ⁵³⁻⁵⁵ tsa⁰ 训练婴儿自主弯曲五指时说的话。

歪⁼唠烧⁼uɛ⁵³⁻⁵⁵ lɔ⁰ ʂɔ³³ 儿童摔倒后扶其起来时说的劝慰用语，意思是"没关系"。

拣着好道儿走 tɕiæ²¹³⁻²¹ tʂɔ⁰ xɔ²¹³⁻²³ tɔr³¹ tsou²¹³ 报庙时口中叨念的对死者说的话。

（二）詈语

少传授 ʂɔ²¹³⁻²³ tʂʰuæ⁵³⁻⁵⁵ ʂou⁰ 骂人没教养时说的话。

你这个货 ni²¹³⁻²³ tʂʅə³¹ kɯɯ⁰ xuɤ³¹ 对人表示厌恶的话。

没囊气 mei³³ nɑ̃⁵³ tɕʰi³¹ 没志气。

没囊倒气 mei³³ nɑ̃⁵³ tɔ²¹³⁻²³ tɕʰi³¹ 没囊气。

王八羔儿 uɑ̃⁵³⁻⁵⁵ pa⁰ kɔr³³ 骂人的话。

娘啦个屄的 niɑ̃⁵³⁻⁵⁵ lə⁰ kɯɯ³¹ pi³³ ti⁰ 骂人的话，也常用做骂人色彩较淡的口头禅。

（三）买卖吆喝与呼叫动物时的话

（说明：买卖吆喝或呼叫动物时的话语，往往伴有歌唱因素或不稳定的声调，这里无固定声调的不记调值，只记出声母、韵母。）

劁猪脬 tɕʰiɔ³³⁻⁵³ tʂu³³ pʰɔ⁰ 劁猪匠的吆喝声。

我卖小鸡儿来 uə²¹³⁻²³ mɛ³¹ ɕiɔ²¹³⁻²³ tɕiəȵ³³ lɛ⁵³ 卖鸡雏的吆喝声。

有鸡的卖 iou²¹³⁻²³ tɕi³³ ti⁰ mɛ³¹ 买鸡的吆喝声。

有鸡鸭鹅毛的卖 iou²¹³⁻²³ tɕi³³⁻⁵³ ia³³ uə⁵³ mɔ⁵³⁻⁵⁵ ti⁰ mɛ³¹ 买鸡鸭鹅毛的吆喝声。

□ ti⁵³ 让牛以外的牲畜前进。

□ tɕia³¹ 让牛前进。

□ uɔ²¹³ 让牲畜右转。

□ y²¹³ 让牲畜停止。

回来 xuei⁵³⁻⁵⁵ lɛ⁰ 让牲畜左转。

□ puo 呼叫鸡。实际发言为双唇咽音。

□□ xɐr⁵³ xɐr⁵³ 呼叫狗。

吧儿吧儿 pʌr⁵³ pʌr⁵³ 呼叫小狗儿。

唠唠唠 lɔ lɔ lɔ 呼叫猪。

□ tɕʰiou⁵³ 让狗向目标冲去。

□□ muor⁵³ muor⁵³ 呼叫羊。

第四章　语　法

第一节　虚　词

一、了（唠、嘞、啦、㘎）

献县话中，与普通话"了"（包括结构助词"了₁"、语气词"了₂"）有对应关系的词有"唠（ lɔ）、嘞（ lɛ）、啦（ la）、㘎（ læ）"。

"唠"是完成体的标记，表示动作或状态的结束，但这种结束与时间无关，因此可以是非现实上已经完成的。相应地，"嘞"用在句末，表示动作或状态在现实中的结束：

（1）你　吃　唠饭　再　走　　吧。

ni²¹³⁻²³ tʂʰʅ³³ lɔ⁰ fæ³¹ tɛ³¹ tsou²¹³⁻²³ pa⁰。

（你吃了饭再走吧。）

（2）吃　唠!

tʂʰʅ³³ lɔ⁰!

（祈使句，要求对方吃掉。）

（3）吃　嘞。

tʂʰʅ³³ lɛ⁰。

（陈述句，表示已经完成了"吃"的动作。）

（4）我　吃　唠饭　嘞。

uə²¹³⁻²³ tʂʰʅ³³ lɔ⁰ fæ³¹⁻⁵³ lɛ⁰。

（我吃了饭了。）

例（1）（2）中，说话人在说话时，动作"吃"并未在现实中完成,而是在说话的将来预计实现或要求实现。在这一点上,(2)和(3)的对立非常明显。因此,"唠"和"嘞"在句法环境和语义上都是对立的。例(4)中,"唠"和"嘞"恰对应于普通话的"了₁(结构助词)"和"了₂(语气词)"。

"啦、嚜"与"嘞"的出现环境与作用相同,只是语气增强了,起到强调事实已经发生的意味。"嚜"语气更强,强调作用更重,以至于常有不耐烦的意味:

(5)我　吃　　啦。

　　　uə²³ tʂʰʅ³³ la⁰。

(6)我　吃　　嚜!

　　　uə²³ tʂʰʅ³³ læ⁰!

从语音和功能看,"啦"应该是"嘞"与"啊"合音形成的,"嚜"应该是"嘞"与"唵"合音形成的。"啊、唵"的用法见下文。

二、啊(啊、唉、昂、唵)

献县话中,与普通话语气词"啊"功能基本对应的语气词有"啊、唉、昂、唵"。

"啊"的功能比普通话的"啊"功能少,一般只用在感叹句中:

(1)你　去　　啊!

　　　ni²¹³⁻²¹ tɕʰi³¹⁻⁵³ a⁰!

(2)忒　累　得慌　啊!

　　　tʰuei³³ lei³¹⁻⁵³ ti⁰ xã³³ a⁰!

例(1)中,用"啊"之后,表示说话人对事情感到出乎意料。例(2)中,用"啊"之后,语气增强,有让听话人重视的意味。

"啊"前面如果还有其他虚词,则可能产生合音:

(3)你　　吃　[嘞啊]!(你吃啦!)

　　　ni²¹³⁻²³ tʂʰʅ³³　la⁰!

(4)你　　吃　[呢啊]!(你吃呢啊!)

　　　ni²¹³⁻²³ tʂʰʅ³³　nia⁰!

（5）你　　吃　　[的啊]！（你吃的啊！）

　　ni²¹³⁻²³ tʂʅʰ³³ tiaº！

"唉"用于问句（选择问句、特指问句）时，起和缓语气作用。用于陈述句时，起增强语气作用：

（7）你　是　吃　米　饭　唉，还　是　吃　馒

　　ni²¹³⁻²³ ʂʅ³¹ tʂʰʅ³³ mi²¹³⁻²¹ fæ̃³¹⁻⁵³ εº, xæ̃³¹ ʂʅ³¹ tʂʰʅ³³ mæ̃⁵³⁻⁵⁵

　　头　唉？

　　tʰouº εº？

（8）你　　找　　谁　　唉？

　　ni²¹³⁻²³ tʂɔ²¹³⁻²³ xei⁵³⁻⁵⁵ εº？

（9）我　　没　　听　见　说　唉。

　　uə²¹³⁻²³ mei³³⁻⁵³ tʰiŋ³³ tɕiæº ʂuɔ³³ εº。

（10）我　耳　性　差　唉，要　不　怎　么　想

　　uə²¹³⁻²³ aʅ²¹³⁻²³ ɕiŋ³³ tʂʰa³¹⁻⁵³ εº, iɔ³¹ pu³³ tsəŋ²¹³⁻²¹ məº ɕiɑ̃²¹³⁻²¹

　　不　起　来　呢。

　　puº tɕʰiº lɛ⁵³⁻⁵⁵ niº

例（7）（8）中，如果不使用"唉"，语气则显得生硬。例（9）（10）中，使用"唉"后，有强调自己所说是确定无误的事实的意味。

综上可知，"啊"与"唉"的功能相同，但出现环境是互补的。

"昂 [ɑ̃]、唵 [æ̃]"一般用在祈使句的句末，增强语气。"昂"一般并不轻读，其功能是表示说话人要求更强烈，有时前面可有停顿。其声调随全句语气不同而发生变化。"唵"则表示说话人对听话人的不行动已经有些不耐烦：

（11）你　把　　饭　吃　唠昂！

　　ni²¹³⁻²³ pa²¹³⁻²³ fæ̃³¹ tʂʰʅ³³ loº ɑ̃²³！

（12）你　先　　走　吧，昂！

　　ni²¹³⁻²³ tɕʰiæ³³ tsou²¹³⁻²³ paº, ɑ̃⁵³！

（13）你　　想　　管　　你　　管　　　嗯!跟　我
　　　ni²¹³⁻²³ ɕiɑ̃²¹³⁻²³ kuæ̃²¹³⁻²³ ni²¹³⁻²³ kuæ̃²¹³⁻²¹ æ⁰! kən³³ uə²¹³⁻²³

有　　么　　关　　系　　唉?
iou²¹³⁻²³ muə³¹ kuæ̃³³⁻⁵³ ɕi·³³ ɛ⁰ ?

（14）喝　酒　　　嗯!别　等　　着　　嘞!
　　　xuə³³ tɕiou²¹³⁻²¹ æ⁰! piə⁵³ təŋ²¹³⁻²¹ tʂo⁰ lɛ⁰!

　　这里的"昂 [ɑ̃]、嗯 [æ]"也与普通话的"啊"对应。普通话"啊"的各种细微差别，只能从语境中由听话人体会。献县话"啊、唉、昂、嗯"则用词形把细微的差异表现出来了。

第二节　可能补语

　　献县话中，可能补语的结构有下面几种："中心语 + 得（ti⁰）"和"中心语 + 结果补语 / 趋向补语 +（唠 lɔ⁰）+ 了（liə²¹³）"以及"中心语 + 唠（lɔ⁰）+ 了（liə²¹³）"，其否定形式分别是"中心语 + 不得、中心语 + 不 + 结果补语 / 趋向补语、中心语 + 不 + 了（liə²¹³）"。

　　先看"中心语 + 得（ti⁰）/ 不得"。这一类一般对应普通话中的"中心语 + 得 / 不得"或"能 / 不能 + 中心语"：

（1）这　个　苹　果　有　　　点儿坏　　嘞，还
　　　tʂɤ³¹ kuə³¹ pʰiŋ⁵³ kuə²¹³ iou²¹³⁻²¹ tiɚ⁰ xuɛ³¹⁻⁵³ lɛ⁰, xæ³¹

吃　得吗? 吃　不　得嘞。
tʂʰʅ³³ ti⁰ ma⁰ ? tʂʰʅ³³ pu⁰ ti⁰ lɛ⁰。

　　（这个苹果有点儿坏了，还吃得吗 / 还能吃吗? 吃不得了 / 不能吃了。）

（2）这　等　人　信　　不　得。
　　　tʂɤ³¹ təŋ³³ zən⁵³ ɕin³¹⁻⁵³ pu⁰ ti⁰。

　　（这种人不能相信。）

再看"中心语＋结果补语／趋向补语＋（唠 lɔ⁰）＋了（liɔ²¹³）"和"中心语＋唠（lɔ⁰）＋了（liɔ²¹³）"两类。这两类与普通话的可能补语形式差别较大：

（3）不 带 眼　镜 你 看　见 了　吗？

　　pu³³ tɛ³¹ iæ²¹³⁻²³ tɕiŋ³¹ ni²¹³⁻²³ kʰæ̃³¹⁻⁵³ tɕiæ̃⁰ liɔ²¹³⁻²¹ ma⁰ ?

　　（不戴眼镜你看得见吗？）

（4）你 拿 出 来 了　吗？

　　ni²¹³⁻²¹ na⁵³⁻⁵⁵ tʂʰu⁰ lɛ⁵³ liɔ²¹³⁻²¹ ma⁰ ?

　　（你拿得出来吗？）

（5）这 些 个 饭 你 吃 唠 了 不？

　　tʂɿə³¹ ɕi³³ kə⁰ fæ³¹ ni²¹³⁻²³ tʂʰʅ³³ lɔ⁰ liɔ²¹³⁻²¹ pu⁰ ?

　　（这些饭你能吃完吗？）

（6）这 条 鱼 活 唠 了　吗？

　　tʂɿə³¹ tʰiɔ⁵³ y⁵³ xuə⁵³⁻⁵⁵ lɔ⁰ liɔ²¹³⁻²¹ ma⁰ ?

　　（这条鱼能活吗？）

（7）头 年儿 里 这 个 楼 盖 完 唠 了

　　tʰou⁵³⁻³¹ niɚ⁵³⁻⁵⁵ ni⁰ tʂɿ³¹ kə⁰ lou⁵³ kɛ³¹ uæ⁵³⁻⁵⁵ lɔ⁰ liɔ²¹³⁻²¹

　　吗？

　　ma⁰ ?

　　（年前这座楼能盖完吗？）

（8）这 个 坑 深，没 唠 人 了。

　　tʂɿə³¹ kuə³¹ kʰəŋ³³⁻⁵⁵ ʂən³³ , muə³¹⁻⁵³ lɔ⁰ ɻən⁵³ liɔ²¹³ 。

　　（这个坑水深，能没过人。）

例（3）为"动词＋结果补语＋了"，例（4）为"动词＋趋向补语＋了"，例（5）（6）为"动词＋唠＋了"。例（7）和例（8）是复合型的结构，例（7）是"动词＋结果补语＋唠＋了"，例（8）是"动词＋唠＋宾语＋了"。

在"中心语＋结果补语／趋向补语＋（唠 lɔ⁰）＋了（liɔ²¹³）"

这种结构中，"唠 lɔ⁰" 是否出现有一定条件。当结果补语为轻声时，不出现"唠 lɔ⁰"，如例（3）；当结果补语不为轻声时，出现"唠 lɔ⁰"，如例（7）。趋向补语后不出现"唠 lɔ⁰"。

第三节　语法例句

本语法例句根据以下几个来源综合:（1）中国社会科学院语言研究所方言组《汉语方言调查词汇表》第 31 部分"语法"；（2）丁声树《方言调查词汇手册》第 18 部分;（3）中国社会科学院语言研究所"汉语方言重点调查"课题组编印"语法调查例句"（未刊）;（4）中国社会科学院重大研究课题"中国濒危语言方言调查研究与新编《中国语言地图集》"编印"词汇语法调查条目"（未刊）;（5）根据通行语法著作适当选取的一些语法例句。

001 这句话用××话怎么说？

$tʂʅə^{31}$　$tɕy^{31}$　xua^{31}　$tsɔ^{213-23}$　$ɕiæ̃^{31-53}$　$ɕiæ̃^{0}$　xua^{0}　$ʂuə^{33}tsəŋ^{213-21}$　$mə^{0}$
这　　　句　　话　　　着　　　献　　　　县　　话　　说　　　　怎　　　么

$ʂuə^{33}$ $ɛ^{0}$？
说　　唉？

002 你还会说别的地方的话吗？

ni^{213-23}　$xæ^{31}$　$xuei^{31}$　$ʂuə^{33}$　$piə^{53-55}$　ti^{0}　ti^{31-53}　$fəɻ^{0}$　ti^{0}　xua^{31-53}　ma^{0}？
你　　　还　　会　　　说　　别　　　　的　地　分儿　的　话　　　吗？

003 不会了，我从小就没出过门,只会说××话。

pu^{33} $xuei^{31}$，$uə^{213-23}$ $tsʰoŋ^{53}$ $ɕiɔɻ^{213-23}$ $tsou^{31}$ mei^{33} $tʂʰu^{33}$ $kuə^{0}$ $məɻ^{53}$
不　会，　我　　　从　　小儿　　　就　　　没　　出　过　门儿

$kuɑ̃^{33}$ $xuei^{31}$ $ʂuə^{33}$ $ɕiæ̃^{31-53}$ $ɕiæ̃^{0}$ xua^{31}。
光　　会　　说　献　　　县　　话。

004 会,还会说××话、××话,不过说得不怎么好。

xuei³¹, xæ³¹ xuei³¹ ʂuɔ³³ tʰiæ̃³³ tɕiŋ⁰ xua³¹、ʂʅ³¹ tʂʰuæ̃³³ xua³¹,

会，　还　会　说　天　津　话、　四　川　　话，

tsou³¹ ʂʅ³¹ ʂuə³³ ti⁰ pu³³ tsəŋ²¹³⁻²¹ mə⁰ xɔ²¹³。

就　是　说　得　不　怎　　么　好。

005 会说普通话吗?

xuei³¹ ʂuə³³ piɔ³³ tʂuən²¹³⁻²³ y²¹³⁻²¹ ma⁰ ?

会　说　标　准　　语　吗?

006 不会说，没有学过。

pu³³ xuei³¹ ʂuə³³, mei³³ ɕiɔ⁵³⁻⁵⁵ kuə⁰。

不　会　说，没　学　　过。

007 会说一点儿，不标准就是了。

xuei³¹ ʂuə³³ i³³ tiɐr²¹³, pu³³⁻⁵³ piɔ³³ tʂuan²¹³。

会　说　一点儿，不　标　准。

008 在什么地方学的普通话?

tɛ²¹³⁻²¹ ʂəŋ⁵³ mə⁰ ti³¹⁻⁵³ fɑȵ⁰ ɕiɔ⁵³⁻⁵⁵ ti⁰ piɔ³³ tʂuən²¹³⁻²³ y²¹³⁻²¹ ɛ⁰ ?

在　什　么　地　分儿学　的标　准　　语　唉?

009 上小学中学都学普通话。

ʂɑ̃³¹ ɕiɔ²¹³⁻²¹ ɕiɔr⁵³ tʂoŋ³³ ɕiɔ⁵³ tou³³ ɕiɔ⁵³ piɔ³³ tʂuən²¹³⁻²³ y²¹³。

上　小　　学儿中　学　都　学　标　准　　语。

010 谁呀? 我是老王。

xei⁵³⁻⁵⁵ ɛ⁰ ? lɔ²¹³⁻²¹ uɑ̃⁵³。

谁　唉? 老　　王。

011 您贵姓? 我姓王，您呢?

ni²¹³⁻²³ kuei³¹ ɕiŋ³¹⁻⁵³ ɛ⁰ ? uə²¹³⁻²¹ ɕiŋ³¹⁻⁵³ uɑ̃⁵³, ni²¹³⁻²¹ ni⁰ ?

你　贵　姓　唉? 我　姓　王，你　呢?

012 我也姓王，咱俩都姓王。

uə²¹³⁻²¹ iə⁰ ɕiŋ³¹⁻⁵³ uɑ̃⁵³, tsæ⁵³ lia²¹³⁻²³ tou³³ ɕiŋ³¹⁻⁵³ uɑ̃⁵³。

我　也　姓　王，咱　俩　都　姓　王。

013 巧了，他也姓王，本来是一家嘛。

kæ²¹³⁻²³ tɕʰiɔr²¹³⁻²¹ lɛ⁰, tʰa²¹³⁻²¹ iə⁰ ɕiŋ³¹⁻⁵³ uɑ̃⁵³, tou³³ ʂʐ̩³¹ i³³⁻⁵³
赶　　巧儿　　嘞，他　也　姓　　王，都　是　一

tɕia³³ tsʐ̩⁰ a⁰。
家　　子　啊。

014 老张来了吗？说好他也来的！

lɔ²¹³⁻²³ tʂɑ̃³³ lɛ⁵³⁻⁵⁵ lɔ⁰ ma⁰？ ʂuə³³ xɔ²¹³⁻²¹ lɔ⁰ tʰa²¹³⁻²¹ iə⁰ lɛ⁵³⁻⁵⁵ ni⁰！
老　张　来　　嘞吗？说　好　　嘞他　也　来　　呢！

015 他没来，还没到吧。

tʰa²¹³⁻²³ mei³³ lɛ⁵³, xæ̃³¹ mei³³ tɔ³¹⁻⁵³ ni⁰ pa⁰。
他　　没　来，还　没　到　　呢吧。

016 他上哪儿了？还在家里呢。

tʰa²¹³⁻²³ ʂɑ̃³¹ na²¹³⁻²¹ ni⁰ tɕʰi³¹⁻⁵³ lɛ⁰？ xæ̃³¹ tɛ²¹³⁻²³ tɕia³³ ni⁰ niə⁰。
他　　上　哪　　里　去　　嘞？还　在　　家　里　涅。

017 在家做什么？在家吃饭呢。

tɛ²¹³⁻²³ tɕia³³ ni⁰ tsou³¹ muə³¹⁻⁵³ niɛ⁰？ tɛ²¹³⁻²³ tɕia³³ ni⁰ tʂʰʐ̩³³
在　　家　里　做　么　　　[呢唉]？在　　家　里　吃

fæ̃³¹⁻⁵³ ni⁰。
饭　　　呢。

018 都几点了，怎么还没吃完？

tou³³ tɕi²¹³⁻⁵³ tiæ̃²¹³⁻²¹ lɛ⁰, tsəŋ²¹³⁻²¹ mə xæ̃³¹ mei³³ tʂʰʐ̩³³ uæ̃⁵³⁻⁵⁵
都　　几　　点　　嘞，怎　　么还　没　吃　完

niɛ⁰？
[呢唉]？

019 还没有呢，再有一会儿就吃完了。

xæ̃³¹ mei³³ tʂʰʐ̩³³ uæ̃⁵³⁻⁵⁵ niə⁰, tɛ³¹ iou²¹³⁻²³ i³³ xuəɻ²¹³ tsou³¹ tʂʰʐ̩³³
还　　没　吃　　完　　　涅，再　有　　一　会儿　　就　吃

uæ⁵³⁻⁵⁵ lɛ⁰。

完　　嘞。

020 他在哪儿吃的饭？

　　tʰa²¹³⁻²³ tɛ²¹³⁻²³ na²¹³⁻²¹ ni⁰ tʂʅ³³ ti⁰ fæ̃³¹⁻⁵³ ɛ⁰？

　　他　在　哪　里吃　的饭　唉？

021 他是在我家吃的饭。

　　tʰa²¹³⁻²³ ʂʅ³¹ tɛ²¹³⁻²³ næ̃²¹³⁻²¹ tɕiə⁰ tʂʰʅ³³ ti⁰ fæ̃³¹。

　　他　　是　在　俺　家吃　的饭。

022 真的吗？真的，他是在我家吃的饭。

　　tʂən³³ ti⁰ ma⁰？tʂən³³ tiə⁵³，　tʰa²¹³⁻²³ ʂʅ³¹ tɛ²¹³⁻²³ næ̃²¹³⁻²¹ tɕiə⁰

　　真　的吗？真　[的啊]，他　是　在　俺　家

　　tʂʰʅ³³ ti⁰ fæ̃³¹。

　　吃　的饭。

023 先喝一杯茶再说吧！

　　tɕʰiæ̃³³ xuə³³ i³³⁻⁵³ pei³³ tʂʰa⁵³ ʂuei²¹³ tɛ³¹ ʂuə³³ pa⁰！

　　先　喝　一杯茶　水　再说　吧！

024 说好了就走的，怎么半天了还不走？

　　ʂuə³³ xɔ²¹³⁻²¹ lɔ⁰ tʂʅə³¹ tsou³¹ tsou²¹³，tsəŋ²¹³⁻²¹ mə⁰ pæ̃³¹ tʰiæ̃³³ lɛ⁰

　　说　好　了这　就　走，怎　么半天　嘞

　　xæ̃³¹ pu³³ tsou²¹³⁻²¹ ɛ⁰？

　　还　不　走　唉？

025 他磨磨蹭蹭的，做什么呢？

　　tʰa²¹³⁻²¹ muə⁵³⁻⁵⁵ muə⁰ tsʰən³¹ tsʰən⁵³⁻⁵⁵ ti⁰，tsou³¹ muə³¹⁻⁵³ niɛ⁰？

　　他　磨　磨　蹭　蹭　的，做　么　[呢唉]？

026 他正在那儿跟一个朋友说话呢。

　　tʰa²¹³⁻²³ tʂən³¹ tɛ²¹³⁻²³ nʌr³³ kən³³ i³³ kə⁰ pʰən⁵³⁻⁵⁵ iou⁰ ʂuə³³

　　他　　正　在　那儿跟　一个朋　　友　说

xuʌɿ³¹⁻⁵³ ni⁰。

话儿　　呢。

027 还没说完啊？催他快点儿！

xæ³¹ mei³³ ʂuə³³ uæ⁵³⁻⁵⁵ nia⁰？　tsʰuei³³ tʂɔ⁰ tʰa²¹³⁻²¹ kʰuɛ³¹ tiɐɿ²¹³！

还　没　说　完　[呢啊]？催　着　他　快　点儿！

028 好，好，他就来了。

ɕiŋ⁵³，ɕiŋ⁵³，tʰa²¹³⁻²¹ tʂɤ³¹ tsou³¹ lɛ⁵³⁻⁵⁵ lɛ⁰。

行，　行，　他　这　就　来　嘞。

029 你上哪儿去？我上街去。

ni²¹³⁻²¹ ʂɑ̃³¹ na²¹³⁻²¹ ni⁰ tɕʰi³¹⁻⁵³ ɛ⁰？　uə²¹³⁻²³ ʂɑ̃³¹ ta³¹ tɕia³³ xɑ̃⁰ tɕʰi³¹。

你　上　哪　里　去　唉？我　上　大　街　上　去。

030 你多会儿去？我马上就去。

ni²¹³⁻²³ tuə³³ tən⁰ tɕʰi³¹⁻⁵³ ɛ⁰？　uə²¹³⁻²³ ma²¹³⁻²³ ʂɑ̃³¹ tsou³¹ tɕʰi³¹。

你　多　怎　去　唉？我　马　上　就　去。

031 做什么去呀？家里来客人了，买点儿菜去。

tsou³¹ muə³¹⁻⁵³ tɕʰi⁰ ɛ⁰？　tɕia³³ ni⁰ lɛ⁵³ tɕʰiə³³ lɛ⁰，mɛ²¹³⁻²¹ tiɐɿ⁰

做　么　去　唉？家　里　来　客　嘞，买　点儿

tsʰɛ³¹⁻⁵³ tɕʰi⁰。

菜　去。

032 你先去吧，我们一会儿再去。

ni²¹³⁻²³ tɕʰiæ³³ tɕʰi³¹⁻⁵³ pa⁰，næ²¹³⁻²¹ mən⁰ i³³ xuəɿ²¹³⁻²³ tɛ³¹ tɕʰi³¹。

你　先　去　吧，俺　们　一会儿　再　去。

033 好好儿走，别跑！小心摔跤了。

xɔ²¹³⁻²¹ sən⁰ tsou²¹³，piə⁵³ pʰɔ²¹³！kʰæ³¹⁻⁵³ tʂɔ⁰ piə⁵³ ʂuɛ³³ lɔ⁰ tɕia³³。

好　生　走，　别　跑！看　着　别　摔　了　跤。

034 小心点儿，不然的话摔下去爬都爬不起来。

kʰæ³¹⁻⁵³ tʂɔ⁰ tiɐɿ²¹³，iɔ³¹ pu³³ ʂuɛ³³ ɕia⁰ tɕʰi⁰ liæ⁵³ pʰa⁵³ tou³³

看　着　点儿，要　不　摔　下　去　连　爬　都

pʰa⁵³⁻⁵⁵ pu⁰ tɕʰi²¹³⁻²¹ lɛ⁵³。

爬　　不　起　　来。

035 不早了,快去吧!

pu³³ tsɔ²¹³⁻²¹ læ̃⁰, kʰuɛ³¹⁻⁵³ tʂɔ⁰ tɕʰi³¹⁻⁵³ pa⁰ !

不　早　　嘫,快　　着　去　　吧!

036 这会儿还早呢,过一会儿再去吧。

tʂʅə³¹ i³³ xuaɻ²¹³⁻²³ xæ³¹ tsɔ²¹³⁻²¹ ni⁰, kuə³¹ i³³ xuaɻ²¹³⁻²³ tɛ³¹ tɕʰi³¹⁻⁵³

这　　一会儿　　还　早　　呢,过　一会儿　　再　去

pa⁰。

吧。

037 吃了饭再去好不好?

tʂʰʅ³³ lɔ⁰ fæ³¹ tɛ³¹ tɕʰi³¹ ɕiŋ⁵³⁻⁵⁵ pu⁰ ?

吃　唠饭再　去　行　　不?

038 不行,那可就来不及了。

pu³³ ɕiŋ⁵³, na³¹ kʰɯ³³ tsou⁰ lɛ⁵³⁻⁵⁵ pu⁰ tɕi⁵³⁻⁵⁵ lɛ⁰。

不　行, 那　可　　就　来　不　及　嘞。

039 不管你去不去,反正我是要去的。

pu³³ kuæ²¹³⁻²³ ni²¹³⁻²¹ tɕʰi³¹⁻⁵³ pu⁰ tɕʰi³¹, fæ²¹³⁻⁵⁵ tʂɔ⁰ uə²¹³⁻²³ ʂʅ³¹

不　管　　你　去　　不去, 反　着我　是

ti³³ tɕʰi³¹。

得　去。

040 你爱去不去。你爱去就去,不爱去就不去。

ni²¹³⁻²³ nɛ³¹ tɕʰi³¹ pu³³ tɕʰi³¹。ni²¹³⁻²³ nɛ³¹ tɕʰi³¹ tsou³¹ tɕʰi³¹, pu³³ nɛ³¹

你　爱　去　不去。你　爱　去　就　去, 不爱

tɕʰi³¹ tsou³¹ pu³³ tɕʰi³¹。

去　就　不去。

041 那我非去不可!

na³¹ uə²¹³⁻²³ fei³³⁻⁵³ ti³³ tɕʰi³¹ pu³³ ɕiŋ⁵³ !
那　我　　非　　得　去　　不　行!

042 那个东西不在那儿，也不在这儿。

na³¹ uʌr⁵³ mei³³ tɛ²¹³⁻²³ nʌr³³, iə²¹³⁻²³ mei³³ tɛ²¹³⁻²³ tʂʅɣr³³ 。
那　娃儿 没　在　　那ₗ, 也　　没　在　　这儿。

043 那到底在哪儿?

na³¹ tɔ³¹ ti³¹ tɛ²¹³⁻²³ tɛ²¹³⁻²³ na²¹³⁻²¹ niɛ⁰ ?
那　到　底　在　　　哪　　[里唉] ?

044 我也说不清楚，你问他去!

uə²¹³⁻²¹ iə⁰ ʂuə³³ pu⁰ tɕʰiŋ³³, ni²¹³⁻²³ uən³¹ tʰa²¹³⁻²¹ tɕʰi⁰ !
我　　也　说　不　清，　　你　　问　他　　去!

045 怎么办呢? 不是那么办，要这么办才对。

tsəŋ²¹³⁻²¹ mə⁰ pæ̃³¹⁻⁵³ ɛ⁰ ? pu³³ ʂʅ³¹ na³¹⁻⁵³ m⁰ pæ̃³¹, ti³³ tʂʅɣə³¹⁻⁵³
怎　　么办　　唉? 不　是　那　么办, 得　这

m⁰ pæ̃³¹ tsʰɛ⁵³ ɕiŋ⁵³⁻⁵⁵ ni⁰ 。
么办　才　行　　呢。

046 要多少才够呢?

iɔ³¹ tuə³³ ʂɔ⁰ tsʰɛ⁵³ kou³¹⁻⁵³ lɔ⁰ ɛ⁰ ?
要　多 少　才　够　　唠唉?

047 太多了，要不了那么多，只要这么多就够了。

tʰuei³³⁻⁵³ tuə³³ læ⁰, iɔ³¹⁻⁵³ pu⁰ liɔ na³¹⁻⁵³ m⁰ tuə³³, tsou³¹ iɔ³¹ tʂʅɣə³¹⁻⁵³
忒　多 嘞, 要　不 了那 么多, 就　要 这

m⁰ ɕi³³ kə⁰ tsou³¹ kou³¹⁻⁵³ lɛ⁰ 。
么 些 个 就　够　　嘞。

048 不管怎么忙，也得好好儿学习。

pu³³ kuæ²¹³⁻²³ tsəŋ²¹³⁻²¹ m⁰ mã⁵³, iə²¹³⁻²³ ti³³ xɔ²¹³⁻²³ səŋ⁰ ɕiɔ⁵³ ɕi⁵³ 。
不　管　　怎　　么忙, 也　　得 好　　生 学 习。

049 你闻闻这朵花香不香?

ni²¹³⁻²¹ uən⁵³⁻³¹ uən⁰ tʂʅə³¹ tuə²¹³⁻²³ xuʌr³³ ɕiæ̃³³ pu⁰ ɕiæ̃³³ ɛ⁰ ?

你　闻　闻　这　朵　花儿　香　不　香　唉?

050 好香呀,是不是?

tʂən³³⁻⁵³ ɕiæ̃³³ a⁰, ʂʅ³¹⁻⁵³ pu⁰ ?

真　香　啊,是　不?

051 你是抽烟呢,还是喝茶?

ni²¹³⁻²³ ʂʅ³¹ tsʰou³³⁻⁵³ iæ̃³³ ɛ⁰ , xæ̃³¹ ʂʅ³¹ xuə³³ tʂʰa⁵³ ʂuei²¹³⁻²¹ ɛ⁰ ?

你　是　抽　烟　唉,还　是　喝　茶　水　唉?

052 烟也好,茶也好,我都不会。

iæ̃³³, tʂʰa⁵³, næ̃²¹³⁻²³ tou³³⁻⁵³ pu³³ iɔ³¹。

烟, 茶, 俺　都　不　要。

053 医生叫你多睡一会儿,抽烟喝茶都不行。

i³³⁻⁵³ ʂəŋ⁰ tʂɔ²¹³⁻²¹ ni⁰ tuə³³ ʂuei³¹ i³³ xuəɹ²¹³, tʂʰou³³⁻⁵³ iæ̃³³ xuə³³

医　生　着　你　多　睡　一会儿,　抽　烟　喝

tsʰa⁵³ ʂuei²¹³⁻²³ tou³³ pu⁰ ɕiŋ⁵³。

茶　水　都　不　行。

054 咱们一边走一边说。

tsæ̃⁵³⁻⁵⁵ mən⁰ i³³⁻⁵³ piɐr³³ tsou²¹³⁻²³ i³³⁻⁵³ piɐr³³ ʂuə³³。

咱　们　一　边儿　走　一　边儿　说。

055 这个东西好是好,就是太贵了。

tʂʅə³¹ uʌr⁵³ xɔ²¹³⁻²³ ʂʅ³¹ xɔ²¹³, tsou³¹ ʂʅ³¹ tʰuei³³ kuei³¹⁻⁵³ lɛ⁰。

这　娃儿　好　是　好,　就　是　忒　贵　嘞。

056 这个东西虽说贵了点儿,不过挺结实的。

tʂʅə³¹ uʌr⁵³ piə⁵³ kʰæ̃³¹ kuei³¹ tiɐr²¹³, kʰuɯə³³ tsou³¹ tʰiŋ²¹³⁻²³ tɕiə³³

这　娃儿　别　看　贵　点儿,　可　就　挺　结

ʂʅ⁰ ti⁰。

实　的。

057 他今年多大了?

tʰa²¹³⁻²³ tɕin³³ niæ̃⁵³ tuə²¹³⁻²³ ta³¹⁻⁵³ lɛ⁰？
他　　今　　年　　多　　大　　嘞？

058 也就是三十来岁吧。

iə²¹³⁻²³ tsou³¹ ʂʅ³¹ sæ³³ ʂʅ⁵³ lɛ⁵³⁻⁵⁵ ti⁰ pa⁰。
也　　就　　是　三　十　来　　的　吧。

059 看上去不过三十多岁的样子。

kʰæ̃⁵¹⁻⁵³ tʂɔ⁰ tsou³¹ ʂʅ³¹ sæ³³ ʂʅ⁰ tuə³³ suəɻ³¹ na³¹ iʌr³¹。
看　　着　就　　是　三　十　多　岁儿　那　样儿。

060 这个东西有多重呢？

tʂʅə³¹ uʌr⁵³ iou²¹³⁻²³ tuə²¹³⁻²³ tʂʰən⁵³⁻⁵⁵ ɛ⁰？
这　娃儿　有　　多　　沉　　唉？

061 怕有五十多斤吧。

ti³³ iou²¹³⁻²³ u²¹³⁻²¹ ʂʅ⁰ tuə³³⁻⁵³ tɕin³³ pa⁰。
得　有　　五　十　多　　斤　吧。

062 我五点半就起来了，你怎么七点了还不起来？

uə²¹³⁻²¹ u²¹³⁻⁵³ tiæ²¹³⁻²³ pæ³¹ tsou³¹ tɕ'i²¹³⁻²¹ lɛ⁰ lɛ⁰, ni²¹³⁻²³ tsəŋ²¹³⁻²¹
我　　五　　点　　半　就　　起　　来嘞，你　　怎

m⁰ tɕʰi³³ tiæ²¹³⁻²¹ lɛ⁰ xæ³¹ pu³³ tɕʰi²¹³⁻²¹ ɛ⁰？
么七　点　　嘞还　不　起　　唉？

063 三四个人盖一床被。*一床被盖三四个人。

sæ³³ sʅ³¹ kɯə³¹ ɻən⁵³ kɛ³¹ i³³ tʂʰuɑ̃⁵³ pei³¹⁻⁵³ tsʅ⁰。
三　四　个　人　盖　一　床　　被　子。

064 一个大饼夹一根油条。一根油条外加一个大饼。

i³³ kɯə³¹ ta³¹ piŋ²¹³ tɕia³³ i³³⁻⁵³ kəɻ³³ kuə²¹³⁻²¹ tsʅ⁰。
一　个　大　饼　　夹　一　　根儿　馃　　子。

i³³⁻⁵³ kəɻ³³ kuə²¹³⁻²¹ tsʅ⁰ uɛ³¹ tɕia³³ i³³ kə⁰ ta³¹ piŋ²¹³。
一　根儿　馃　　子　外　加　一　个　大　饼。

065 两个人坐一张凳子。一张凳子坐了两个人。

lia²¹³⁻²¹ ȵeʔ⁵³ tsuə³¹ i³³ kə⁰ təŋ³¹⁻⁵³ tsʅ⁰。i³³ kə⁰ təŋ³¹⁻⁵³ tsʅ⁰ tsuə³¹⁻⁵³

俩　人　坐　一个　凳　子。一个　凳　子坐

tʂɔ⁰ lia²¹³⁻²¹ ȵeʔ⁵³。

着俩　人。

066 一辆车装三千斤麦子。三千斤麦子刚好够装一辆车。

i³³ liã⁵³ tʂʰʅə³³ tʂuã³³ sæ³³⁻⁵³ tɕʰiæ³³ tɕin³³ mɛ³¹⁻⁵³ tsʅ⁰。sæ³³⁻⁵³

一辆　车　装　三　千　斤　麦子。三

tɕʰiæ³³⁻⁵³ tɕin³³ mɛ³¹⁻⁵³ tsʅ⁰ tʂəŋ³¹ xɔr²¹³⁻²³ kou³¹ tʂuã³³ i³³ liã³¹ tʂʰʅə³³。

千　斤麦子正　好儿　够　装　一辆　车。

067 十个人吃一锅饭。*一锅饭够吃十个人。

ʂʅ⁵³⁻⁵⁵ a⁰ ȵeʔ⁵³ tʂʰʅ³³ i³³⁻⁵³ kuə³³ fæ³¹。

十　啊人　吃　一　锅　饭。

068 十个人吃不了这锅饭。*这锅饭吃不了十个人。

ʂʅ⁵³⁻⁵⁵ a⁰ ȵeʔ⁵³ tʂʰʅ³³ pu⁰ lio²¹³⁻²³ tʂʅə³¹ kuə³³ fæ³¹。

十　啊人　吃　不了　这　锅　饭。

069 这个屋子住不下十个人。

tʂʅə³¹ kɯə³¹ ur³³ tʂu³¹⁻⁵³ pu⁰ ɕia³¹ ʂʅ⁵³⁻⁵⁵ a⁰ ȵeʔ⁵³。

这　个　屋儿住　不下　十　啊人。

070 小屋堆东西，大屋住人。

ɕio²¹³⁻²³ ur³³ fã³¹ toŋ³³ ɕiəʔ⁰，ta³¹ ur³³ tʂu³¹ ȵeʔ⁵³。

小　屋儿放东　西儿，大　屋儿住　人。

071 他们几个人正说着话呢。

tʰa²¹³⁻²¹ mən⁰ tɕi²¹³⁻²¹ a⁰ tʂəŋ³¹ ʂuə³³ tʂɔ⁰ xuʌr³¹⁻⁵³ ni⁰。

他　们　几　啊正　说　着　话儿　呢。

072 桌上放着一碗水，小心别碰倒了。

tʂuə³³ tsʅ⁰ xã⁰ fã³¹⁻⁵³ tʂɔ⁰ i³³ uæ²¹³⁻²³ ʂuei²¹³，kʰæ³¹⁻⁵³ tʂɔ⁰ piə⁵³

桌　子上放　着一碗　水，看　着别

$p^h \vartheta \eta^{31}$ $t \vartheta^{213-21}$ $l \vartheta^0$。

碰　　倒　　唠。

073 门口站着一帮人，在说着什么。

$m \vartheta n^{53}$ $k^h o u r^{213-21}$ $t \operatorname{s} \tilde{æ}^{31-53}$ $t \operatorname{s} \vartheta^0$ i^{33} $x u o r^{213-21}$ $\iota \vartheta n^{53}$, $t \operatorname{s} \vartheta \eta^{31}$ $\operatorname{s} u \vartheta^{33}$

门　口儿　　站　　着一　伙儿　　人，　正　说

$m u o r^0$ $n i^0$。

么儿　呢。

074 坐着吃好，还是站着吃好？

$t s u \vartheta^{31-53}$ $t \operatorname{s} \vartheta^0$ $t \operatorname{s}^h \imath^{33}$ $x \vartheta^{213-21}$ ε^0, $x \tilde{æ}^{31}$ $\operatorname{s} \imath^{31}$ $t \operatorname{s} \tilde{æ}^{31-53}$ $t \operatorname{s} \vartheta^0$ $t \operatorname{s}^h \imath^{33}$

坐　　着　吃　好　唉，还　是　站　　着　吃

$x \vartheta^{213-21}$ ε^0 ?

好　　唉？

075 想着说，不要抢着说。

$\varepsilon i \tilde{a}^{213-21}$ $t \operatorname{s} \vartheta^0$ $\operatorname{s} u \vartheta^{33}$, $p i \vartheta^{53}$ $t \varepsilon^h i \tilde{a}^{213-21}$ $t \operatorname{s} \vartheta^0$ $\operatorname{s} u \vartheta^{33}$。

想　　着说，　别　抢　　着　说。

076 说着说着就笑起来了。

$\operatorname{s} u \vartheta^{33}$ $t \operatorname{s} \vartheta^0$ $\operatorname{s} u \vartheta^{33}$ $t \operatorname{s} \vartheta^0$ $t s o u^{31}$ $\varepsilon i \vartheta^{31-53}$ $t \varepsilon^h i^0$ $l \varepsilon^{53-55}$ $l \varepsilon^0$。

说　着　说　着　就　　笑　　起　来　嘞。

077 别怕！你大着胆子说吧。

$p i \vartheta^{53}$ $x \varepsilon^{31}$ $p^h a^{31}$！ $n i^{213-23}$ $t s o u^{31}$ $t \operatorname{s} \tilde{a}^{31-53}$ $t \operatorname{s} \vartheta^0$ $t \vartheta r^{213-23}$ $\operatorname{s} u \vartheta^{33}$ $p a^0$。

别　害　怕！　你　就　仗　　着　胆儿　说　吧。

078 这个东西重着呢，足有一百来斤。

$t \operatorname{s} \imath \vartheta^{31}$ $k \vartheta^0$ $u \wedge r^{53}$ $t \operatorname{s}^h \vartheta n^{53-55}$ $t \operatorname{s} \vartheta^0$ $n i^0$, $t i^{33}$ $i o u^{213-23}$ $p \varepsilon^{33}$ $\operatorname{s} \imath^0$ $l \varepsilon^{53}$ $t \varepsilon i n^{33}$。

这　个　娃儿沉　　着　呢，得　有　　百　十　来　斤。

079 他对人可好着呢。

$t^h a^{213-23}$ $t u e i^{31}$ $\iota \vartheta \grave{\imath}^{53}$ $k^h \vartheta m^{33}$ $x \vartheta^{213-21}$ $l \varepsilon^0$。

他　　对　人儿可　　好　　嘞。

080 这小伙子可有劲呢。

tʂɻə³¹ ɕia²¹³⁻⁵³ xuə²¹³⁻²¹ tsɻ⁰ kʰɯə³³ lɔ⁰ iou²¹³⁻²¹ tɕiəȵ³¹⁻⁵³ lɛ⁰。
这　小　伙　　子可　唠有　　劲　　嘞。

081 别跑，你给我站着！
piə⁵³ pʰɔ²¹³，ni²¹³⁻²³ kei²¹³⁻²¹ uə⁰ tʂæ̃³¹⁻⁵³ ɕiə⁰！
别　跑，你　给　我站　下！

082 下雨了，路上小心着！
ɕia³¹ y²¹³⁻²¹ lɛ⁰，tɔr³¹⁻⁵³ xɑ̃⁰ ɕia²¹³⁻²³ ɕin⁰ tʂɔ⁰ tiɐr²¹³！
下　雨　嘞，道ɻ　上小　　心　着　点ɻ！

083 点着火了。
tiæ̃²¹³⁻²¹ tʂɔ⁰ xuə²¹³⁻²¹ lɛ⁰。
点　　着火　　嘞。

084 冻着了。*着凉了。
toŋ³¹⁻⁵³ tʂɔ⁰ lɛ⁰。
冻　　着嘞。

085 别着急，慢慢儿来。
piə⁵³ tʂɔ⁵³⁻³¹ tɕi⁵³，mɐr³¹ mɐr³¹⁻³³ lɛ⁵³。
别　着　急，慢ɻ慢ɻ来。

086 我正在这儿找你，还没找着。
uə²¹³⁻²³ tʂəŋ³¹ tɛ²¹³⁻²³ tʂɻʅr³³ tʂɔ²¹³⁻²¹ ni⁰，xæ̃³¹ mei³³ tʂɔ²¹³⁻²¹
我　　正在　这ɻ找　　你，还　没找

tʂɔ⁰ ni⁰。
着　呢。

087 她呀，可厉害着呢！
tʰa²¹³⁻²¹ ia⁰，kʰɯə³³ lɔ⁰ liə³¹⁻⁵³ xɛ⁰ la⁰。
她　呀，可　唠厉　害　啦。

088 这本书好看着呢。
tʂɻə³¹ pəȵ²¹³⁻²³ ʂu³³ xɔ²¹³⁻²¹ kʰæ̃³¹⁻⁵³ tʂɔ⁰ ni⁰。
这　本ɻ书好　看　着呢。

089 饭好了,快来吃吧。

fæ³¹ ʂou⁵³⁻⁵⁵ læ⁰, kʰuɛ³¹⁻⁵³ tʂɔ⁰ tʂʰʅ³³ lɛ⁰ pa⁰。

饭　　熟　　嘞,　快　　着　吃　来吧。

090 锅里还有饭没有? 你去看一看。

kuə³³ ni⁰ xæ³¹ iou²¹³⁻²¹ fæ³¹⁻⁵³ pu⁰? ni²¹³⁻²³ tɕʰi³¹ kʰæ²¹³⁻²³ kʰæ³¹⁻⁵³

锅　　里　还　有　　　饭　　不? 你　　去　看　　看

tɕʰi⁰。

去。

091 我去看了,没有饭了。

uə²¹³⁻²³ kʰæ³¹⁻⁵³ tɕʰi⁰ lɛ⁰, mei³³ iou²¹³⁻²¹ lɛ⁰。

我　　看　　去　嘞,没　有　　嘞。

092 就剩一点儿了,吃了得了。

tsou³¹ ʂəŋ³¹⁻⁵³ ɕiə⁰ i³³ tiɐr²¹³⁻²¹ lɛ⁰, tʂʰʅ³³ lɔ⁰ tɯə⁵³⁻⁵⁵ lɛ⁰。

就　剩　　下　一　点儿　嘞,吃　唠　得　　嘞。

093 吃了饭要慢慢儿地走,别跑,小心肚子疼。

tʂʰʅ³³ lɔ⁰ fæ³¹ ti³³ mer³¹ mer³¹⁻³³ ti⁰ tsou²¹³, piə⁵³ pʰɔ²¹³, kʰæ²¹³⁻²³

吃　　唠饭　得　慢儿　慢儿　地走,　别　跑,　看

tu³¹⁻⁵³ tsʅ⁰ tʰəŋ⁵³⁻⁵⁵ lɔ⁰。

肚　子　疼　　唠。

094 他吃了饭了,你吃了饭没有呢?

tʰa²¹³⁻²³ tʂʰʅ³³ lɔ⁰ fæ³¹⁻⁵³ lɛ⁰, ni²¹³⁻²³ tʂʅ³³ lɔ⁰ fæ³¹⁻⁵³ lɔ⁰ pu⁰?

他　　吃　唠饭　嘞,你　吃　唠饭　唠不?

095 我喝了茶还是渴。

uə²¹³⁻²³ xɯə³³ lɔ⁰ tʂʰa⁵³ ʂuei²¹³⁻²¹ lɛ⁰ xæ³¹ ʂʅ³¹ kʰɯə³³。

我　喝　唠茶　水　　嘞还　是　渴。

096 我吃了晚饭,出去溜达了一会儿,回来就睡下了,还做了个梦。

uə²¹³⁻²³ tʂʰɿ³³ lɔ⁰ xou³¹⁻⁵³ xɑ̃⁰ fæ̃³¹, tʂʰu³³ tɕʰi⁰ liou³³ ta⁰ lɔ⁰ i³³
我　　吃　　唠　　后　　　响　饭，出　去　溜　达　唠一

xuəɻ²¹³, xuei⁵³⁻⁵⁵ lɛ⁰ tsou³¹ ʂuei³¹⁻⁵³ lɔ⁰ tɕiɔ³¹⁻⁵³ lɛ⁰, xæ̃³¹ tsou³¹⁻⁵³
会儿，　回　　来就　　睡　　唠觉　　嘞，还　做

lɔ⁰ kə⁰ məŋ³¹。
唠个　梦。

097 吃了这碗饭再说。

tʂʰɿ³³ lɔ⁰ tʂɤ³¹ uæ̃²¹³⁻²³ fæ̃³¹ tɛ³¹ ʂuə³³。
吃　唠这　碗　　饭再　说

098 我昨天照了像了。

uə²¹³⁻²¹ iə³¹⁻⁵³ lɔ⁰ kə⁰ tʂɔ³¹⁻⁵³ lɔ⁰ ɕiɑ̃³¹⁻⁵³ lɛ⁰。
我　夜　　唠个照　　唠像　　嘞。

099 有了人，什么事都好办。

iou²¹³⁻²¹ lɔ⁰ ɻən⁵³, muə³¹ ʂəɻ³¹ tou³³ xɔ²¹³⁻²³ pæ̃³¹。
有　　唠人，　么　事儿都　好　　办。

100 不要把茶杯打碎了。

piə⁵³ pa²¹³⁻²¹ tʂʰa⁵³ pei³³ ta²¹³⁻²¹ lɔ⁰。
别　把　　茶　杯　打　唠。

101 你快把这碗饭吃了，饭都凉了。

ni²¹³⁻²¹ kʰuɛ³¹ tsɔ⁰ pa²¹³⁻²³ tʂɤ³¹ uæ̃²¹³⁻²³ fæ̃³¹ tʂʰɿ³³ lɔ⁰, fæ̃³¹ tou³³
你　快　着　把　　这　碗　　饭吃　唠,饭　都

liɑ̃⁵³⁻⁵⁵ lɛ⁰。
凉　嘞。

102 下雨了。雨不下了，天晴了。

ɕia³¹ y²¹³⁻²¹ lɛ⁰。y²¹³⁻²³ pu³³ ɕia³¹⁻⁵³ lɛ⁰, tʰiæ̃³³ tɕʰiŋ⁵³⁻⁵⁵ lɛ⁰。
下　雨　嘞。雨　不　下　嘞,天　晴　　嘞。

103 打了一下。去了一趟。

ta²¹³⁻²¹ lɔ⁰ i³³ ɕiʌɹ³¹。tɕʰi³¹⁻⁵³ lɔ⁰ i³³ tʰɑ̃³¹。
打　唠一下儿。去　唠一趟。

104 晚了就不好了,咱们快点儿走吧!

uæ̃²¹³⁻²¹ lɔ⁰ tsou³¹ pu³³ xɔ²¹³⁻²¹ lɛ⁰, tsæ⁵³⁻⁵⁵ mən⁰ kʰuɛ³¹⁻⁵³ tiɐɹ⁰
晚　唠就　不　好　嘞,咱　们　快　　点儿

tsou²¹³⁻²¹ pa⁰!
走　　吧!

105 给你三天时间做得了做不了?

kei²¹³⁻²¹ ni⁰ sæ³³⁻⁵³ tʰiæ³³ ʂʅ⁵³ tɕiæ³³ kæ³¹⁻⁵³ lɔ⁰ liɔ²¹³⁻²¹ pu⁰?
给　你三　天　时间　干　唠了　不?

106 你做得了,我做不了。

ni²¹³⁻²¹ kæ³¹⁻⁵³ lɔ⁰ liɔ²¹³, uə²¹³⁻²¹ kæ³¹⁻⁵³ pu⁰ liɔ²¹³。
你　干　唠了, 我　干　不　了。

107 你骗不了我。

ni²¹³⁻²³ xu²¹³⁻²¹ pu⁰ liɔ²¹³⁻²¹ uə⁰。
你　唬　不 了　我。

108 了了这桩事情再说。

liɔ²¹³⁻²¹ lɔ⁰ tʂʅ̩ə³¹ i³³⁻⁵³ tʂuɑ̃³³ ʂəɹ̩³¹ tɛ³¹ ʂuə³³。
了　唠这　一　桩　事儿再　说。

109 这间房没住过人。

tʂʅ̩ə³¹ tɕiɐɹ³³ fɑ̃⁵³ mei³³ tʂu³¹ kuə³¹ ɻəɭ⁵³。
这　间儿 房　没　住　过　人。

110 这牛拉过车,没骑过人。

tʂʅ̩ə³¹ niou⁵³ la³³ kuə⁰ tʂʰʅ̩ə³³, mei³³ tʂɔ²¹³⁻²¹ ɻəɭ⁵³ tɕʰi⁵³⁻⁵⁵ kuə⁰。
这　牛　拉过　车,　没　着　人　骑　过。

111 这小马驹子没骑过人,你小心点儿。

tʂʅ̩ə³¹ kə⁰ ɕiɔ²¹³⁻²³ ma²¹³⁻²³ tɕy³³ tsʅ⁰ mei³³ tʂɔ²¹³⁻²¹ ɻəɭ⁵³ tɕʰi⁵³⁻⁵⁵
这　个小　马　　驹子没　着　人儿骑

kuə⁰, ni²¹³⁻²³ ɕiə²¹³⁻²³ ɕin³³ tʂɿ⁰ tiɐr²¹³。

过，　你　　小　　心　　着　点儿。

112 以前我坐过船，可从来没骑过马。

tsɔ²¹³⁻²³ ɕiɐr³³ uə²¹³⁻²³ tsuə³¹ kuə⁰ tʂʰuæ⁵³, kʰɯə²¹³⁻²¹ tsʰoŋ⁵³ lɛ⁵³

早　　先儿　我　　坐　过　船，　　可　　　从　来

mei³³ tɕʰi⁵³⁻⁵⁵ kuə⁰ ma²¹³。

没　骑　　过　马。

113 丢在街上了。搁在桌上了。

tiou³³ ti⁰ tɕiə³³ xɑ̃⁰ lɛ⁰。kɔ³³ ti⁰ tʂuə³³ tsɿ⁰ xɑ̃⁰ lɛ⁰。

丢　的　街　上　嘞。搁　的　桌　子　上　嘞。

114 掉到地上了，怎么都没找着。

tiɔ³¹⁻⁵³ ti⁰ tɕiou³³ ti³¹⁻⁵³ ɕiə⁰ lɛ⁰, tsəŋ²¹³⁻²¹ mə⁰ tou³³ mei⁰ tʂɔ²¹³⁻²¹

掉　　的　就　　地　下　嘞,怎　么　都　没　找

tʂɔ⁰。

着。

115 今晚别走了，就在我家住下吧！

tɕiəȵ³³ lɔ⁰ kə⁰ xou³¹⁻⁵³ xɑ̃⁰ piə⁵³ tsou²¹³⁻²¹ lɛ⁰, tsou³¹ tɕ²¹³⁻²³ næ²¹³⁻²¹

今　唠个　后　　晌别　走　　嘞,就　在　俺

tɕiə⁰ tʂu³¹⁻⁵³ ɕiə⁰ pa⁰！

家　住　　下　吧！

116 这些果子吃得吃不得？

tʂɿə³¹ ɕi³³ kə⁰ kuə²¹³⁻²¹ tsɿ⁰ tʂʰ̩³³ ti⁰ pu⁰？

这　些　个果　　子吃　得不？

117 这是熟的，吃得。那是生的，吃不得。

tʂɿə³¹ ʂ̩³¹ ʂou⁵³⁻⁵⁵ ti⁰, tʂʰ̩³³ ti⁰。na³¹ ʂ̩³¹ ʂəŋ³³ ti⁰, tʂʰ̩³³ pu⁰ ti⁰。

这　是　熟　　的,吃　得。那是　生　的,吃　不　得。

118 你们来得了来不了？

ni²¹³⁻²¹ mən⁰ lɛ⁵³⁻⁵⁵ ti⁰ liɔ²¹³⁻²¹ pu⁰?
你　　们　来　　得　了　　不?

119 我没事，来得了，他太忙，来不了。

uə²¹³⁻²³ mei³³ ʂɤ̣³¹, lɛ⁵³⁻⁵⁵ lɔ⁰ liɔ²¹³, tʰa²¹³⁻²³ tʰuei³³ mɑ̃⁵³, lɛ⁵³⁻⁵⁵
我　　没　事ㄦ，来　唠了，　他　忕　忙，　来

pu⁰ liɔ²¹³.
不　了。

120 这个东西很重，拿得动拿不动?

tʂʅ³¹ kə⁰ uʌr⁵³ tʰuei³³ tʂʰən⁵³, na⁵³⁻⁵⁵ toŋ⁰ liɔ²¹³⁻²¹ pu⁰?
这　个　娃ㄦ忕　沉，　拿　动　了　不?

121 我拿得动，他拿不动。

uə²¹³⁻²¹ na⁵³⁻⁵⁵ toŋ⁰ liɔ²¹³, tʰa²¹³⁻²¹ na⁵³⁻⁵⁵ pu⁰ toŋ³¹.
我　　拿　动　了，他　　拿　不　动。

122 真不轻，重得连我都拿不动了。

tʂən³³ pu³³⁻⁵³ tɕʰiŋ³³ tɕʰiɔr⁰, tʂʰən⁵³⁻⁵⁵ ti⁰ liæ̃⁵³ uə²¹³⁻²³ tou³³ na⁵³⁻⁵⁵
真　不　轻　巧ㄦ，沉　　得　连　我　　都　拿

pu⁰ toŋ³¹⁻⁵³ lɛ⁰.
不　动　嘞。

123 他手巧，画得很好看。

tʰa²¹³⁻²³ ʂou²¹³⁻²³ tɕʰiɔ²¹³, xua³¹⁻⁵³ ti⁰ tʰiŋ²¹³⁻²³ xɔ²¹³⁻²³ kʰæ̃³¹.
他　　手　　巧，　画　　得挺　　好　看。

124 他忙得很，忙得连吃过饭没有都忘了。

tʰa²¹³⁻²³ tʰuei³³ mɑ̃⁵³⁻⁵⁵ lɛ⁰, mɑ̃⁵³⁻⁵⁵ ti⁰ liæ̃⁵³ tʂʰʅ³³ lɔ⁰ fæ̃³¹⁻⁵³ lɔ⁰ pu⁰
他　　忕　忙　嘞，忙　　得连　吃　唠饭　　唠不

tou³³ uɑ̃³¹⁻⁵³ lɛ⁰.
都　忘　嘞。

125 你看他急得，急得脸都红了。

ni⁺²¹³⁻²³ kʰæ̃³¹⁻²³ tʰa²¹³⁻²¹ tɕi⁵³⁻⁵⁵ tiᵒ, tɕi⁵³⁻⁵⁵ tiᵒ liæ²¹³⁻²³ tou³³ xoŋ⁵³⁻⁵⁵ lɛᵒ。

你　看　他　急　得,急　得脸　都　红　嘞。

126 你说得很好,你还会说些什么呢?

ni²¹³⁻²³ ʂuə³³ tiᵒ tʰiŋ²¹³⁻²³ xɔ²¹³ ,ni²¹³⁻²³ xæ̃³¹ xuei³¹ ʂuə³³ muə³¹⁻⁵³ ɛᵒ ?

你　说　得挺　好,你　还　会　说　么　唉?

127 说得到,做得了,真棒!

ʂuə³³ lɔᵒ liɔ²¹³ , tsuə³¹⁻⁵³ lɔᵒ liɔ²¹³ , tʂən³³ xɔ²¹³ !

说　唠了,　做　唠了,　真　好!

128 这个事情说得说不得呀?

tʂʅə³¹ kəᵒ ʂɚ̩³¹ ʂuə³³ tiᵒ puᵒ ?

这　个事儿说　得不?

129 他说得快不快? 听清楚了吗?

tʰa²¹³⁻²³ ʂuə³³ tiᵒ kʰuɛ³¹⁻⁵³ puᵒ ? tʰiŋ⁵³ tɕʰiŋ³³ tʂʰuᵒ lɔᵒ maᵒ ?

他　说　得快　不? 听　清　楚　唠吗?

130 他说得快不快? 只有五分钟时间了。

tʰa²¹³⁻²³ ʂuə³³ tiᵒ kʰuɛ³¹⁻⁵³ puᵒ ? tsou³¹ iou²¹³⁻²³ u²¹³⁻²¹ fənᵒ tʂoŋ³³ læ̃ᵒ。

他　说　得快　不? 就　有　五　分　钟　嚷。

131 这是他的书。

tʂʅə³¹ ʂʅ³¹ tʰa²¹³⁻²¹ tiᵒ ʂu³³。

这　是　他　的书。

132 那本书是他哥哥的。

na³¹ pəɻ²¹³⁻²³ ʂu³³ ʂʅ³¹ tʰa²¹³⁻²³ kɯə³³ tiᵒ。

那　本儿　书　是　他　哥　的。

133 桌子上的书是谁的? 是老王的。

tʂuə³³ tsʅᵒ xɑ̃³¹ na³¹ ʂu³³ ʂʅ³¹ xei⁵³⁻⁵⁵ tiɛᵒ ? 　ʂʅ³¹ lɔ²¹³⁻²¹ uɑ̃⁵³⁻⁵⁵ tiᵒ。

桌　子上那书是　谁　[的唉]? 是老　王　的。

134 屋子里坐着很多人,看书的看书,看报的看报,写字的写字。

u^{33} ni^0 tsuə^{31} tʂɔ^0 lɔ$^{213-21}$ ɕi^{33} kə^0 ȵɛn^{53}, kʰæ^{31} ʂu^{33} ti^0 kʰæ^{31} ʂu^{33},
屋　里　坐　　着　老　　些　个　人，　看　书　的　看　书，

kʰæ^{31} pɔ^{31} tʂʅ$^{213-21}$ ti^0 kʰæ^{31} pɔ^{31} tʂʅ^{213}, ɕiə$^{213-21}$ tsəʅ$^{31-53}$ ti^0 ɕiə$^{213-23}$
看　报　纸　　的看　报　纸，　写　字ɪ　的写

tsəʅ^{31}。
字ɪ。

135 要说他的好话，不要说他的坏话。

　　ʂuə^{33} tʰa$^{213-21}$ ti^0 xɔ$^{213-23}$ xua^{31}, piə^{53} ʂuə^{33} tʰa$^{213-21}$ ti^0 xuɛ^{31} xuʌɻ^{31}。
　　说　他　　的好　话，别　说　他　　的坏　话ɪ。

136 上次是谁请的客？是我请的。

　　ʂɑ̃^{31} xuei^{53} ʂʅ^{31} xei^{53} tɕʰiŋ$^{213-21}$ ti^0 kʰɯə$^{31-53}$ ε^0？ʂʅ^{31} uə$^{213-23}$
　　上　回　　是　谁　请　　的客　　唉？是　我

　　tɕʰiŋ$^{213-21}$ ti^0。
　　请　　的。

137 你是哪年来的？

　　ni$^{213-23}$ ʂʅ^{31} na$^{213-21}$ niæ̃^{53} lɛ$^{53-55}$ tiε^0？
　　你　是　哪　　年　　来　[的唉]？

138 我是前年到的北京。

　　uə$^{213-23}$ ʂʅ^{31} tɕʰiæ̃$^{53-55}$ niæ̃^{0} tɔ$^{31-53}$ ti^0 pei$^{213-23}$ tɕiŋ^{33}。
　　我　是　前　　年　到　　的　北　　京。

139 你说的是谁？

　　ni$^{213-23}$ ʂuə^{33} ti^0 ʂʅ^{31} xei$^{53-55}$ ε^0？
　　你　说　的是　谁　唉？

140 我反正不是说的你。

　　uə$^{213-21}$ fæ̃$^{213-55}$ tʂɔ^0 pu^{33} ʂʅ^{31} ʂuə^{33} ti^0 ni^{213}。
　　我　反　着　不是　说　的你。

141 他那天是见的老张，不是见的老王。

tʰa²¹³⁻²³ na³¹ i·³³⁻⁵³ tʰiæ̃³³ ʂʅ³¹ tɕiæ̃³¹⁻⁵³ ti⁰ lɔ²¹³⁻²³ tʂɑ̃³³, pu³³ ʂʅ³¹
他　　那　一　天　　是　见　　　的　老　张，　不　是

lɔ²¹³⁻²¹ uɑ̃⁵³。
老　　王。

142 只要他肯来，我就没的说了。

tʂʅ³³ iɔ³¹ tʰa²¹³⁻²³ yæ̃³¹ i³¹ lɛ⁵³, uə²¹³⁻²³ tsou³¹ mei³³⁻⁵³ ʂuə³³ ti⁰ lɛ⁰
只　要　他　　愿　意　来，我　　就　　没　　说　的　嘞。

143 以前是有的做，没的吃。

tsɔ²¹³⁻²³ ɕiɐr³³ ʂʅ³¹ iou²¹³⁻²¹ ti⁰ kæ̃³¹, mei⁵³⁻⁵⁵ ti⁰ tʂʰʅ³³。
早　　先儿　是　有　　　的　干，　没　　　的　吃。

144 现在是有的做，也有的吃。

ɕiæ̃³¹ tsɛ³¹ ʂʅ³¹ iou²¹³⁻²¹ ti⁰ kæ̃³¹, iə²¹³⁻²³ iou²¹³⁻²¹ ti⁰ tʂʰʅ³³。
现　在　是　有　　　的　干，　也　　有　　　的　吃。

145 上街买个蒜啊葱的，也方便。

ʂɑ̃³¹ tɕiə³³ xɑ̃⁰ mɛ²¹³⁻²³ kə⁰ suæ̃³¹⁻⁵³ a⁰ tsʰoŋ³³ ti⁰, iə²¹³⁻²³ fɑ̃³³ piæ̃³¹。
上　街　上买　　个　蒜　　啊葱　的，也　　方　便。

146 柴米油盐什么的，都有的是。

tʂʰɛ⁵³ mi²¹³⁻²¹ iou⁵³ iæ̃⁵³ muə³¹⁻⁵³ ti⁰, tou³³ iou²¹³⁻²¹ ti⁰ ʂʅ³¹。
柴　米　　油　盐　么　　的，都　有　　　的　是。

147 写字算账什么的，他都能行。

ɕiə²¹³⁻²³ tsəɻ³¹ suæ̃³¹ tʂɑ̃³¹ muə³¹⁻⁵³ ti⁰, tʰa²¹³⁻²³ tou³³ nəŋ⁵³ kæ̃³¹。
写　　字儿　算　账　么　　的，他　　　都　能　干。

148 把那个东西递给我。

pa²¹³⁻²³ na³¹ kuə³¹ toŋ³³ ɕiəɻ⁰ ti³¹⁻⁵³ kei⁰ uə⁰。
把　　那　个　东　西儿　递　给我。

149 是他把那个杯子打碎了。

ʂʅ³¹ tʰa²¹³⁻²³ pa²¹³⁻²³ na³¹ kə⁰ pei³³ tsʅ⁰ nəŋ³¹ ta²¹³⁻²¹ lɔ⁰ ti⁰。
是　他　　把　　那　个　杯　子　弄　　打　　唠　的。

150 把人家脑袋都打出血了，你还笑！

pa²¹³⁻²¹ niə⁵³ nɔ²¹³⁻²¹ tɛ⁰ tou³³ ta²¹³⁻²¹ tʂʰu⁰ ɕiə³³ lɛ⁵³⁻⁵⁵ lɛ⁰, ni²¹³⁻²³
把　㑇　脑　袋都　打　出　血　来　嘞，你
xæ̃³¹ ɕiə³¹！
还　笑！

151 快去把书还给他。

kʰuɛ³¹ tɕʰi³¹ pa²¹³⁻²³ ʂu³³ xuæ̃⁵³⁻⁵⁵ kei³ tʰa²¹³⁻²¹ tɕʰi⁰。
快　去　把　书　还　给他　去。

152 我真后悔当时没把他留住。

uə²¹³⁻²³ tʂən³³ xou³¹⁻⁵³ xuei⁰ na³¹ i³³ xuəȵ²¹³⁻²³ mei³³ pa²¹³⁻²³ tʰa⁰
我　真　后　悔　那　一会儿　没　把　他
liou⁵³⁻⁵⁵ tʂu⁰。
留　住。

153 你怎么能不把人当人呢？

ni²¹³⁻²³ tsəŋ²¹³⁻²¹ mə⁰ nəŋ⁵³ pu³³ pa²¹³⁻²¹ ȵəȵ⁵³ tã³³ ȵəȵ⁵³⁻⁵⁵ ni⁰？
你　怎　么　能　不　把　人　当　人　呢？

154 有的地方管太阳叫日头。

iou²¹³⁻²¹ ti⁰ ti³¹⁻⁵³ fəȵ⁰ kən³³ tʰɛ³¹ iã⁵³ tɕiə³¹ ʐʅ³¹⁻⁵³ tʰou⁰。
有　的地　分儿跟　太　阳　叫　日　头。

155 什么？她管你叫爸爸！

ʂəŋ⁵³ mə⁰？tʰa²¹³⁻²³ kən³³ ni²¹³⁻²³ tɕiə³¹ pa³¹⁻⁵³ pa⁰ ia⁰！
什　么？她　跟　你　叫　爸　爸呀！

156 你拿什么都当真的，我看没必要。

ni²¹³⁻²¹ na⁵³ muə³¹ tou³³⁻⁵³ tã³³⁻⁵³ tʂən³³ ti⁰，uə²¹³⁻²³ tɕiə³³ tʂɔ⁰ mei³³
你　拿　么　都　当　真　的，我　觉　着　没
pi³¹ iə³¹。
必　要。

157 真拿他没办法，烦死我了。

tʂən³³ na⁵³⁻⁵⁵ tʰa⁰ mei³³⁻⁵³ fʌr³³, fæ̃⁵³⁻⁵⁵ sʅ⁰ uə²¹³⁻²¹ lɛ⁰。
真　　拿　他　没　　法ㄦ，烦　死我　　嘞。

158 看你现在拿什么还人家。

kʰæ³¹⁻²³ ni²¹³⁻²³ ɕiæ̃³¹ tsɛ³¹ na⁵³ muə³¹ xuæ⁵³ niə⁵³。
看　　　你　　　现　　在　拿　么　　还　　也。

159 他被妈妈说哭了。

tʰa²¹³⁻²³ tʂɔ²¹³⁻²¹ tʰa⁰ ma³³ ʂuə³³⁻⁵³ kʰu³³ lɛ⁰。
他　　　着　　　他　妈　说　　　哭　嘞。

160 所有的书信都被火烧了，一点儿剩的都没有。

suə²¹³⁻²³ iou²¹³⁻²¹ ti⁰ ɕin³¹ tou³³ tʂɔ²¹³⁻²³ xuə²¹³⁻²³ ʂɔ³³ lɛ⁰, i³³ tiɐr²¹³⁻²³
所　　　有　　　的　信　都　着　　　火　　烧　　嘞，一点ㄦ

tou³³⁻⁵³ mei³³ ʂən³¹⁻⁵³ ɕiə⁰。
都　　　没　剩　　　下。

161 被他缠了一下午，什么都没做成。

tʂɔ²¹³⁻²¹ tʰa⁰ tʂʰæ̃⁵³⁻⁵⁵ lɔ⁰ i³³ kuə³¹ ʂɑ²¹³⁻²¹ xuə⁰, muə³¹ iə²¹³⁻²³ mei³³
着　　　他　缠　　　唠一过　晌　午，　么　也　　没

tsou³¹ tʂʰəŋ⁵³。
做　成。

162 让人给打懵了，一下子没明白过来。

tʂɔ²¹³⁻²¹ ɹər⁵³ kei²¹³⁻²³ ta²¹³⁻²³ məŋ³³ lɛ⁰, i³³ ɕia³¹⁻⁵³ tsʅ⁰ mei³³ min⁵³⁻⁵⁵
着　　　人ㄦ给　　打　　懵　　嘞，一下　子　没　明

pɛ⁰ kuə³¹ lɛ⁵³。
白过　来。

163 给雨淋了个浑身湿透。

tʂɔ²¹³⁻²³ y²¹³⁻²³ luən⁵³⁻⁵⁵ lɔ⁰ kə⁰ xuən⁵³ ʂən³³ tʰou³¹ ʂʅ³³。
着　　　雨　淋　　　唠个浑　　身　透　湿。

164 给我一本书。给他三本书。

kei²¹³⁻²³ uə²¹³⁻²³ i³³ pəɻ²¹³⁻²³ ʂu³³ 。kei²¹³⁻²³ tʰa²¹³⁻²³ sæ³³ pəɻ²¹³⁻²³

给　　我　　一　本儿　书。给　　他　　三　　本儿

ʂu³³ 。

书。

165 这里没有书，书在那里。

　　tʂʅɤr³³ mei³³⁻⁵³ ʂu³³ , ʂu³³ tɛ²¹³⁻²³ nʌr³³ ni⁰

　　这儿　没　　书，书　在　　那儿里。

166 叫他快来找我。

　　tʂɔ²¹³⁻²¹ tʰa⁰ kʰuɛ³¹⁻⁵³ tʂɔ⁰ lɛ⁵³ tʂɔ²¹³⁻²¹ uə⁰ lɛ⁰ 。

　　着　　他　快　　着　来　找　　我　来。

167 赶快把他请来。

　　kʰuɛ³¹⁻⁵³ tʂɔ⁰ pa²¹³⁻²¹ tʰa⁰ tɕʰiŋ²¹³⁻²¹ kuə⁰ lɛ⁵³ 。

　　快　　　着　把　　他　请　　　过来。

168 我写了条子请病假。

　　uə²¹³⁻²³ ɕiə²¹³⁻²¹ lɔ⁰ tʰiɔr⁵³⁻⁵⁵ lɛ⁰ tɕʰiŋ²¹³⁻²³ piŋ³¹ tɕia³¹ 。

　　我　写　　唠条儿　嘞请　　病　假。

169 我上街买了份报纸看。

　　uə²¹³⁻²³ ʂã³¹ tɕiə³³ xã⁰ mɛ²¹³⁻²¹ lɔ⁰ fəɻ³¹ pɔ³¹ tʂʅ²¹³⁻²³ kʰæ³¹ 。

　　我　　上街　上买　唠份儿报　纸　　看。

170 我笑着躲开了他。

　　uə²¹³⁻²³ ɕiɔ³¹⁻⁵³ tʂɔ⁰ tuə²¹³⁻²¹ kʰɛ⁰ tʰa²¹³⁻²¹ lɛ⁰ 。

　　我　笑　着　躲　　开他　嘞。

171 我抬起头笑了一下。

　　uə²¹³⁻²³ tʰɛ⁵³⁻⁵⁵ tɕʰi⁰ tʰour⁵³ lɛ⁵³ ɕiɔ³¹⁻⁵³ lɔ⁰ i³³ ɕiʌr³¹ 。

　　我　抬　起　头儿　来笑　唠一下儿。

172 我就是坐着不动，看你能把我怎么着。

　　uə²¹³⁻²³ tsou³¹ ʂʅ³¹ tsuə²¹³⁻⁵³ tʂɔ⁰ pu³³ toŋ³¹ , kʰæ³¹⁻⁵³ ni⁰ nəŋ⁵³ pa²¹³⁻²³

　　我　就　是　坐　　着　不　动，　看　　你　能　把

uə²¹³⁻²³ tsəŋ²¹³⁻²¹ mə⁰ tsɔ⁵³。

我 怎 么 着。

173 她照顾病人很细心。

tʰa²¹³⁻²³ tsʰʅ³¹⁻⁵³ xou⁰ piŋ³¹⁻⁵³ ɻən⁵³ ɕin³³ tʰɯə³¹ ɕi³¹。

她 伺 候 病 人 心 特 细。

174 他接过苹果就咬了一口。

tʰa²¹³⁻²³ tɕiə³³ kuə⁰ pʰiŋ⁵³ kuə²¹³⁻²³ tɕʰi³¹ tsou³¹ iɔ²¹³⁻²¹ lɔ⁰ i³³ kʰou²¹³。

他 接 过 苹 果 去 就 咬 唠一 口。

175 他的一番话使在场的所有人都流了眼泪。

tʰa²¹³⁻²³ tsʅə³¹ i³³ tuən³¹ ʂuə³³ tsɔ²¹³⁻²³ tɛ²¹³⁻²³ nʌr³³ ti⁰ na³¹ ɕi³³ kə⁰ ɻən⁵³ tou³³ liou⁵³⁻⁵⁵ lɔ⁰ ɻʅ³¹⁻⁵³ lə⁰。

他 这 一 顿 说 着 在 那儿 的 那 些 个 人 都 流 唠泪儿 嘞。

176 我们请他唱了一首歌。

næ̃²¹³⁻²¹ mən⁰ tɕʰiŋ²¹³⁻²³ tʰa²¹³⁻²¹ tʂʰã³¹⁻⁵³ lɔ⁰ i³³ ʂou²¹³⁻²³ kuɣr³³。

俺 们 请 他 唱 唠一 首 歌儿。

177 我有几个亲戚在外地做工。

uə²¹³⁻²³ iou²¹³⁻²³ tɕi²¹³⁻²¹ a⁰ tɕʰin³³ tɕʰin⁰ tɛ²¹³⁻²³ uɛ³¹ ti³¹ kæ³¹ xuor⁵³⁻⁵⁵ ni⁰。

我 有 几 啊亲 戚 在 外 地 干 活儿 呢。

178 他整天都陪着我说话。

tʰa²¹³⁻²¹ i³³⁻⁵³ tʰiæ̃³³ tou³³ pʰei⁵³⁻⁵⁵ tsɔ⁰ uə²¹³⁻²³ ʂuə³³ xuʌr³¹。

他 一 天 都 陪 着 我 说 话儿。

179 我骂他是个大笨蛋, 他居然不恼火。

uə²¹³⁻²³ ma³¹⁻⁵³ tʰa⁰ ʂʐ̩³¹ kə⁰ ta³¹ pən³¹ tæ̃³¹, tʰa²¹³⁻²³ mei³³ tɕi⁵³
我　　骂　　他　是　个　大　笨　蛋, 他　　没　急

iæ̃²¹³。
眼。

180 他把钱一扔, 二话不说, 转身就走。

tʰa²¹³⁻²³ pa²¹³⁻²³ tɕʰiæ̃⁵³ i³³⁻⁵³ ʐ̩əŋ³³, ɚ³¹ xua³¹ pu³³⁻⁵³ ʂuə³³, niou²¹³⁻²¹
他　　把　　钱　　一　扔,　二　话　不　说,　扭

tʰour⁵³ tsou³¹ tsou²¹³。
头儿　就　　走。

181 我该不该来呢?

uə²¹³⁻²³ kɛ³³ pu³³⁻⁵³ kɛ³³ lɛ⁵³⁻⁵⁵ ɛ⁰?
我　　该　不　　该　来　　唉?

182 你来也行, 不来也行。

ni²¹³⁻²¹ lɛ⁵³ iə²¹³⁻²¹ ɕiŋ⁵³, pu³³ lɛ⁵³ iə²¹³⁻²¹ ɕiŋ⁵³。
你　来　也　　行,　不　来　也　　行。

183 要我说, 你就不应该来。

tʂɔ²¹³⁻²³ uə²¹³⁻²³ ʂuə³³, ni²¹³⁻²³ tsou³¹ pu³³⁻⁵³ kɛ³³ lɛ⁵³。
着　我　　说,　你　　就　不　　该　来。

184 你能不能来?

ni²¹³⁻²¹ nəŋ⁵³ lɛ⁵³⁻⁵⁵ pu⁰?
你　能　来　　不?

185 看看吧, 现在说不准。

kʰæ̃³¹⁻²³ kʰæ̃⁰ pa⁰, ɕiæ̃³¹ tsɛ³¹ ʂuə³³ pu⁰ xɔ²¹³。
看　　看　吧,　现　在　说　不　好。

186 能来就来, 不能来就不来。

nəŋ⁵³ lɛ⁵³ tsou³¹ lɛ⁵³, lɛ⁵³⁻⁵⁵ pu⁰ liɔ²¹³⁻²³ tsou³¹ pu³³ lɛ⁵³。
能　来　就　来, 来　不　了　　就　不　来。

187 你打算不打算去?

ni²¹³⁻²³ ɕiã²¹³⁻²¹ tʂɔ⁰ tɕʰi³¹⁻⁵³ pu⁰ ?

你　想　　着　去　　不?

188 去呀! 谁说我不打算去?

tɕʰi³¹ ia⁵³ ! xei⁵³ ʂuə³³ uə²¹³⁻²³ pu³³ ɕiã²¹³⁻²¹ tʂɔ⁰ tɕʰi³¹⁻⁵³ ɛ⁰ ?

去　呀! 谁　说　我　　不　想　　着　去　唉?

189 他一个人敢去吗?

tʰa²¹³⁻²³ i³³ kə⁰ ɻəʅ⁵³ kæ²¹³⁻²³ tɕʰi³¹⁻⁵³ ma⁰ ?

他　　一个　人儿　敢　　去　　吗?

190 敢! 那有什么不敢的?

kæ²¹³ ! na³¹ iou²¹³⁻²³ muə³¹ pu³³ kæ²¹³⁻²¹ tiɛ⁰ ?

敢! 那　有　　么　不　敢　[的唉]?

191 他到底愿不愿意说?

tʰa²¹³⁻²³ tɔ³¹ ti²¹³⁻²³ yæ³¹⁻⁵³ pu⁰ yæ³¹ ʂuə³³ ɛ⁰ ?

他　　到底　愿　　不　愿　说　唉?

192 谁知道他愿意不愿意说?

xei⁵³ tʂʅ³³ tɔ³¹ tʰa²¹³⁻²³ yæ³¹⁻⁵³ pu⁰ yæ³¹ ʂuə³³ ɛ⁰ ?

谁　知　道他　愿　　不　愿　说　唉?

193 愿意说得说, 不愿意说也得说。

yæ³¹ ʂuə³³ iə²¹³⁻²³ ti³³ ʂuə³³ , pu³³ yæ³¹ ʂuə³³ iə²¹³⁻²³ ti³³⁻⁵³ ʂuə³³ 。

愿　说　也　　得　说, 不　愿　说　也　　得　说。

194 反正我得让他说, 不说不行。

fæ²¹³⁻⁵⁵ tʂɔ⁰ uə²¹³⁻²³ ti³³ tʂɔ²¹³⁻²¹ tʰa⁰ ʂuə³³ , pu³³⁻⁵³ ʂuə³³ pu³³ ɕiŋ⁵³ 。

反　着我　得着　他说, 不　说　不　行。

195 还有没有饭吃?

xæ³¹ iou²¹³⁻²³ fæ³¹ tʂʰʅ³³ pu⁰ ?

还　有　　饭　吃　不?

196 有, 刚吃呢。

iou²¹³, kɑ̃³³ xæ³¹ tʂʰʅ³³ ni⁰。

有， 刚 还 吃 呢。

197 没有了,谁叫你不早来!

mei³³ iou²¹³⁻²¹ lɛ⁰, xei⁵³ tsɔ²¹³⁻²¹ ni⁰ pu³³ tsɔ²¹³⁻²¹ tiɐr²¹³⁻²¹ lɛ⁵³⁻⁵⁵ iɛ⁰!

没 有 嘞,谁 着 你 不 早 点儿 来 唉!

198 你去过北京吗? 我没去过。

ni²¹³⁻²³ tɕʰi³¹ kuə³¹ pei²¹³⁻²³ tɕiŋ³³ ma⁰? uə²¹³⁻²³ mei³³ tɕʰi³¹ kuə³¹。

你 去 过 北 京 吗? 我 没 去 过。

199 我十几年前去过,可没怎么玩,都没印象了。

uə²¹³⁻²³ tʰou⁵³ ʂʅ⁵³ xɔ²¹³⁻⁵³ tɕi²¹³⁻²¹ niæ⁵³ tɕʰi³¹ kuə³¹, mei³³ tsəŋ²¹³⁻²¹

我 头 十 好 几 年 去 过, 没 怎

mə⁰ uɐr⁵³, tou³³⁻⁵³ mei³³ in³¹ ɕiɑ̃³¹ lɛ⁰。

么 玩儿, 都 没 印 象 嘞。

200 这件事他知道不知道?

tʂʅə³¹ kuə³¹ ʂəʅ³¹ tʰa²¹³⁻²³ tʂʅ³³ tɔ⁰ pu³³?

这 个 事儿 他 知 道 不?

201 这件事他肯定知道。

tʂʅə³¹ kuə³¹ ʂəʅ³¹ tʰa²¹³⁻²³ tʂuən²¹³⁻²³ tʂʅ³³ tɔ³¹。

这 个 事儿 他 准 知 道。

202 据我了解,他好像不知道。

uə²¹³⁻²¹ tʂʅə³¹⁻⁵³ m⁰ liə²¹³⁻⁵³ tɕiə²¹³⁻²¹ tʂɔ⁰, tʰa²¹³⁻²³ ɕiɑ³¹ ʂʅ³¹ pu³³⁻⁵³

我 这 么了 解 着,他 像 是 不

tʂʅ³³ tɔ³¹。

知 道。

203 这些字你认得不认得?

tʂʅə³¹ ɕi³³ kə⁰ tsəʅ³¹ ni²¹³⁻²¹ nəʅ³¹⁻⁵³ ti⁰ pu⁰?

这 些 个 字儿 你 认 得 不?

204 我一个大字也不认得。

uə²¹³⁻²³ i³³ kə⁰ ta³¹ tsəɻ³¹ iə²¹³⁻²³ pu³³ ɻən³¹⁻⁵³ ti⁰。

我　　一个　大　字ㄦ　也　　不　认　　得。

205 只有这个字我不认得，其他字都认得。

tsou³¹ tʂʅə³¹ kuə³¹ tsəɻ³¹ uə²¹³⁻²³ pu³³ ɻən³¹⁻⁵³ ti⁰, piə⁵³⁻⁵⁵ ti⁰ tsəɻ³¹

就　这　个　字ㄦ我　不　认　得，别　的　字ㄦ

tou³³ ɻən³¹⁻⁵³ ti⁰。

都　认　得。

206 你还记得不记得我了？

ni²¹³⁻²³ xæ̃³¹ tɕi³¹⁻⁵³ ti⁰ uə²¹³⁻²¹ pu⁰?

你　还　记　得我　不?

207 记得，怎么能不记得！

tɕi³¹⁻⁵³ ti⁰, tsəŋ²¹³⁻²¹ mə⁰ nəŋ⁵³ pu³³ tɕi³¹⁻⁵³ ti⁰ ni⁰!

记　得，怎　么能　不　记　得呢!

208 我忘了，一点都不记得了。

uə²¹³⁻²¹ uã³¹⁻⁵³ lɛ⁰, i³³ tiɐɻ²¹³⁻²³ tou³³⁻⁵³ pu³³ tɕi³¹⁻⁵³ ti⁰ lɛ⁰。

我　忘　嘞,一点ㄦ　都　不　记　得嘞。

209 你在前边走，我在后边走。

ni²¹³⁻²³ tɛ²¹³⁻²³ tɕʰiæ̃⁵³ pɐɻ³³ tsou²¹³, uə²¹³⁻²³ tɛ²¹³⁻²³ xou³¹ pɐɻ³³ tsou²¹³。

你　在　前　边ㄦ走,　我　在　后　边ㄦ走。

210 我告诉他了，你不用再说了。

uə²¹³⁻²³ ʂuə³³ kei⁰ tʰa⁰ lɛ⁰, ni²¹³⁻²³ pən⁵³ tɛ³¹ ʂuə³³ lɛ⁰。

我　说　给　他　嘞,你　甭　再　说　嘞。

211 这个大，那个小，你看哪个好？

tʂʅə³¹⁻²³ kə⁰ ta³¹, na³¹⁻²³ kə⁰ ɕio²¹³, ni²¹³⁻²³ kʰæ³¹⁻²³ na²¹³⁻²³ kuə³¹

这　个大,　那　个小,　你　看　哪　个

xɔ²¹³⁻²¹ ɛ⁰?

好　唉?

212 这个比那个好。

tʂʅə³¹⁻²³ kə⁰ pʰi²¹³⁻²³ na³¹⁻²³ kə⁰ xɔ²¹³。
这　个　比　那　个　好。

213 那个没有这个好，差多了。

na³¹⁻²³ kə⁰ mei³³ iou²¹³⁻²³ tʂʅə³¹⁻²³ kə⁰ xɔ²¹³, tʂʰa³¹ tuə³³ lɛ⁰。
那　个　没　有　这　个　好，差　多　嘞。

214 要我说这两个都好。

tʂɔ²¹³⁻²³ uə²¹³⁻²³ ʂuə³³ tʂʅə³¹ lia²¹³⁻²³ tou³³ xɔ²¹³。
着　我　说　这　俩　都　好。

215 其实这个比那个好多了。

tɕʰi⁵³ ʂʅ⁵³ tʂʅə³¹⁻²³ kə⁰ pʰi²¹³⁻²³ na³¹⁻²³ kə⁰ xɔ²¹³⁻²³ tuə³³ lɛ⁰。
其　实　这　个　比　那　个　好　多　嘞。

216 今天的天气没有昨天好。

tɕiɐɻ³³ lɔ⁰ kə⁰ tʂʅə³¹ tʰiɐr³³ mei³³ iou²¹³ iə³¹⁻⁵³ lɔ⁰ kə⁰ xɔ²¹³。
今儿　唠个　这　天儿　没　有　夜　唠个　好。

217 昨天的天气比今天好多了。

iə³¹⁻⁵³ lɔ⁰ kə⁰ na³¹ tʰiɐr³³ pʰi²¹³⁻²³ tɕiɐɻ³³ lɔ⁰ kə⁰ xɔ²¹³⁻²³ tuə³³ lɛ⁰。
夜　唠个　那　天儿　比　今儿　唠个　好　多　嘞。

218 明天的天气肯定比今天好。

miɻɣr⁵³⁻⁵⁵ kə⁰ na³¹ tʰiɐr³³ tsuən²¹³⁻²³ pʰi²¹³⁻²³ tɕiɐɻ³³ lɔ⁰ kə⁰ xɔ²¹³。
明儿　个　那　天儿　准　比　今儿　唠个　好。

219 那个房子没有这个房子好。

na³¹ kə⁰ fã⁵³ mei³³ iou²¹³⁻²³ tʂʅə³¹ ke⁰ fã⁵³ xɔ²¹³。
那　个　房　没　有　这　个　房　好。

220 这些房子不如那些房子好。

tʂʅə³¹ ɕi³³ kə⁰ fã⁵³ pu³³ y³¹ na³¹ ɕi³³ kə⁰ fã⁵³ xɔ²¹³。
这　些　个　房　不　如　那　些　个　房　好。

221 这个有那个大没有？

tʂʅə³¹⁻²³ kə⁰ iou²¹³⁻²³ na³¹⁻²³ kə⁰ ta³¹⁻⁵³ pu⁰?

这　　个　有　　那　　个　大　不?

222 这个跟那个一般大。

tʂʅə³¹⁻²³ kə⁰ kən³³ na³¹⁻²³ kə⁰ i̠³³⁻⁵³ pɐr³³ ta³¹。

这　　个　跟　　那　　个　一　般儿　大。

223 这个比那个小了一点点儿，不怎么看得出来。

tʂʅə³¹⁻²³ kə⁰ pʰi̠²¹³⁻²³ na³¹⁻²³ kə⁰ ɕiɔ²¹³⁻²³ i³³ ɕiɔ²¹³⁻²³ tiɐr²¹³, kʰæ̃³¹⁻⁵³

这　　个　比　　那　　个　小　　一小　　点儿，看

pu⁰ tsən²¹³⁻²¹ mə⁰ tʂʰu³³ lɛ⁵³。

不 怎　 么　出　来。

224 这个大，那个小，两个不一般大。

tʂʅə³¹⁻²³ kə⁰ ta³¹, na³¹⁻²³ kə⁰ ɕiɔ²¹³, lia²¹³⁻²³ pu³³ i̠³³⁻⁵³ pɐr³³ ta³¹。

这　　个　大，那　　个　小，俩　　不　一　般儿　大。

225 这个跟那个大小一样，分不出来。

tʂʅə³¹⁻²³ kə⁰ kən³³ na³¹⁻²³ kə⁰ ta³¹ ɕiɔ²¹³⁻²³ i̠³³ iɑ̃³¹, fən³³ pu⁰ tʂʰu⁰ lɛ⁵³。

这　　个　跟　　那　　个　大小　　一样，分　不　出　来。

226 这个人比那个人高。

tʂʅə³¹ kə⁰ ɻəʔ⁵³ pʰi̠²¹³⁻²³ na³¹ kə⁰ ɻəʔ⁵³ kɔ³³。

这　个　人儿比　　那　个　人儿高。

227 是高一点儿，可是没有那个人胖。

ʂʅ³¹ kɔ³³ i⁰ tiɐr²¹³, kʰuɯ³³ mei³³ na³¹ kə⁰ ɻəʔ⁵³ pʰã̃³¹。

是 高　一点儿，可　 没　那　个　人儿胖。

228 他们一般高，我看不出谁高谁矮。

tʰa²¹³⁻²¹ mən⁰ i̠³³ pɐr³³⁻⁵³ kɔ³³, uə²¹³⁻²³ kʰæ³¹⁻⁵³ pu⁰ tʂʰu³³ xei⁵³ kɔ³³

他　们　一　般儿　高，我　　看　　不　出　谁　高

xei⁵³ tsʰuə⁵³。

谁　矬。

229 胖的好还是瘦的好?

$p^h\tilde{a}^{31-53}$ ti^0 $x\mathcirc^{213-23}$ $x\ae^{31}$ $s\mathcal{l}^{31}$ sou^{31-53} ti^0 $x\mathcircumflex^{213-21}$ ε^0 ?

胖　的好　还是瘦　的好　唉?

230 瘦的比胖的好。

sou^{31-53} ti^0 p^hi^{213-23} $p^h\tilde{a}^{31-53}$ ti^0 $x\mathcircumflex^{213}$。

瘦　的比　胖　的好。

231 瘦的胖的都不好,不瘦不胖最好。

sou^{31-53} ti^0 $p^h\tilde{a}^{31}$ ti^0 tou^{33} pu^{33} $x\mathcircumflex^{213}$, pu^{33} $p^h\tilde{a}^{31}$ pu^{33} sou^{31} $tsuei^{31}$ $x\mathcircumflex^{213}$。

瘦　的胖　的都不　好,不胖不瘦最　好。

232 这个东西没有那个东西好用。

$ts\mathcal{l}\mathcal{l}\mathfrak{o}^{31}$ $k\mathfrak{o}^0$ $to\eta^{33}$ $\varsigma i\mathfrak{o}\mathfrak{l}^0$ mei^{33} na^{31} $k\mathfrak{o}^0$ $to\eta^{33}$ $\varsigma i\mathfrak{o}\mathfrak{l}^0$ $x\mathfrak{o}^{213-23}$ $s\mathcal{l}^{213}$。

这　个东　西儿没　那个东　西儿好　使。

233 这两种颜色一样吗?

$ts\mathcal{l}\mathcal{l}\mathfrak{o}^{31}$ lia^{213-23} $s er^{213}$ i^{33} $i\tilde{a}^{31-53}$ ma^0 ?

这　俩　色儿一样　吗?

234 不一样,一种色淡,一种色浓。

pu^{33-53} i^{33} $i\tilde{a}^{31}$, i^{33} $k\mathfrak{o}^0$ $s er^{213-23}$ $t\varsigma^hi\ae^{213}$, i^{33} $k\mathfrak{o}^0$ $s er^{213-23}$ $s\mathfrak{o}n^{33}$。

不　一样,一个色儿浅,　一个色儿深。

235 这种颜色比那种颜色淡多了,你都看不出来?

$ts\mathcal{l}\mathcal{l}\mathfrak{o}^{31}$ $k\mathfrak{o}^0$ $s er^{213-23}$ p^hi^{213-23} na^{31} $k\mathfrak{o}^0$ $s er^{213-23}$ $t\varsigma^hi\tilde{\ae}^{213-23}$ $tu\mathfrak{o}^{33}$ $l\varepsilon^0$,

这　个色儿比　那个色儿浅　多　嘞,

ni^{213-21} tou^0 $k^h\tilde{\ae}^{31-53}$ pu^0 ts^hu^0 $l\varepsilon^{53-55}$ a^0 ?

你　都看　不出来　啊?

236 你看看现在,现在这日子比过去好多了。

ni^{213-21} $k^h\ae^{31-23}$ $k^h\ae^0$ $\varsigma i\ae^{31}$ $ts\varepsilon^{31}$, $\varsigma i\ae^{31}$ $ts\varepsilon^{31}$ $ts\mathcal{l}\mathcal{l}\mathfrak{o}^{31}$ $\mathfrak{l}\mathcal{l}^{31-53}$ $ts\mathcal{l}^0$ p^hi^{213-23}

你　看　看现　在,现　在这　日　子比

$ts\mathcal{l}\mathfrak{o}^{213-23}$ ςier^{33} $t\varsigma^hi\tilde{a}^{53}$ $tu\mathfrak{o}^{33}l\varepsilon^0$。

早　先儿强　多　嘞。

237 以后的日子比现在更好。

i²¹³⁻²³ xou³¹ na³¹ ɻ̩³¹⁻⁵³ tsʅ⁰ pʰi²¹³⁻²³ ɕiæ̃³¹ tsɛ³¹ kəŋ³¹ xɔ²¹³。
以　后　那　日　子　比　　现　在　更　好。

238 好好干吧，这日子一天比一天好。

xɔ²¹³⁻²¹ sən⁰ kæ̃³¹⁻⁵³ pa⁰, tsʅɤ³¹ ɻ̩³¹⁻⁵³ tsʅ⁰ i³³⁻⁵³ tʰiæ̃³³ pʰi²¹³⁻²¹ i³³⁻⁵³
好　生　干　　吧，这　日　子　一　天　比　　一

tʰiæ̃³³ xɔ²¹³。
天　好。

239 这些年的生活一年比一年好，越来越好。

tsʅɤ³¹ ɕi³³ kə⁰ niæ̃⁵³⁻⁵⁵ ti⁰ şən³³ xuor⁵³ i³³ niæ̃⁵³ pʰi²¹³⁻²¹ i³³ niæ̃⁵³
这　些　个　年　　的　生　活儿　一　年　比　　一　年

xɔ²¹³, yə³¹ lɛ⁵³ yə³¹ xɔ²¹³。
好，　越　来　越　好。

240 咱兄弟俩比一比谁跑得快。

tsæ̃⁵³ kuɤr³³ lia²¹³⁻²¹ pi²¹³⁻⁵³ pi⁰ xei⁵³ pʰɔ²¹³⁻²¹ ti⁰ kʰuɛ³¹。
咱　哥儿　俩　　比　　比　谁　跑　　得　快。

241 我比不上你，你跑得比我快。

uə²¹³⁻²³ pi²¹³⁻²¹ pu⁰ kuə³¹ ni²¹³, ni²¹³⁻²³ pʰɔ²¹³⁻²¹ ti⁰ pʰi²¹³⁻²³ uə²¹³⁻²³
我　比　　不　过　你，　你　跑　　得　比　　我

kʰuɛ³¹。
快。

242 他跑得比我还快，一个比一个跑得快。

tʰa²¹³⁻²³ pʰɔ²¹³⁻²¹ ti⁰ pʰi²¹³⁻²³ uə²¹³⁻²³ xæ̃³¹ kʰuɛ³¹, i³³ kə⁰ pʰi²¹³⁻²³ i³³
他　跑　　得　比　　我　　还　快，　一　个　比　　一

kə⁰ pʰɔ²¹³⁻²¹ ti⁰ kʰuɛ³¹。
个　跑　　得　快。

243 他比我吃得多，干得也多。

tʰa²¹³⁻²³ pʰi²¹³⁻²³ uə²¹³⁻²³ tsʰʅ³³ ti⁰ tuə³³, kæ̃³¹⁻⁵³ ti⁰ iə²¹³⁻²³ tuə³³。
他　比　　我　吃　得　多，　干　　得　也　　多。

244 他干起活来，比谁都快。

tʰa²¹³⁻²¹ kæ̃³¹⁻⁵³ tɕʰi⁰ xuor⁵³⁻⁵⁵ lɛ⁰, pʰi²¹³⁻²¹ xei⁵³ tou³³ kʰuɛ³¹。

他　干　起　活儿　来，比　谁　都　快。

245 说了一遍，又说一遍，不知说了多少遍。

ʂuə³³ lɔ⁰ i³³ piɐr³¹, iou³¹ ʂuə³³ i³³ piɐr³¹, pu³³⁻⁵³ tʂʅ³³ tɔ³¹ ʂuə³³ lɔ⁰

说　唠一遍儿，又　说　一遍儿，不　知道说　唠

tuə³³ ʂɔ⁰ piɐr³¹。

多　少　遍儿。

246 我嘴笨，可是怎么也说不过他。

uə²¹³⁻²³ tsuei²¹³⁻²³ pən³¹, tsən²¹³⁻²¹ mə⁰ iə²¹³⁻²³ ʂuə³³ pu⁰ kuə³¹⁻⁵³ tʰa⁰。

我　嘴　笨，怎　么　也　说　不　过　他。

247 他走得越来越快，我都跟不上了。

tʰa²¹³⁻²³ tsou²¹³⁻²¹ ti⁰ yə³¹ lɛ⁵³ yə³¹ kʰuɛ³¹, uə²¹³⁻²³ tou³³ kən³³ pu⁰

他　走　得越　来越　快，我　都　跟　不

ʂã̃³¹⁻⁵³ lɛ⁰。

上　嘞。

248 越走越快，越说越快。

yə³¹ tsou²¹³⁻²³ yə³¹ kʰuɛ³¹, yə³¹ ʂuə³³ yə³¹ kʰuɛ³¹。

越　走　越　快，越　说　越　快。

249 慢慢说，一句一句地说。

mɐr³¹⁻³³ mɐr⁰ ʂuə³³, i³³ tɕy³¹ i³³ tɕy³¹⁻⁵³ ti⁰ ʂuə³³。

慢儿　慢儿 说，一句　一句　地说。

第五章　语料记音

第一节　歌　谣

1. 鸡蛋歌

方言	音标	意译
家走嘞	tɕia^{33}tsou$^{213-21}$lɛ^{0}	回家了
家过嘞	tɕia^{33}kuə$^{31-53}$lɛ^{0}	家走过了
拾唠个鸡蛋摔破嘞	ʂʐ$^{53-55}$lɔ^{0}kə^{0}tɕi^{33}tæ^{31}ʂuɛ^{33}pʰuə$^{31-53}$ lɛ^{0}	拾了个鸡蛋摔破了
再回去拾去没有嘞	tɛ^{31}xuei$^{53-55}$tɕʰi^{0}ʂʐ$^{53-55}$tɕʰi^{0}mei^{33} iou$^{213-21}$lɛ^{0}	再回去拾去没有了
抱着个小狗儿家走嘞	pɔ$^{31-53}$tʂɔ^{0}kə^{0}ɕiɔ$^{213-23}$kour$^{213-23}$tɕia^{33}tsou$^{213-21}$lɛ^{0}	抱着个小狗儿回家了

2. 蜻蜓歌

方言	音标	意译
官儿麻螂	kuɐr^{33}mə^{0}ləŋ^{0}	官儿蜻蜓(蓝色蜻蜓)
钱儿麻螂	tɕʰiɐr$^{53-55}$mə^{0}ləŋ^{0}	钱儿蜻蜓(黄色蜻蜓)
找你娘来喝茶汤	tʂɔ$^{213-21}$ni^{0}niã^{53}lɛ^{53}xmɣ^{33}tʂʰa$^{53-55}$tʰəŋ^{0}	找你娘来喝茶汤

鸡蛋歌　　　　蜻蜓歌

3. 小巴狗儿

方言	音标	意译
小巴狗儿，上南山	ɕiɔ$^{213-23}$pa^{33}kour^{213}, ʂɑ̃^{31}næ̃^{53}ʂæ̃^{33}	小巴狗儿，上南山
籴大米，捞干饭	ti$^{\cdot 53}$ta^{31}mi$^{\cdot 213}$, lɔ^{53}kæ̃^{33}fæ̃^{31}	籴大米，捞干饭
爹吃了，赶集去	tiə$^{33-53}$tʂ^{h}ʅ^{33}lɔ^{0}, kæ̃$^{213-21}$tɕi$^{\cdot 53-55}$tɕ^{h}i$^{\cdot 0}$	爹吃了，赶集去
娘吃了，赴席去	niɑ̃^{53}tʂ^{h}ʅ^{33}lɔ^{0}, fu^{31}ɕi$^{\cdot 53-55}$tɕ^{h}i$^{\cdot 0}$	娘吃了，赴席去
小子吃唠打尜儿尜儿	ɕiɔ$^{213-21}$tsɿ^{0}tʂ^{h}ʅ^{33}lɔ^{0}ta$^{213-21}$kʌr$^{53-55}$kʌr^{0}	男孩儿吃了打陀螺
闺女吃唠抱娃儿娃儿	kuei$^{\cdot 33}$ni$^{\cdot 0}$tʂ^{h}ʅ^{33}lɔ^{0}pɔ^{31}uʌr$^{53-55}$uʌr^{0}	女孩吃了抱娃娃

4. 拉大锯

方言	音标	意译
拉大锯，扯大锯	la^{33}ta^{31}tɕy^{31}, tʂ^{h}ʅə$^{213-23}$ta^{31}tɕy^{31}	拉大锯
姥姥家门儿上唱大戏	lɔ$^{213-21}$lɔ^{0}tɕiə^{0}məɻ$^{53-55}$xɑ̃^{0}tʂ^{h}ɑ̃^{31}ta^{31}ɕi$^{\cdot 31}$	姥姥家门口唱大戏
接闺女，叫女婿	tɕiə$^{33-53}$kuei$^{\cdot 33}$ni$^{\cdot 0}$, tɕiɔ^{31}ny$^{213-21}$ɕy^{0}	接闺女，叫女婿
亲家婆子不害臊	tɕ^{h}iŋ$^{\cdot 31-53}$tɕia^{0}p^{h}uə$^{53-55}$tsɿ^{0}pu^{33}xɛ^{31}sɔ^{31}	亲家母不害臊
扭哒扭哒跟着去	niou$^{213-21}$ta^{0}niou$^{213-21}$ta^{0}kən^{33}tʂɔ^{0}tɕ^{h}i$^{\cdot 31}$	一扭一扭地跟着去

5. 锔大缸

方言	音标	意译
锔盆儿锔碗儿锔大缸	tɕy^{33}p^{h}əɻ^{53}tɕy^{33}uɐr^{213}tɕy^{33}ta^{31}kɑ̃^{33}	锔盆儿锔碗儿锔大缸
腰里掖着盒子枪	iɔ^{33}ni$^{\cdot 0}$iə^{33}tʂɔ^{0}xɯə$^{53-55}$tsɿ^{0}tɕ^{h}iɑ̃$^{\cdot 33}$	腰里掖着个盒子枪

小巴狗儿　　拉大锯　　锔大缸

续表

方言	音标	意译
盒子枪，真有准儿	xɯə⁵³⁻⁵⁵tsʅ⁰tɕʰiɑ̃³³, tʂən³³iou²¹³⁻²³tʂuər²¹³	盒子枪真有准儿
专打南洼里那小日本儿	tʂuæ³³ta²¹³⁻²¹næ⁵³ua³³ni⁰na³¹ɕiɔ²¹³⁻²³ʅ⁽³¹pəʅ²¹³	专打南边田地里的小日本儿

6. 小板凳儿

方言	音标	意译
小板凳儿	ɕiɔ²¹³⁻²³pæ̃²¹³⁻²³tʅˤʅr³¹	小板凳儿
四条腿儿	sʅ³¹tʰiɔ⁵³tʰuəʅ²¹³	四条腿儿
我给奶奶嗑瓜子儿	uə²¹³⁻²³kei²¹³⁻²³nɛ²¹³⁻²¹nɛ⁰kʰɯə³¹kua³³tsəʅ²¹³	我给奶奶嗑瓜子儿
奶奶嫌我嗑得慢	nɛ²¹³⁻²¹nɛ⁰ɕiæ⁵³uə²¹³⁻²¹kʰɯə³¹⁻⁵³ti⁰mæ³¹	奶奶嫌我嗑得慢
我给奶奶煮挂面	uə²¹³⁻²³kei²¹³⁻²³nɛ²¹³⁻²¹nɛ⁰tʂu²¹³⁻²³kua³¹miæ³¹	我给奶奶煮挂面

7. 刮大风

方言	音标	意译
刮大风	kua³³ta³¹fəŋ³³	刮大风
下大雨	ɕia³¹ta³¹y²¹³	下大雨
蒸唠馒头往上举	tʂəŋ³³lɔ⁰mæ⁵³⁻⁵⁵tʰou⁰uɑ̃²¹³⁻²³ʂɑ̃³¹tɕy²¹³	蒸了馒头往天上举（献给上天）

8. 小老鼠儿

方言	音标	意译
小老鼠儿，上灯台	ɕiɔ²¹³⁻²³lɔ²¹³⁻²¹ʂur⁰, ʂɑ̃³¹təŋ³³tʰɛ⁵³	小老鼠儿，上灯台

小板凳儿　　　　刮大风　　　　小老鼠儿

续表

方言	音标	意译
偷油吃,下不来	tʰou³³iou⁵³tʂʅ³³, ɕia³¹⁻⁵³puºlɛ⁵³	偷油吃,下不来
嗞儿嗞儿地叫奶奶	tsəʅ³³⁻⁵³tsəʅ³³tiºtɕiə³¹nɛ²¹³⁻²¹nɛº	嗞儿嗞儿地叫奶奶
奶奶不抱	nɛ²¹³⁻²¹nɛºpu³³pɔ³¹	奶奶不抱
呲唠奶奶一身尿	tsʰʅ³³lɔºnɛ²¹³⁻²¹nɛº·i³³⁻⁵³ʂən³³ȵiɔ³¹	呲了奶奶一身尿

9. 拉大箩

方言	音标	意译
拉大箩,扯大箩	la³³ta³¹luə⁵³, tʂʰʅə²¹³ta³¹luə⁵³	拉大箩,扯大箩
麦子熟,蒸馍馍	mɛ³¹⁻⁵³tsʅºʂou⁵³, tʂən³³muə⁵³⁻⁵⁵muəº	麦子熟了蒸馍馍（馒头）
蒸多大?	tʂəŋ³³tuə²¹³⁻²³ta³¹	蒸多大?
这么大!	tʂʅə³¹⁻⁵³məºta³¹	这么大!（用手比划）

10. 谜语式歌谣:蜘蛛结网

方言	音标	意译
一个老头儿七十七	i³³kəºlɔ²¹³⁻²¹tʰour⁵³tɕʰi³³ʂʅ⁵³tɕʰi³³	一个老头儿七十七
坐的房檐儿上编笊篱	tsuə³¹⁻⁵³tiºfã⁵³⁻³¹iɐr⁵³⁻⁵⁵xã⁰piæ³³tʂɔ³¹⁻⁵³liº	坐在房檐上编笊篱
你家那笊篱多少钱?	ni²¹³⁻²¹tɕiəºna³¹tʂɔ³¹⁻⁵³liºtuə³³ʂɔºtɕʰiæ⁵³	你家那笊篱多少钱?
俺家那笊篱使不得	næ²¹³⁻²¹tɕiəºna³¹tʂɔ³¹⁻⁵³liºʂʅ²¹³⁻²¹puºtiº	我家那笊篱不能用

拉大箩　　　　蜘蛛结网

第二节　故　事

北风跟太阳

iou²¹³⁻²³ i³³ xuei⁵³ ,pei²¹³⁻²³ fəŋ³³ kən³³ tʰɛ³¹ iɑ̃⁵³ tʂəŋ³³ ,ʂuə³³ kʰæ̃³¹
有　　一回，　北　风　跟　太阳争，　说　看

xei⁵³⁻⁵⁵ ti⁰ nəŋ⁵³⁻⁵⁵ lɛ⁰ ta³¹ 。tʂəŋ³³ lɛ⁵³ tʂəŋ³³ tɕʰi³¹⁻⁵³ ni⁰ ,iə²¹³⁻²³ mei³³⁻⁵³
谁　的能　　耐大。争　来争　去　呢,也　没

tʂəŋ³³ tʂʰu⁰ kə⁰ ko³³⁻⁵³ ti³³ lɛ⁵³ 。tʂʅ³¹ ʂʅ⁵³⁻⁵⁵ xour⁰ ni⁰ ,lɛ⁵³⁻⁵⁵ lɔ⁰ kə⁰
争　出　个高　　低　来。这　时　候ㄦ呢,来　唠个

tsou²¹³⁻²¹ tɔr³¹⁻⁵³ ti⁰ ,ʂən³³ xɑ̃ tʂʰuæ̃³³ tʂɔ⁰ kə⁰ xou³¹ ta³¹ i³³ 。tʰa²¹³⁻⁵³
走　道ㄦ的,身　上　穿　着个厚　大衣。他

lia²¹³⁻²³ tsou³¹ ʂɑ̃³³ liɑ̃⁰ ,kʰæ̃³¹ xei⁵³ nəŋ⁵³ ɕiæ̃³³ tʂɔ²¹³⁻²³ tʂʅ³¹ kə⁰ tsou²¹³⁻²³
俩　就　商量,看　谁能　先着　这　个走

tɔr³¹⁻⁵³ ti⁰ pa²¹³⁻²³ xou³¹ ta³¹ i³³ tʰuə³³ lɔ⁰ ,tsou³¹ suæ̃³¹ xei⁵³⁻⁵⁵ ti⁰ nəŋ⁵³⁻⁵⁵
道ㄦ的把　厚　大衣脱　唠,就　算　谁　的能

lɛ⁰ ta³¹ 。pei²¹³⁻²³ fəŋ³³ tsou³¹ ʂʅ²¹³⁻²¹ tɕiəɻ³¹⁻⁵³ ti⁰ kua³³ ,tʰa²¹³⁻²³ kua³³ ti⁰
耐大。北　风　就　使　劲ㄦ地刮,他　刮得

yə³¹ liə³¹⁻⁵³ xɛ⁰ ,na³¹ kə⁰ tsou²¹³⁻²¹ tɔr³¹⁻⁵³ ti⁰ fæ̃²¹³⁻²³ tɔ³¹ pa²¹³⁻²³ ta³¹ i³³
越厉　害,那　个走　　道ㄦ的反　倒把　大衣

kuə²¹³⁻²¹ ti⁰ yə³¹ tɕin²¹³⁻²¹ lɛ⁰ 。miə⁵⁵ xu⁰ liəɻ²¹³⁻²³ tʰa²¹³⁻²¹ mei³³⁻⁵³ fʌr³³
裹　得越紧　嘞。末　后了ㄦ他　没　法ㄦ

lɛ⁰ ,iə²¹³⁻²³ tsou³¹ suæ̃³¹⁻⁵³ lɛ⁰ 。kuə³¹⁻⁵³ lɔ⁰ i³³ xuəɻ²¹³ ,tʰɛ³¹ iɑ̃⁵³ tʂʰu³³ lɛ⁰ lɛ⁰ ,
嘞,也　就　算　嘞。过　唠一会ㄦ,太　阳出　来嘞,

tʰa²¹³⁻²³ xuə²¹³⁻²¹ la³¹⁻⁵³ la³³ ti⁰ tʂʅ³¹⁻⁵³ m⁰ i³³ ʂɛ³¹ ,na³¹ kə⁰ tsou²¹³⁻²¹
他　火　辣　辣地这　　么一晒,那　个走

tɔr³¹⁻⁵³ ti⁰ kæ̃²¹³⁻²³ tɕin²¹³ pa²¹³⁻²³ ta³¹ i³³ tʰuə³³ lɛ⁰ 。tʂʅ³¹ xuei⁵³ pei²¹³⁻²³
道ㄦ的赶　紧把　大衣脱　嘞。这　回北

fəŋ³³ suæ̃³¹ ʂɿ³¹ ɻən³¹ tʰou⁵³⁻⁵⁵ lɛ⁰, tʰa²¹³⁻⁵³ lia²¹³⁻²³ xæ̃³¹ ʂɿ³¹ tʰɛ³¹
风　　算　　是　认　头　　　　嘞,他　　　俩　　　还　　是　　太

iɑ̃⁵³⁻⁵⁵ ti⁰ nəŋ⁵³⁻⁵⁵ lɛ⁰ ta³¹。
阳　　的能　　　耐大。

第三节　本地文化

小营村的风俗

tɕʰiæ̃³³ ʂuə³³⁻⁵³ ʂuə³³ næ̃²¹³⁻²¹ mən⁰ tʂʅɻɻ³³ tsən²¹³⁻²¹ mə⁰ kuə³¹
先　　说　　说　俺　们　这儿　　怎　　么　　过

niæ̃⁵³⁻⁵⁵ ti⁰ pa⁰。
年　　的吧。

mei²¹³⁻²¹ niæ̃⁵³ i³³ tɕin³¹⁻⁵³ lɔ⁰ la³¹⁻⁵³ yə⁰ ni⁰ tsou³¹ pʰæ̃⁵³⁻⁵⁵ suæ̃⁰
每　　年　　一　进　　唠腊　月　里　就　盘　　算

tʂɔ⁰ tsən²¹³⁻²¹ mə⁰ kuə³¹ niæ̃⁵³⁻⁵⁵ lɛ⁰。la³¹ pʌr³³ tʂʅə³¹ i³³ tʰiæ̃³³ nɔ⁵³ la³¹
着　　怎　　么　过　年　　　嘞。腊　八儿 这　一　天　　熬腊

pʌr³³ tʂou³³, tʂʅə³¹ i³³⁻⁵³ tʰiæ̃³³ lən²¹³⁻²¹ ɛ³, ɕi³³ kə⁰ ɕiɔ²¹³⁻²³ kuei³³ niour⁰
八儿粥,　这　一　　天　　冷　　唉,些　个　小　　闺　女儿

tɕin³¹ kæ̃²¹³⁻²¹ ti⁰ tʂʅə³¹ i³³⁻⁵³ tʰiæ̃³³ tʂa³³ ɚ²¹³⁻²¹ tɔ⁰ iɐr²¹³, tɕ²¹³⁻²³ uɐr³¹
净　　赶　　　的这　一　　天　　扎　耳　　朵　眼儿,在　外儿

pɐr⁰ pʰɔ²¹³⁻²¹ i³³ xuəɻ²¹³, ɚ²¹³⁻²¹ tɔ⁰ toŋ³¹⁻⁵³ ti⁰ tɕiɔ³³ pu⁰ tʂɔ⁵³⁻⁵⁵ lɛ⁰,
边儿跑　一　会儿,　耳　朵　冻　　得　觉　不　着　　嘞,

tʂʅə³¹ ʂɿ⁵³⁻⁵⁵ xour⁰ tʂa³³ ɚ²¹³⁻²¹ tɔ⁰ iɐr²¹³ tsou³¹ tɕi³³ pu⁰ tʂɔ⁵³⁻⁵⁵ lɛ⁰。
这　时　候　扎　耳　　朵　眼儿就　觉　不　着　　嘞。

kæ̃²¹³⁻²³ ɚ³¹ ʂɿ⁵³ tɕi²¹³⁻²¹ məɻ⁰, na³¹ ɕi³³ kə⁰ tʂʰu³³ uɛ³¹⁻⁵³ ti⁰ iə²¹³⁻²¹ tsou⁰
赶　　二　十　几　们儿,那　些　个　出　外　的　也　就

uɑ̃²¹³⁻²¹ xuei⁵³ tsou²¹³⁻²¹ lɛ⁰。i³³⁻⁵³ pæ̃³³ tɕin³¹ tɕ²¹³⁻²³ tʰou⁵³ ɚ³¹ ʂɿ⁵³ sæ̃³³
往　　回　走　　嘞。一　般　净　在　头　二　十　三

sɔ²¹³⁻²¹ fɑ̃⁵³, kuə³³ uɐɹ²¹³ pʰiɔ⊓⁵³ pʰəɹ⁵³⁻⁵⁵ ti⁰, tou³³⁻⁵³ pæ³³ ti⁰ tɑ̃³³ yɐɹ³¹⁻⁵³
扫　房，锅　碗儿瓢　盆儿的,都　　搬　的当院儿

tɕʰi⁰, tɕi³³ tɕiɔɹ²¹³⁻²³ ka³³ lʌɹ⁵³⁻⁵⁵ ti⁰ ti³¹⁻⁵³ fəɹ⁰ tou³³ sɔ²¹³⁻²¹ lɔ⁰。əɹ³¹
去，犄角儿　旮旯儿的地　分儿都扫　　唠。二

sɹ̩⁵³ sɹ̩³¹ sɹ̩̩³¹ sɹ̩̩⁵³⁻⁵⁵ u⁰ tɕiə³³ tɕi⁵³,tʰou⁵³⁻³¹ niɐɹ⁵³⁻⁵⁵ ni⁰ tsuei³¹ xou³¹ i³³
十四是十　　五级集,头　年儿里最　后一

kə⁰ ta³¹ tɕi⁵³⁻⁵⁵ lə⁰,ɹəɹ⁵³⁻⁵⁵ məɹ⁰ tou³³ kæ²¹³⁻²¹ tɕi⁵³ pa²¹³⁻²³ kuə³¹ niæ⁵³⁻⁵⁵
个大集　嘞,人儿们儿都　赶　　集把　过年

ti⁰ toŋ³³ ɕiəɹ⁰ tou³³ mɛ²¹³⁻²³ xɔ²¹³⁻²¹ lɔ⁰,ɹou³¹、piæ³³、tʂʅ⊓³³ ti⁰、xɯə³³
的东　西儿都买　好　　唠,肉、鞭、吃　的、喝

ti⁰, tʂʅə³¹ ɕi³³ kə⁰ toŋ³³ ɕiəɹ⁰ pɛ⁰。tʰou⁵³ sæ³³ ʂəɹ⁵³ xæ³¹ ti³³ tuə³³⁻⁵³
的,这　些个东　西儿呗。头　三　十儿还　得多

tʂəŋ³³ tʂʰu⁰ ɕi³³ kə⁰ kæ³³ ti⁰ lɛ⁵³,pɔ³³ tsʅ⊓ mæ⁵³⁻⁵⁵ tʰou⁰,tʂəŋ³³ ti⁰ kou³¹
蒸　出些个干的来,包　子馒　头,蒸　的够

tʂʰʅ⊓³³ tɔ³¹ sɹ̩̩⁵³⁻⁵⁵ u⁰ ti⁰,əɹ³¹ sɹ̩⁵³ tɕiou²¹³ tʂʅə³¹ i³³⁻⁵³ tʰiæ³³, ti³³ pa²¹³⁻²³
吃　到十　五的,二十九　　这一天,得把

ɕiɐɹ³¹ tuə³¹⁻⁵³ tʂʰu⁰ lɛ⁵³, tʂɔ⁵³⁻⁵⁵ ti⁰ pi³¹⁻⁵³ tsʅ⊓ xɑ̃⁰ liɔ³¹⁻⁵³ tʂɔ⁰, sæ³³ ʂəɹ⁵³
馅儿剁　出来,着　的算　子上摞　着,三　十儿

na³¹ i³³⁻⁵³ tʰiæ³³ tsou³¹ kæ²¹³⁻²¹ tɕi³¹⁻⁵³ tsʅ⊓ tʂʅ⊓⁵³ tɕiə³³ pɔ³³ lə⁰。
那一天就擀　剂　子直接　包　嘞。

　　sæ³³ ʂəɹ⁵³ tsɔ²¹³⁻²¹ ɕi⁰ kə⁰ tɕʰi²¹³⁻²³ tsɔɹ²¹³, næ⁵³⁻⁵⁵ ti⁰ ʂɑ̃³¹ fən⁵³⁻⁵⁵
　　三十儿早　起个起　　早儿,男　的上　坟

tɕʰi⁰, tʂʅə³¹ kə⁰ ʂɑ̃³¹ fən⁵³, piə⁵³⁻⁵⁵ ti⁰ tsʰuəɹ³¹ ni⁰ iou²¹³⁻²³ kən³³ næ²¹³⁻²¹
去,这　个上坟,别　　的村儿里有　　跟俺

mən⁰ tsʰuən³³ ni⁰ pu³³⁻⁵³ i³³ iɑ̃³¹⁻⁵³ ti⁰, iou²¹³⁻²³ ti⁰ tsuəɹ³³ sɹ̩⁺³¹ tʂʰu³³⁻⁵³ i³³
们村　里不　一样　的,有　的村儿是初　一

tsɔ²¹³⁻²¹ ɕi⁰ kə⁰ ʂɑ̃³¹ fən⁵³。ʂɑ̃³¹ fən⁵³ tsou³¹ sɹ̩⊓³¹ kɯə³¹ ɹən⁵³ i³³⁻⁵³ tɕia³³
早　起个上　坟。上坟　就　是个人　一家

tsʐ⁰, tɛ³¹⁻⁵³ tʂɔ⁰ ʂɔ³³ tʂʐ⁰、piæ³³、kon³¹⁻⁵³ ɕiɐr⁰, tɔ³¹⁻⁵³ lɔ⁰ fən⁵³⁻⁵⁵ xɑ̃⁰,
子，带　着　烧纸、鞭、　供　　献儿，到　唠坟　上，

tɕʰiæ̃³³ fɑ̃³¹ piæ³³, fɑ̃³¹ i³³ xuei²¹³⁻³¹ tsʐ⁰ tsou³¹ ʂɔ³³ tʂʐ²¹³, tɕʰiæ̃³³ tsʰon⁵³
先　放鞭，　放一会　子就　烧纸，　先从

lɔ²¹³⁻²³ tsu²¹³⁻²³ tson³³ ti³¹ i³³ kə⁰ fən⁵³⁻³¹ tʰour⁵³ kʰɛ³³ ʂʐ²¹³⁻²³ ʂɔ³³, nɛ³³
老　祖　宗　第一个坟　头儿　开始　烧，挨

tʂɔ⁰ pɐr⁵³⁻⁵⁵ ti⁰ i³³ kə⁰ i³³ kə⁰ ti⁰ ʂɔ³³。ʂɔ³³ uæ̃⁵³⁻⁵⁵ lɔ⁰, i³³ kə⁰ pəʐ³¹
着排儿　的一个一个地烧。烧完　唠，一个辈儿

ta³¹⁻⁵³ ti⁰ lin²¹³⁻²¹ tʂɔ⁰ tɛ³¹ nɛ³³ tʂɔ⁰ pʰɐr⁵³⁻⁵⁵ ti⁰ kʰɯə³³ tʰou⁵³。kei²¹³⁻²³
大　的领　着再挨着排儿　地磕　头。　给

sʐ²¹³⁻²¹ ɻən⁵³ kʰɯə³³ tʰou⁵³ ʂʐ³¹ kʰɯə³³ sʐ³¹⁻⁵³ a⁰。kʰɯə³³ uæ̃⁵³⁻⁵⁵ lɔ⁰
死　人　磕　头是磕　四啊。磕　完　唠

tʰou⁵³⁻⁵⁵, ʂɑ̃³¹ fən⁵³ tsou³¹ suæ̃³¹ ʂɑ̃³¹ uæ̃⁵³⁻⁵⁵ lɛ⁰。tʂʐə³¹ kə⁰ ʂɑ̃³¹ fən⁵³, i³³
头，　上坟　就　算上完嘞。这　个上坟，一

niæ̃⁵³ iou²¹³⁻²³ na³¹⁻⁵³ m⁰ tɕi²¹³⁻²¹ xuei⁵³:sæ̃³³ ʂəʐ⁵³ tʂʐə³¹ i³³⁻⁵³ tʰiæ̃³³
年　有　那　么几　回：三　十儿这　一天

tsou³¹ ʂʐ³¹ næ̃⁵³⁻⁵⁵ ti⁰ ʂɑ̃³¹ fən⁵³。xæ̃⁵³⁻⁵⁵ ʂʐ⁰ tʂʐə³¹ i³³⁻⁵³ tʰiæ̃³³, xæ̃³¹
就　是男　的上坟。寒　食这　一　天，　还

iou²¹³⁻²³ tɕʰi³³ yə⁰ ʂʐ⁵³⁻⁵⁵ u⁰, ʂʐ⁵³⁻⁵⁵ yə⁰ i³³, ny²¹³⁻²¹ ti⁰ xuei⁵³⁻⁵⁵ niɑ̃⁵³⁻⁵⁵
有　七月十　五,十　月一,女　的回　娘

tɕia⁰ ʂɑ̃³¹ fən⁵³。ny²¹³⁻²¹ ti⁰ i³³⁻⁵³ pæ³³ pu³³ ʂɑ̃³¹ pʰuə⁵³⁻⁵⁵ pʰuə⁰ tɕia⁰
家上坟。女　的一　般不上婆　婆家

fən⁵³⁻⁵⁵ ʂɑ̃⁰ ʂɑ̃³¹ fən⁵³⁻⁵⁵ tɕʰi⁰。
坟　上上坟　去。

sæ̃³³ ʂəʐ⁵³ ʂɑ̃³¹ fən⁵³ xuei⁵³⁻⁵⁵ lɛ⁰, tsou³¹ ʂʐ³¹ kɯə³¹ ɻən⁵³ tʂʐə³¹ i³³
三　十儿上坟　回　来,就　是个　人这　一

ɕiɔ²¹³⁻²³ tɕiaʌr³³ i³³ kʰuɐr³¹ tʂʰɔ²¹³⁻²³ tsʰɛ³³ tsou³¹ ʂɑ̃²¹³⁻²¹ xuə⁰ fæ̃³³, tʂʐə³¹
小　家儿一块儿炒　菜做晌　午饭，这

tuən³¹ fæ̃³¹ ʂʅ³¹ tʰuæ̃⁵³⁻⁵⁵ yæ̃⁰ fæ̃³¹, i³³ pæ̃³³ tou³³ tʂʰʅ³³ tiɐr⁰ xɔ²¹³⁻²¹ ti⁰。
顿　饭　是　团　　圆　饭，一　般　都　吃　点儿好　　的。

tʂʰʅ³³ uæ̃⁵³⁻⁵⁵ lɔ⁰ fæ̃³¹ tsou³¹ kʰɛ³³ ʂʅ²¹³ pɔ³³⁻⁵³ tɕiɔ³³ tsʅ⁰ lɛ⁰ 。i³³⁻⁵³ pæ̃³³
吃　完　　唠饭　就　开　始　包　饺　子嘞。一　般

tou³³ ti³³ pɔ³³ pɛ⁵³⁻⁵⁵ tsʰɛ⁰ ɕiɐr³¹⁻⁵³ ti⁰。tɕiɔ³³ tsʅ⁰ pɔ³³ xɔ²¹³⁻²¹ lɔ⁰, fæ³¹⁻⁵³
都　得　包　白　　菜　馅儿　　的。饺　子　包　好　　唠，放

ti⁰ kɛ³¹ liɐr⁵³⁻⁵⁵ xɑ̃⁰, tɛ³¹ kɛ³¹⁻⁵³ xɑ̃⁰ tɕi²¹³⁻²¹ tʂɑ̃³³⁻⁵³ ʂɔ³³ tʂʅ⁰, liɔ³¹⁻⁵³ tʂɔ⁰
的盖帘儿　上，再　盖　　上　几　张　　　烧纸，摺　着

tʂʰu³³⁻⁵³ i³³ tɕʰi²¹³⁻²¹ u²¹³⁻²¹ tɕiŋ⁰ tʂu²¹³。sæ³³ ʂəʅ⁵³ xou³¹⁻⁵³ xɑ̃⁰ tʂʅə³¹
初　　一起　　五　　更　煮。三　十儿　后　响这

tuən³¹ fæ̃³¹ pu³³ tsəŋ²¹³⁻²¹ mə⁰ tɕiɑ̃²¹³⁻²³ tɕiou³¹, tʂʅ²¹³⁻²³ tɕiɔ³³ tsʅ⁰ pu³³
顿　饭　不　怎　　么　讲　　究，　煮　饺　子不

tʂu²¹³⁻²³ na³¹ m⁰ ɕi³³ kə⁰, kən³³ tʂu²¹³⁻²¹ xuən⁵³⁻⁵⁵ tuən⁰ ʂʅ³¹⁻⁵³ ti⁰ tɛ³¹⁻⁵³
煮　那么些个，跟　煮　馄　饨似　的带

tʂɔ⁰ tʰʌr³³ tʂʰʅ³³。sæ³³ ʂəʅ⁵³ xou³¹⁻⁵³ xɑ̃⁰ tʂʰʅ³³ uæ̃⁵³⁻⁵⁵ lɔ⁰ fæ̃³¹ tsou³¹
着　汤儿　吃。三　十儿　后　响吃　完　　唠饭　就

ʂʅ³¹ i³³⁻⁵³ koŋ³³ tɕiəʅ³¹⁻⁵³ ti⁰ ʂʅ⁵³⁻⁵⁵ tɔ⁰, i³³⁻⁵³ pɐr³³ ʂʅ⁵³⁻⁵⁵ tɔ⁰ i³³⁻⁵³ pɐr³³
是　一工　　劲儿　地拾　掇，一　边儿拾　掇一　边儿

kʰæ³¹ tʂʰuən³³ tɕiə⁵³ uæ²¹³⁻²³ xuei³¹, fæ³¹ pʰɔ³¹⁻⁵³ tʂʰɑ̃⁰ fɑ̃³¹ piæ³³。tsæ⁵³
看　春　节　晚　　会，放　炮　仗　放　鞭。咱

tʂʅə³³ pɐr⁰ pu³³⁻⁵³ tʂʰʅ³³ "niæ⁵³ iə³¹ fæ̃³¹", kʰæ³¹ uæ̃⁵³⁻⁵⁵ lɔ⁰ tiæ³¹ ʂʅ³¹
这　边儿不　吃　"年　夜饭"，看　完　　唠电　视

tsou³¹ ʂuei³¹ tɕiɔ³¹。
就　睡　觉。

tʂʰu³³⁻⁵³ i³³ tou³³⁻⁵³ ti³³ tɕʰi²¹³⁻²³ u²¹³⁻²¹ tɕiŋ⁰, tɕʰi²¹³⁻²¹ ti⁰ tou³³⁻⁵³
　　初　　一都　得　起　　五　　更，起　的都

kʰɯə³³ tsɔ²¹³⁻²¹ lɛ⁰, sæ³³ sʅ³¹ tiæ²¹³⁻²³ tɕʰi²¹³⁻²¹ ti⁰ tou³³ iou²¹³。tsɔ²¹³⁻²³
可　早　嘞,三　四点　起　　的都　有。早

tɕʰi˨˩˧⁻²¹ ni⁰, i³³ ʂʐ̩³¹ tʰu⁵³ tɕi⁵³⁻⁵⁵ li⁰, ɚ̩ʐ̩³¹ ʂʐ̩³¹ tɕʰi˨˩˧⁻²¹ lɛ⁰ tou³³⁻⁵³ ti³³
起　　　呢，一是　图吉利，二是　起　来都　得

pɛ³¹ niæ⁵³⁻⁵⁵ tɕʰi⁰, tɕia³³ ni⁰ iou²¹³⁻²³ tʂã˨˩˧⁻²¹ pəʐ̩³¹⁻⁵³ ti⁰, lɛ⁵³ pɛ³¹ niæ⁵³⁻⁵⁵
拜年　去，家里有　长　辈儿的，来拜年

ti⁰ tuə³³ pu³³ nəŋ⁵³ tou³³ lɛ⁵³ pɛ³¹ niæ⁵³⁻⁵⁵ lɛ⁰ lɛ⁰ ni²¹³⁻²³ xæ³¹ mei³³⁻⁵³
的多不能都来拜年　来嘞你　还没

tʂʰʐ̩³³ fæ³¹⁻⁵³ niɛ⁰。iə²¹³⁻²³ iou²¹³⁻²³ li³¹ uɛ³¹⁻⁵³ ti⁰ ʂʐ̩⁵³⁻⁵⁵ xour⁰, iɔ³¹
吃饭　[呢唉]。也　有　例外　的时　候儿，要

ʂʐ̩³¹ tʂʐ̩ə³¹ i³³ niæ⁵³ tɕia³³ ni⁰ iou²¹³⁻²¹ ʐɛ⁵³ mei⁵³⁻⁵⁵lɛ⁰, tsou³¹ pu³³
是这一年家里有　人儿没　嘞，就不

tɕʰi˨˩˧⁻²³ tsɔr²¹³⁻²¹ lɛ⁰, tʂʰu⁵³⁻⁵⁵ lɔ⁰ tsuei³¹ tɕʰin³³ ti⁰ tɕi²¹³⁻²¹ ti⁰, iə²¹³⁻²¹
起　早儿嘞，除　了最　亲的己的，也

pu³³ pɛ³¹ niæ⁵³⁻⁵⁵ lɛ⁰。tɕʰi²¹³⁻²³ u²¹³⁻²¹ tɕiŋ⁰ tʂu²¹³⁻²³ tɕiɔ³³ tsʐ̩⁰, næ⁵³⁻⁵⁵
不拜年　嘞。起　五　更煮　饺子，男

ti⁰ ʂɔ³³ xuə²¹³, ny²¹³⁻²¹ ti⁰ tʂu²¹³, tʂʐ̩ə³¹ ʂʐ̩³¹ tsʰoŋ⁵³ lɔ²¹³⁻²¹ ʂʐ̩⁵³ pei³¹⁻⁵³
的烧火，女的煮，这是从老时辈

tsʐ̩⁰ tsou³¹ tʂʰuæ⁵³⁻⁵⁵ ɕia⁰ lɛ⁵³⁻⁵⁵ ti⁰ kuei³³ tɕy⁰。tɕiɔ³³ tsʐ̩⁰ tʂu²¹³⁻²¹ ʂou⁵³⁻⁵⁵
子就传　下来的规矩。饺子煮　熟

lɔ⁰, tɕʰiæ³³ pɛ³¹ niæ⁵³。kei²¹³⁻²³ tɕʰin³³ ti⁰ tɕi²¹³⁻²¹ ti⁰ pɛ³¹ niæ⁵³, tou³³⁻⁵³
唠，先　拜年。给　亲的己的拜年，都

ti³³ kʰɯɰ³³ tʰou⁵³,kʰɯɰ³³ tʰou⁵³ iou²¹³⁻²³ tɕiã²¹³⁻²³ tɕiour³¹。tɕʰiæ³³ tsuə³³⁻⁵³
得磕头，磕头有　讲　究儿。先　作

i³³, lia²¹³⁻²³ ʂou²¹³⁻²³ pæ³¹ tsuæ³¹⁻⁵³ tʂɔ⁰ tɕʰyɛr⁵³ piŋ³¹ tɕʰi³⁻⁵⁵ lɔ⁰, uã²¹³⁻²³
揖，两　手　半攥　着拳儿并齐　唠，往

ʂã³¹ tsuə³³⁻⁵³ i³³, kuə³¹⁻⁵³ lɔ⁰ tʰou⁵³ tiŋ²¹³ ʂou²¹³⁻²³ fã³¹⁻⁵³ ɕiə⁰, tɕʰiæ³³
上作　揖，过　唠头顶手　放下，先

mɛ³¹ tsuə²¹³⁻⁵³ tʰuei²¹³, kuei³¹ iou³¹ tʰuei²¹³, tɕ³¹ kuei³¹ tsuə²¹³⁻⁵³ tʰuei²¹³,
迈左　腿，跪右腿，再跪左　腿，

$k^hɯə^{33}$ t^hou^{53}, $k^hɯə^{33}$ $uæ^{53-55}$ $lɔ^0$ t^hou^{53}, $tɛ^{31}$ $tsuə^{33}$ i^{33} $xuei^{53}$ i^{33}, $ts^hɛ^{53}$
磕　头,　磕　完　唠头,　再　作　一回　揖,才

$suæ^{31}$ $uæ^{53-55}$ $lɛ^0$。kei^{213-23} $kɯə^{31}$ $ɿənʴ^{53}$ $lɔ^{213-21}$ $tɚʴ^0$ $pɛ^{31-53}$ $lɔ^0$ $niæ^{53}$,
算　完　嘞。给　个　人　老　的儿拜　唠年,

$tɛ^{31}$ $ʂɑ̃^{31}$ $kɯə^{31}$ $ʅənʴ^{53}$ i^{33-53} $tɕia^{31}$ $tsʅ^0$ $tɕ^hɿ^{31}$ $pɛ^{31}$ $niæ^{53-55}$ $tɕ^hi^0$。i^{33-53} $pæ^{33}$
再　上　个　人　一　家　子　去　拜　年　去。一　般

ti^0 $yæ^{213-23}$ $tiɚ^{213-21}$ ti^0, tou^{33} pu^0 $tsɔ^{213-23}$ $k^hɯə^{33}$, ta^{213-21} kua^0 ta^{213-21}
的远　　点儿　的,都　不　着　磕,　打　呱打

kua^0 $tsou^{31}$ na^{31-53} m^0 $tsɔ^{53-55}$ $lɛ^0$。$tʂ^hu^{31-53}$ i^{33} $tʂʅʔə^0$ɿ i^{33-53} $t^hiæ^{33}$, $tʂ^hu^{53-55}$
呱就　那　么　着　嘞。初　一这　一　天,　除

$lɔ^0$ $pɛ^{31}$ $niæ^{53}$ $iə^{213-23}$ $tsou^{31}$ mei^{33} $piə^{53-55}$ ti^0 $ʂəʅ^{31-53}$ $lɛ^0$。
唠拜　年　也　就　没别　的事儿　嘞。

　i^{33-53} $pæ^{33}$ $tʂ^hu^{31}$ ɚʅ^{31}、$tʂ^hu^{31}$ $sʅ^{31}$ $tʂʅʔə^0$ʅ $təŋ^{33}$ $ʂuɑ̃^{31}$ʅʅ$^{31-53}$ $tsæʅ^0$, $ʂɑ̃^{31}$
　一　般初　二、初　四这　等　双　日　子儿,上

$tʂɑ̃^{31-53}$ $ʅənʴ^0$ $tɕia^0$、$lɔ^{213-21}$ $lɔ^0$ $tɕia^0$ $pɛ^{31}$ $niæ^{53-55}$ $tɕ^hi^0$。i^{33} $tʂʅ^{53}$ $tɔ^{31}$ $tʂ^hu^{33}$
丈　人家、姥　姥家拜　年　去。一直　到初

$ʂʅ^{53}$ tou^{33} $nəŋ^{53}$ $pɛ^{31}$ $niæ^{53}$, $tʂ^hu^{33-53}$ $ts^hən^{53}$ $ʂɑ̃^{31}$ $kɯə^{213-21}$ $ɕiæ^{31-53}$ ni^0
十　都　能　拜　年,　出　村儿　上　各　线　里

$tɕ^hin^{33}$ $tɕ^hin^0$ $tɕia^0$ $pɛ^{31}$ $niæ^{53-55}$ $tɕ^hi^0$。$ʂʅ^{53-55}$ u^0 $tʂʅʔə^{31}$ i^{33-53} $t^hiæ^{33}$ $tsɔ^{213-21}$
亲　亲　家拜　年　去。十　五这　一　天　早

$ɕi^0$ $kə^0$ $iə^{213-23}$ $ʂʅ^{31}$ $tʂu^{213-23}$ $tɕiɔ^{33}$ $tsʅ^0$ $tʂ^hʅ^{33}$, $fɑ̃^{31}$ kua^{31} $piæ^{33}$, $niæ^{53}$ $iə^{213-23}$
起个也　是煮　饺　子吃,　放挂　鞭,　年　也

$tsou^{31}$ $kuə^{31}$ $uæ^{53-55}$ $lɛ^0$。$tʂʅʔə^{31}$ i^{33} $niæ^{53}$ li^{213-21} t^hou^0 $iə^{213-23}$ $tsou^{31}$ $ʅʅ^{31}$
就　过　完　嘞。这　一年　里　头　也　就　是

$kuə^{31}$ $niæ^{53}$ $ʅənʴ^{53-55}$ $mənʴ^0$ $tsɔ^{53}$ $tsæʅ^{33}$, $piə^{53-55}$ ti^0 $tɕiə^{33}$ tou^{33} $tʂ^ha^{31-53}$ $tiɚ^0$
过　年　人儿　们儿着　真儿别　的节　都　差　点儿

$tɕiəʅ^{31}$。u^{213-21} $yə^0$ $tæ^{33}$ u^0, pei^{213-23} $ɕiɑ̃^{33}$ ni^0 $pɔ^{33}$ $tsɔŋ^{31-53}$ $tsʅ^0$, $tsæ^{53}$ $tʂʅʔə^{33}$
劲儿。五　月单　五,北　乡　里包粽　子,　咱　这

pɐɹ⁰ pu³³⁻⁵³ pɔ³³。pa³³ yə⁰ ʂɻ⁵³⁻⁵⁵ u⁰ ni⁰，tʂəŋ³¹ ʂɻ³¹ kuə³¹ ta³¹ tɕʰiou³³
边儿 不　包。　八　月　十　五　呢，正　是　过　大　秋

ti⁰ ʂɻ⁵³⁻⁵⁵ xour⁰，tʂəŋ³³⁻⁵³ pɔ³³ tsɻ⁰，tuən³¹ ɹou³¹。tʂuɑ̃³³ tɕia⁰ ɹən⁵³ mei³³
的 时　候儿，蒸　　包　子，炖　肉。　庄　稼　人　没

na³¹⁻⁵³ m⁰ tɕiɑ̃²¹³⁻²³ tɕiour⁰。
那　么 讲　　究儿。

tɛ³¹ ʂuəŋ³³⁻⁵³ ʂuə⁰ xoŋ⁵³⁻³¹ pɛ⁵³ ɕi²¹³⁻²³ ʂəɹ³¹ pa⁰。xoŋ⁵³⁻³¹ pɛ⁵³ ʂəɹ³¹
再　说　　说 红　　白　喜　事儿吧。红　　白　事儿

tou³³ iou²¹³⁻²³ xuei³¹⁻⁵³ ni⁰ kuæ̃²¹³。iou²¹³⁻²³ i³³ kə⁰ ɕiɻʏr³¹ i³³ kuə³¹
都　有　　会　里管。　有　　一　个　姓儿　一　个

xuei³¹⁻⁵³ ti⁰，iə²¹³⁻²³ iou²¹³⁻²³ tɕi²¹³⁻²³ kuə³¹ ɕiɻʏr³¹ tʂʰəŋ⁵³ i³³ kuə³¹
会　　的，也　有　　几　个　姓儿　成　一　个

xuei³¹⁻⁵³ ti⁰。xuei³¹⁻⁵³ ni⁰ iou²¹³⁻²¹ pʰæ̃⁵³⁻⁵⁵ tsɻ⁰ uæ̃²¹³⁻²¹ muə³¹⁻⁵³ ti⁰，
会　　的。会　　里有　　盘　　子碗　　么　的，

xei⁵³⁻⁵⁵ tɕiə⁰ iou²¹³⁻²³ ʂəɹ³¹ tsou³¹ na⁵³⁻⁵⁵ ti⁰ xei⁵³⁻⁵⁵ tɕiə⁰ tɕʰi³¹。xuei³¹⁻⁵³
谁　家　有　　事儿就　拿　的 谁　家　去。会

ni⁰ kuæ̃²¹³⁻²³ ʂəɹ³¹⁻⁵³ ti⁰ tɕiɔ³¹ "tsoŋ²¹³⁻⁵³ li²¹³"。tɕʰiæ̃³³ ʂuə³³⁻⁵³ ʂuə⁰
里　管　　事儿　的 叫　"总　　理"。先　说　　说

pɛ⁵³ ʂəɹ³¹。xei⁵³⁻⁵⁵ tɕiə⁰ sɻ²¹³⁻²¹ lɔ⁰ nɐʔ⁵³⁻⁵⁵ lɛ⁰，pən⁵³ təŋ²¹³⁻²¹ tʂɻ⁰ tɕiə³¹，
白 事儿。谁　　家　死　唠人　嘞，甭　等　　着　叫，

"tsoŋ²¹³⁻⁵³ li²¹³" kən³³ mɑ̃⁵³⁻⁵⁵ xuə⁰ nɐʔ⁵³ tsou³¹ tou³³ kuə³¹⁻⁵³ tɕʰi³¹ lɛ⁰。
"总　　理" 跟　忙　　乎　人　就　都　过　　去　嘞。

sɻ²¹³⁻²¹ lɔ⁰ nɐʔ⁵³ iou²¹³⁻²³ liə³¹ sæ̃³³⁻⁵³ tʰiæ̃³³ ti⁰，iou²¹³⁻²³ liə³¹ u²¹³⁻²³
死　唠人　有　　擂三　天　的，有　　擂五

tʰiæ̃³³ ti⁰。tʰou⁵³ i³³⁻⁵³ tʰæi³³，sɻ²¹³⁻²¹ ɹən⁵³ tʰiŋ⁵³⁻⁵⁵ ti⁰ u³³ ni⁰，tɕʰin³³ ti⁰
天　的。头　一　天，死　人　停　　的　屋　里，亲　的

tɕi²¹³⁻²¹ ti⁰ pʰa³³ liŋ⁵³，tɕʰin³³ tɕʰin⁰ pʰəŋ⁵³ iou²¹³⁻²¹ ti⁰ kuə³¹⁻⁵³ lɛ⁰ tiɔ³¹
己　　的 趴　灵，亲　亲　朋　友　　的　过　　来 吊

tʂʅ²¹³⁻²¹ lɛ⁰。naɛ̃⁵³ tɕʰiə³³ lɛ⁵³⁻⁵⁵ lɔ⁰ naɛ̃⁵³⁻⁵⁵ ti⁰ pʰei⁵³⁻⁵⁵ tʂɔ⁰ kʰu³³, ny²¹³⁻²¹
纸　　来。男　客　来　唠男　的　陪　　着哭，　女

ti⁰ lɛ⁵³⁻⁵⁵ lɔ⁰ ny²¹³⁻²¹ ti⁰ pʰei⁵³⁻⁵⁵ tʂɔ⁰ kʰu³³。tiɔ³¹ tʂʅ²¹³⁻²¹ ti⁰, tɕin²¹³⁻²¹
的来　唠女　的陪　　着哭。　吊纸　　的，紧

ti⁰ na³¹⁻⁵³ kə⁰ kuei³¹⁻⁵³ ɕiɔ⁰ kʰu³³, kʰu³³ uaɛ̃⁵³⁻⁵⁵ lɔ⁰ ɕiŋ⁵³ liɚ²¹³, pʰa³³
的那　个跪　　下哭，　哭　完　唠行　礼儿，趴

liŋ⁵³⁻⁵⁵ ti⁰ xuaɛ̃⁵³ li²¹³。tʂʰʅ³³ lɔ⁰ xou³¹⁻⁵³ xã⁰ faɛ̃³¹, pʰa³³ liŋ⁵³⁻⁵⁵ ti⁰
灵　的还　礼。吃　唠后　　晌饭，趴灵　的

tʂʰu³³ tɕʰi⁰ pɔ³¹ miɔɚ³¹⁻⁵³ tɕʰi⁰, yaɛ̃⁵³ tɕʰiaɛ̃³³ iou²¹³⁻²³ miɔ³¹, ɕiaɛ̃³¹ tsɛ³¹
出　去报　庙儿　　去，原先　有　　庙，现　在

tsou³¹ ʂʅ³¹ tɔ³¹ kuɯ³¹ saɛ̃³¹ tʂʰa³¹ lu³¹ kʰouɚ²¹³⁻²³ tɕʰi³¹
就　是到　个　三岔　路　口儿　　去。

　tʰou⁵³ tʂʰu³³ pin³¹ ʂʅ³¹ ʐu³¹ liaɛ̃³¹、tsʰʅ⁵³⁻³¹ liɚʐʅ⁵³。tsʰʅ⁵³⁻³¹ liɚʐʅ⁵³
头　出　殡　是入殓、辞　　灵儿。辞　　灵儿

ti⁰ ʂʅ⁵³⁻⁵⁵ xouɚ⁰ tsou³¹ ʂʅ³¹ naɛ̃³¹⁻⁵³ tʂɔ⁰ yaɛ̃²¹³⁻²³ tɕin⁰, nɛ³³ tʂɔ⁰ pʰɚ⁵³⁻⁵⁵
的时　候儿就　是　按　　着远　近，　挨着排儿

ti⁰ kʰuɯ³³ tʰou³¹ ɕiŋ⁵³ liaɕi²¹³。tʂʰu³³ pin³¹ tʂʅʐʅ³¹ i³¹⁻⁵³ tʰiaɛ̃³¹, kuɯ²¹³⁻²¹
地磕　头　行礼儿。出　殡这　一　天，　各

ɕiaɛ̃³¹⁻⁵³ ni⁰ ti⁰ tɕʰin³³ tɕʰin⁰, məŋ⁵³ ɕyoŋ⁵³ pa³³ tiaɚ³¹⁻⁵³ ti⁰, tou³³ kuɯ³¹⁻⁵³
线　　里的亲　亲，盟　兄　巴弟儿　的，都　过

lɛ⁰。ʂʅ²¹³⁻²¹ ti⁰ iɔ³¹ ʂʅ³¹ lɔ²¹³⁻²³ tʰ ɚ³¹⁻⁵³ tʰɛ⁰, tʰa²¹³⁻²¹ niã⁵³⁻⁵⁵ tɕiɔ⁰ ʐɚʅ⁵³ i³³⁻⁵³
来。死　的要是老　太　　太，她　娘　家人儿一

paɛ̃³³ lɛ⁵³⁻⁵⁵ ti⁰ ʂʅ³¹ tsuei³¹ uaɛ̃²¹³, iɔ²¹³⁻²³ ʂʅ³¹ lɔ²¹³⁻²³ ʂʅ⁵³ pei³¹⁻⁵³ tʂɔ⁰ tʂʰuaɛ̃⁵³⁻⁵⁵
般　来　的是　最　晚，也　是老　时辈　子传

ɕiə⁰ lɛ⁵³⁻⁵⁵ ti⁰, xɔ²¹³⁻²³ ɕiã³¹ ʂʅ³¹ lɛ⁵³⁻⁵⁵ ti⁰ yə³¹ uaɛ̃²¹³, nəŋ⁵³ tʂɔ²¹³⁻²³
下来　　的，好　像　是来　的越　晚，　能　着

lɔ²¹³⁻²³ ʐən⁵³ uaɛ̃²¹³⁻²³ tiɚ²¹³⁻²³ ɕia³¹ tsã³¹ ʂʅ³¹⁻⁵³ ti⁰。ʂʅ²¹³⁻²¹ ti⁰ tʂʅʐʅ³¹
老　人　晚　点儿　下　葬　似　的。死　的这

kuə³¹ ɹən⁵³ iɔ³¹ ʂʅ³¹ mei³³ lɔ²¹³⁻²¹ ɹən⁵³ tsɛ³¹⁻⁵³ tʂʅ⁰ ni⁰, tsou³¹ kuə³¹ sɑ̃²¹³⁻²¹
个　人　要　是　没　老　　人　在　　着　呢,　就　过　晌

xuə⁰ tʂʰu³³ pin³¹, sʅ²¹³⁻²¹ ʨi⁰ tʂɤʅ³¹ kə⁰ ɹən⁵³ iɔ³¹ ʂʅ³¹ sɑ̃³¹ pɤr⁰ xæ³¹
午　出　殡, 死　的　这　个　人　要　是　上　边儿　还

iou²¹³⁻²³ lɔ²¹³⁻²¹ ɹən⁵³ ni⁰, tsou³¹ tʰou⁵³ sɑ̃²¹³⁻²¹ xuə⁰ tʂʰu³³ pin³¹。lɛ⁵³⁻⁵⁵
有　老　　人　呢, 就　头　晌　午　出　殡。来

ti⁰ tɕʰiə³³ tʂʅ³³ sɑ̃²¹³⁻²¹ xuə⁰ fæ³¹ ti⁰ ʂʅ⁵³⁻⁵⁵ xour⁰, tʂu²¹³⁻²³ tɕia³³ ti³³
的　客　吃　晌　午　饭　的　时　候儿, 主　　家　得

kei²¹³⁻²³ kʰuə³³ tʰou⁵³⁻⁵⁵ tɕʰi⁰, tɕia³¹ "kʰæ³¹ fæ³¹"。tʰou⁵³ tɕi²¹³⁻²³
给　磕　头　去, 叫　"看　饭"。头　起

kuæ³³ ti⁰ ʂʅ⁵³⁻⁵⁵ xour⁰, kuə⁰ ɹən⁵³ i³¹⁻⁵³ tɕia³¹ tsʅ⁰ tɛ³¹ nɛ³³ tʂʅ⁰ pʰɤr⁵³⁻⁵⁵
棺　的　时　候儿, 个　人　一　家　子　再　挨　着　排儿

ti⁰ kʰuə³³ i˙³³ xuei⁵³ tʰou⁵³, sʅ²¹³⁻²¹ ɹən⁵³⁻⁵⁵ ti⁰ kuei³³ niou、ɚ⁵³ kən³³
地　磕　一　回　头, 死　人　的　闺　女、 儿　跟

ɚ⁵³ ɕi³³ fəɹ⁰, tou³³⁻⁵³ ti³³ mɚ³¹ mɚ³¹⁻³³ ti⁰ pʰa⁵³⁻⁵⁵ kuə⁰ tɕʰi⁰ kʰuə³³
儿　媳　妇儿, 都　得　慢儿　慢儿　地爬　过　去　磕

tʰou⁵³⁻⁵⁵, tʂʅ²¹³⁻²³ uə³¹ ɹən⁵³ kʰæ³¹⁻⁵³ tʂʅ⁰ ʂɤ²¹³⁻²¹ pu⁰ ti⁰ lɔ²¹³⁻²¹ ɹən⁵³
头,　着　外　人　看　　着　舍　不　得老　人

tsou²¹³⁻²¹ ti⁰ na³¹⁻⁵³ m⁰ kuə³¹ tɕiəɹ³¹。
走　　的　那　么　个　劲儿。

yæ⁵³ tɕʰiæ³³ tsæ⁵³ tʂʅ⁰ə³³ pɤr⁰ tou³³ ʂʅ⁵³ ɕiŋ⁵³ tʰu²¹³⁻²³ tsɑ̃³¹, liɑ²¹³⁻²³
原　先　咱　这　边儿都　实　行　土　　葬, 两

kʰou²¹³⁻²¹ tsʅ⁰ tʰoŋ⁵³ ɕyə³¹。kuə²¹³⁻²³ tɕiʌr³³ na³¹ fən⁵³ ti⁰ mɛ⁵³⁻⁵⁵ fʌr⁰,
口　子同　穴。各　　家儿　那　坟　的　埋　法儿,

iə²¹³⁻²¹ tou³³⁻⁵³ pu³³ i˙³³ iɑ̃³¹, næ²¹³⁻²¹ tɕiə⁰ na³¹ fən⁵³ ʂʅ³¹ tɕia³³ pʰu²¹³⁻²¹
也　都　不　一　样, 俺　　家　那　坟　是　家　谱

ʂʅ³¹⁻⁵³ ti⁰, lɔ²¹³⁻²³ tsu²¹³⁻²³ tsoŋ³³ tɛ²¹³⁻²³ ti³¹ i˙³³ kuə³¹, i˙³³ pəɹ³¹ pʰɛ⁵³ i˙³³
式　的,老　祖　宗　在　第　一　个,　一　辈儿排　一

liour³¹, kuɯ²¹³⁻²¹ ɻən⁵³ tuei³¹⁻⁵³ tʂɔ⁰ kuɯ²¹³⁻²¹ ɻneʴ na³¹ lɔ²¹³⁻²¹ tɚ⁰.
溜儿,　各　人　对　　着　各　　人　那　老　的儿。

iou²¹³⁻²¹ ti⁰ tɕiʌr³³ na³¹ kə⁰ ʂʅ³¹ næ̃³¹⁻⁵³ tʂɔ⁰ sʅ²¹³⁻²¹ ti⁰ ɕiæ̃³³ xou³¹
有　　　的家儿 那　个　是　按　　着　死　的　先　　后

mɛ⁵³⁻⁵⁵ ti⁰. pɛ⁵³ səʅ³¹ tsɔ²¹³⁻²³ tɕʰiɐr³¹ tou³³ tʂɔ²¹³⁻²³ tʂʰuei³³ taʰ ti⁰, ɕiæ̃³¹
埋　　　的。白　事儿　早　　先儿　都　找　　吹　　打的,现

tsɛ³¹ tʂʰuei³³ taʰ ti⁰ iə²¹³⁻²³ sɔ²¹³⁻²¹ lɛ⁰.
在　吹　　打的　也　少　　嘞。

tɛ³¹ ʂuə³³⁻⁵³ ʂuə³³ xoŋ⁵³ səʅ³¹ pa⁰. xei⁵³⁻⁵⁵ tɕiə⁰ io³¹ tɕʰy²¹³⁻²³ ɕi³³
再　说　　说　红　事儿 吧。谁　　家　要　娶　媳

fəʅ⁰ lɛ⁰, tʰi⁵³ tɕʰiæ̃⁵³ ti³³ tɕʰiŋ²¹³⁻²³ tɕʰiə³³. tɕʰiŋ²¹³⁻²³ ɕiə³³ pu³³ ʂʅ³¹
妇儿嘞,提前　　得请　　　客。　请　　　客　不　是

tɕʰiŋ²¹³⁻²³ tʂʰʅ³³ fæ̃³¹, ʂʅ³¹ tɕiɔ³¹ xuei³¹⁻⁵³ ni⁰ na³¹ ɕi³³ kə⁰ mã⁵³⁻⁵⁵ xuo⁰
请　　吃　饭,是　叫　会　　里那　些　个　忙　活

ɻneʴ tɔ³¹ tɕia³³ ni⁰ lɛ⁵³, ʂuə³³⁻⁵³ ʂuə³³ tsəŋ²¹³⁻²¹ mə⁰ pæ̃³¹ səʅ³¹, "tsoŋ²¹³⁻⁵³
人　到　家　里　来,说　　说　怎　　么　办　事儿,"总

li²¹³" pʰɛ³¹ pʰɛ³¹ xuor⁵³. xoŋ⁵³ səʅ³¹ ɕiæ̃³¹ tsɛ³¹ kən³³ tsɔ²¹³⁻²³ ɕiɐr³³
理"派　派　活儿。红　事儿 现　　在　跟　早　　先儿

pu³³ tsəŋ²¹³⁻²¹ m⁰ i³³ iɑ̃³¹⁻⁵³ lɛ⁰, kʰæ̃³¹ niə⁵³ tʂu²¹³⁻²³ tɕia³³ ɕiɑ̃²¹³⁻²³
不　怎　　么 一 样　嘞,看 [人家]主　　家　想

tsəŋ²¹³⁻²¹ m⁰ pæ̃³¹ tsou³¹ tsəŋ²¹³⁻²¹ m⁰ pæ̃³¹. tɕiə³³⁻⁵³ xuən³³ tʰou⁵³ i³³
怎　　么办　就　怎　　么办。结　婚　　头　一

tʰiæ̃³³ ʂʅ³¹ tsʰuei³³ tʂuɑ̃⁰. tɕiə³³⁻⁵³ xuən³³ ti⁰ tʂʅ³¹ i³³⁻⁵³ tʰiæ̃³³, næ³³⁻⁵⁵
天　是　催　妆。结　婚　　的 这 一　天,　男

fɑ̃³³ iou²¹³⁻²³ kuæ̃²¹³⁻²³ səʅ³¹⁻⁵³ ti⁰ tɛ³¹⁻⁵³ tʂɔ⁰ ɻneʴ, tɕʰi²¹³⁻²³ tsɔr²¹³⁻²³
方　有　　管　　事儿　的　带　着　人,　起　　早儿

ʂɑ̃³¹ ny²¹³⁻²³ fɑ̃³³ iŋ⁵³ tɕʰiŋ³³ tɕʰi⁰, ɕin³³⁻⁵³ ɕi³³ fəʅ⁰ niɑ̃⁵³⁻⁵⁵ tɕiə⁰ tʂʅ³³
上　女　方　迎　亲　去,　新　　媳　妇儿娘　　家　这

pɐr⁰, i³³ kɯɑ³¹ tɕia³³ tsu⁵³⁻⁵⁵ ti⁰ nəŋ⁵³⁻⁵⁵ tɕʰi·³¹ tou³³ tɕʰi·³¹, ɕiæ̃²¹³⁻²¹
边儿，一个　家族　的能　　去都去，显
tʂɔ⁰ niɑ̃⁵³⁻⁵⁵ tɕiə⁰ ʐən⁵³ tuɑ³³ pɛ⁰。kən³³ tʂɔ⁰ tɕʰi³¹⁻³¹ ti⁰ ɕiɔ²¹³⁻²¹ xɐr⁵³
着　娘　家人　多呗。跟着去的小　孩儿，
iou²¹³⁻²¹ ia³³⁻⁵³ tʂʅ³³ tʰou⁵³⁻⁵⁵ ti⁰, iou²¹³⁻²³ kua³¹ mən⁵³⁻⁵⁵ liæ̃⁰ ti⁰。
有　压　车头　的，有　挂　门　帘　的，
næ̃⁵³⁻⁵⁵ fɑ̃³³ tʂʅ³³ pɐr⁰ ti³³ iou²¹³⁻²³ xoŋ⁵³ pɔr³³。
男　方这　边儿得给　红　包儿。

ɕin³³⁻⁵³ ɕi³³ fəʅ⁰ tɔ³¹⁻⁵³ lɔ⁰, tɕʰiæ̃³³ pɛ³¹ tʰiæ̃³³ ti³¹。pɛ³¹ uæ̃⁵³⁻⁵⁵ lɔ⁰
新　媳妇儿到　唠，先　拜天地。拜完　唠
tʰiæ̃³³ ti³¹ tsou³¹ ʐu³¹ ɕi⁵³⁻⁵⁵ lɛ⁰。tʂʅ³³ ti⁰ ʂʅ³¹ ʂɑ̃²¹³⁻²¹ xuə⁰ fæ̃³¹, ʂʅ⁵³
天　地就　入席　嘞。吃　的是响　午饭，实
tɕi³¹ iə²¹³⁻²³ tsou³¹ tsʰɛ⁵³ tɕiou²¹³⁻⁵³ tiæ̃²¹³ ʂʅ⁵³ tiæ̃²¹³⁻²¹ ti⁰。ɕin³³⁻⁵³ ɕi³³
际　也　就　才九　　点　十点　的。新　媳
fəʅ⁰ niɑ̃⁵³⁻⁵⁵ tɕiə⁰ tɕʰiə³³ tɕiɔ³¹ ɕin³³⁻⁵³ tɕʰiə³³。næ̃⁵³ fɑ̃³³ ti⁰ tɕʰin³³ tɕʰin⁰
妇儿娘　家客　叫新　客。男　方的亲　亲
tɕiɔ³¹ lɔ²¹³⁻²³ tɕʰiə³³。ɕin³³⁻⁵³ tɕʰiə³³ tʂʅ³³ uæ̃⁵³⁻⁵⁵ lɔ⁰, lɔ²¹³⁻²³ tɕʰiə³³ tsʰɛ⁵³
叫老　客。新　客吃完　唠,老　客才
kʰɛ³³ ʂʅ²¹³⁻²³ tʂʅ³³ ni⁰。ɕin³³⁻⁵³ tɕʰiə³³ tʂʅ³³ uæ̃⁵³⁻⁵⁵ lɔ⁰ tsou³¹ tsou²¹³⁻²¹
开始　吃　呢。新　客吃完　唠就　走
lɛ⁰。tʰou⁵³ tsou²¹³⁻²¹ ti⁰ ʂʅ⁵³⁻⁵⁵ xour⁰, niɑ̃⁵³⁻⁵⁵ tɕiə⁰ ʐəʅ⁵³ ti³³ pʰɛ⁵³⁻⁵⁵
嘞。头　走　的时　候儿，娘　家人儿得排
tʂɔ⁰ tuei³¹ kei²¹³⁻²¹ ɕin³³⁻⁵³ ɕi³³ fəʅ⁰ ɕiŋ⁵³ li²¹³, pʰi²¹³⁻²¹ tʰa⁰ ɕiɔ²¹³⁻²¹ ti⁰
着　队给　新　媳妇儿行　礼，比　她小　的
kei²¹³⁻²¹ tʰa⁰ kʰɯə³³ tʰou⁵³, pʰi²¹³⁻²¹ tʰa⁰ ta³¹⁻⁵³ ti⁰, pəʅ³¹ ta³¹⁻⁵³ ti⁰, iə²¹³⁻²³
给　她磕　头，比　她大　的,辈儿大　的,也
ti³³ tsuə³³ kə⁰ i³³。tʂʅ³¹ ʂʅ⁵³⁻⁵⁵ xour⁰ tsou³¹ ʂʅ³¹ ɕiæ̃²¹³⁻²¹ tʂɔ⁰ ɕin³³
得作　个揖。这　时　候儿就　是　显　着新

ȵən⁵³ tsuei³¹ ta³¹。lɔ²¹³⁻²³ tɕʰiə³³ tʂʅ³³ uæ̃⁵³⁻⁵⁵ lɔ⁰ fæ̃³¹ tsou³¹ ʂã̃³¹ pɛ³¹⁻⁵³
人　　最　　大。老　客　　吃　完　　唠饭　就　　上　拜

lɛ⁰。ʂã̃³¹ pɛ³¹ tsou³¹ ʂʅ³¹ tʂã̃²¹³⁻²³ pəʅ³¹ kei²¹³⁻²¹ tɕʰiæ̃⁵³, ɕin³³ lã̃⁵³
嘞。上　拜　就　　是　　长　　辈儿　给　钱，　　新　郎

kuɐr³³ kʰuə³³ tʰou⁵³, ɕin³³⁻⁵³ ɕi³³ fəʅ⁰ tɕy³³⁻⁵³ koŋ³³。ʂã̃³¹ uæ̃⁵³⁻⁵⁵
官儿　磕　头，　新　　媳　妇儿　鞠　躬。　上　完

lɔ⁰ pɛ³¹, iə²¹³⁻²³ tsou³¹ mei³³ ʂəŋ⁵³ mə⁰ ʂəʅ³¹⁻⁵³ lɛ⁰。
唠拜，　也　就　没　什　么　事儿　嘞。

　　tɕiə³³ uæ̃⁵³⁻⁵⁵ lɔ⁰ xuən³³ ti³¹ sæ̃³³⁻⁵³ tʰiæ̃³³ ʂʅ³¹ "sæ̃³³ ȵʅ⁰", tʂʅ³¹
　　结　完　　唠婚　第　三　　天　是　"三　日"，这

i³³⁻⁵³ tʰiæ̃³³ niã̃⁵³⁻⁵⁵ tɕiə⁰ ȵən⁵³ tɛ³¹ lɛ⁵³⁻⁵⁵ tɕei⁰ tʂuə³³, tɕiə³¹ "tsou³¹ sæ̃³³"。
一　　天　娘　　家　人　再　来　　几　桌，　叫　"做　三"。

ɕiæ̃³¹ tsɛ³¹ iə²¹³⁻²³ iou²¹³⁻²³ pa²¹³⁻²³ tʂʅ³¹ i³³ ɕiã̃³¹ ʂəŋ²¹³⁻²¹ lɔ⁰ ti⁰, tɕiə³³
现　　在　也　　有　　把　　这　一　项　　省　　唠的，结

xuən³³ ti⁰ na³¹ i³³⁻⁵³ tʰiæ̃³³ i³³ kʰuɐr³¹ pæ̃³¹⁻⁵³ lɔ⁰, tɕiə³¹ "tã̃³¹ ȵʅ³¹ sæ̃³³"。
婚　的那　一　　天　一　块儿　办　　唠，叫　"当　日　三"。

ti³¹ sʅ³¹ tʰiæ̃³³ ɕin³³ lã̃⁵³ kuɐr³³ kən³³ ɕin³³⁻⁵³ ɕi³³ fəʅ⁰ tɔ³¹ niã̃⁵³⁻⁵⁵
第　四　天　新　郎　官儿　跟　新　　媳　妇儿　到　娘

tɕiə⁰ tɕʰi³¹, tɕiə³¹ "xuei⁵³⁻³¹ mən⁵³"。tɕʰy²¹³⁻²³ ɕi³³ fəʅ⁰ tʂu²¹³⁻²³ iɔ³¹⁻⁵³
家　去，　叫　"回　　门"。　娶　　媳　妇儿　主　要

ti⁰ iə²¹³⁻²³ tsou³¹ ʂʅ³¹ tʂʅ³¹⁻⁵³ mə⁰ tɕi²¹³⁻²³ kuə³¹ ʂəʅ³¹
的也　　就　是　这　　么　几　　个　事儿。

主要参考文献

Streit, Robert *Bibliotheca Missionum*, V. 13, Herder, 1959

Wieger, Léon（戴遂良）*Chinois Parlé Manuel, troisiéme édition refondue*, E.L. Morice, 1912

—————— *Rudiments de Parler et de Style Chinois, dialecte de Ho-Kien-Fou*（河间府）, Imprimerie de la mission catholique, 1895

北京大学中文系语言学教研室 《汉语方音字汇》（重排本）,语文出版社 2003 年

陈保亚 《当代语言学》,高等教育出版社 2009 年

丁邦新 《汉语方言分区的条件》,《清华学报》新 14 卷 1 ～ 2 期合刊,1982 年

丁声树 《方言调查词汇手册》,《方言》1981 年第 2 期

傅　林 《论默认音节与汉语"阿"词缀的性质》,《石家庄学院学报》2012 年第 2 期

—————— 《河北献县方言一百二十年来的语音演变》,《河北师范大学学报》2017 年第 1 期（a）

—————— 《辽代汉语与河北方言语音层次的形成》,《河北大学学报》2017 年第 4 期（b）

高葆泰 《兰州方言音系》,甘肃人民出版社 1985 年

河北省地方志编纂委员会 《河北省志·方言志》,方志出版社 2005 年

贺　巍 《洛阳方言研究》,社会科学文献出版社 1993 年

贺巍、钱曾怡、陈淑静 《河北省北京市天津市方言的分区》（稿），《方言》1986 年第 4 期

李 荣 《官话方言的分区》，《方言》1985 年第 1 期

刘丹青 《汉语方言语法调查问卷》，《方言》2017 年第 1 期

刘淑学 《中古入声字在河北方言中的读音研究》，河北大学出版社 2000 年。

——— 《冀鲁官话的分区》（稿），《方言》2006 年第 4 期

秦焕泽 《献县志》，中国和平出版社 1995 年

魏若望 《在中国从事汉学研究：戴遂良著述回顾》，《世界汉学》2009 年秋季号

献县地方志编纂委员会 《献县志（1979 ～ 2005）》，中州古籍出版社 2016 年

薛凤鸣、张鼎彝 《献县志》，《中国地方志集成·河北府县志辑》第 49 辑，上海书店 2009 年

张树铮、刘淑学 《冀鲁官话》，《汉语官话方言研究》，齐鲁书社2010 年

中国社会科学院、澳大利亚人文科学院 《中国语言地图集》，香港朗文（远东）出版有限公司 1987 年

中国社会科学院语言研究所、中国社会科学院民族学与人类学研究所、香港城市大学语言资讯科学研究中心 《中国语言地图集》（第 2 版），商务印书馆 2012 年

中国社会科学院语言研究所方言研究室资料室 《汉语方言词语调查条目表》，《方言》2003 年第 1 期

中国社会科学院语言研究所方言组 《汉语方言调查词汇表》，《方言》1981 年第 1 期

后 记

  献县方言在历史上被很多领域的专家关注和记录过。汉学家戴遂良、方志专家张鼎彝、方言学家陈淑静记录了清末至上世纪 90 年代各时期献县话的信息。他们的工作使得献县话在汉语研究中有了比较重要的地位。作为献县人，我非常荣幸能追随前贤脚步，把自己的母语以更详细的方式记录下来，为方言和地方文化的研究尽一份力。

  本书能够出版，首先要感谢河北师范大学桑宇红教授。在她的不懈努力下，河北方言丛书得以立项和最终面世。她多年来对我的鼓励，让我一直感念在心。

  感谢河北大学文学院的领导和老师对我的支持。刘金柱院长，武文杰、张安生、杨宝忠、王强军等师长一直关心我在方言领域的研究，并给予了直接的支持。

  感谢我的学生李晓旭、杨丽、王延慧、姚婷婷、刘潇、郝朋丽、齐孟远，他们在书稿校对过程中给了我很多帮助。

  感谢中华书局语言文字编辑室秦淑华主任和责任编辑刘岁晗女士，她们以高超的专业技能、细致耐心的工作，提高了本书的质量。

  感谢本书的各位发音人，尤其是主发音人——我的父亲傅子义先生,他几乎把全部时间都用来配合我的调查。为了把一些农具配件说清楚,他一遍又一遍地描画图样,生怕有所遗漏。每当想到一个特色词语,他都兴奋地叫我过去记下来。他不是只把自己当发音人,而是把传承方言文化当做自己的事业来做。在写作过程中,我的祖父傅耀珠先生、好友郭海涛先生不幸辞世,他们作为发音人都热情地配合了我的调查。想到祖父在病中为我核对"扇扇"的发音时的情景,听到手机里留存的郭海涛反复为我核对地名读音时的录音,都让我悲从中来,感慨万千。希望本书的出版能报答父亲和各位发音人的支持。

水平所限,献县方言的有些特点还没有详细地展开描述,现有的内容肯定也仍存在疏漏和错误,希望读者不吝指正。

傅 林

2019 年 10 月